촛불 혁명, 그 후–

마을
민주
공화국

촛불 혁명, 그 후–

마을 민주 공화국

김승국 지음

한국학술정보

목차

제1부: 도입

왜 마을 민주 공화국인가?

제2부: 이념으로서의 마을 민주 공화국

마을 민주 공화국의 구도

제3부: 실행
마을 민주 공화국으로 나아가는 길

제1부

왜 마을 민주 공화국인가?

〈도입〉

'마을 민주 공화국'이라는 꽃을 헌화

2004년 인도의 뭄바이에서 열린 '세계사회포럼(World Social Forum)'의 공식적인 구호는 '또 다른 세계는 가능하다(Another World is possible)'이다. 근대 자본제 사회가 지배하는 현재의 세계를 넘어서는 또 다른 대안적 세계가 가능하다는 말이다.

'마을 민주 공화국'은 근대 자본제 사회(현재의 세계)의 대안 중 하나로 제시하는 또 다른 세계이다. 그런데 '마을 민주 공화국'이라는 또 다른 세계는, 내가 살아 있는 동안 실현이 되지 않을 것 같다. 내가 죽은 뒤에 역사의 진보가 이루어진다면 또 다른 세계 중 하나인 '마을 민주 공화국' 구상이 지구촌 어디에선가 꽃을 피울 것이다.

그 때를 대비하여 '마을 민주 공화국'이라는 자그마한 꽃 한 송이를 역사 앞에 헌화한다.

촛불과 '마을 민주 공화국'

2016~2017년에 한국사회의 개벽을 예고한 1,600만 개의 촛불에서 영감을 받아 '마을 민주 공화국' 구상을 내놓는다. 촛불집회 현장에서 가장 많이 나온 구호인 '민주 공화국(헌법 제1조에 명기되어 있는 민주 공화국을 이룩하자!)'을, 근대 자본제 국가(민주 공화국을 도저히 이룰 수 없는 근대 자본제 국가)를 상대로 주창할 것이 아니

라, 촛불의 마음 밭[心田]을 이룰 수 있는 마을 <『道德經(도덕경)』[1] 80장의 지역공동체 마을인 속(屬) 등>을 기초 단위로 민주 공화국을 세우자는 것이다.

마음속에 민주 공화국의 불씨를 지닌 촛불집회 참가자 두 명 이상이 모이면 촛불 마을이 된다. 이 마을이 광화문이라는 마을 공화국이다. 1,600만 개의 촛불이 켜졌으므로 1,600만 개의 광화문 마을 공화국이 열렸다. 마을 공화국의 구성원인 촛불집회 참가자들이 모두 '민주 공화국' 구호를 외쳤으므로 광화문에 '마을 민주 공화국'이 유령처럼 생겼다가 사라지기를 반복했다.

그런데 광화문의 마을 민주 공화국이 근대 자본제 국가의 한복판에서 열린 데 문제가 있다. 근대 자본제 국가가 온존되어 있는 상황에서 마을 민주 공화국이 현실적으로 뿌리내리기 어렵다는 데 문제가 있다.

"우리는 민주 공화국의 주권자이다!"라고 외친 촛불 민심의 물줄기를 (촛불 민심을 뒤집을 수도 있는) 근대 자본제 국가로 돌리지 말고, 또 다른 세계인 마을 민주 공화국 쪽으로 돌리자는 것이다. 아주 단순하게 말하면 촛불 민심을 구현하는 '민주 공화국 만들기 운동'을 <속(屬) 등의> 마을에서 벌이자는 것이다.

촛불 하나에 민주 공화국 하나가 깃들어 있으며, 여기에 마을 민주 공화국의 밀알이 숨겨져 있다. 촛불마다 마을 민주 공화국이 깊숙이 내장(內藏)되어 있다. 내장된 마을 민주 공화국의 불씨(1,600만

1) 노자(老子)가 지은 『道德經(도덕경)』을 『노자(老子)』라고 부르기도 한다. 『도덕경』이든 『노자』이든 동일한 저작이다. 이 책의 인용문의 원본에 『老子』라고 표기된 것도 『道德經(도덕경)』으로 통일했음을 밝힌다.

개의 촛불)를 살려내면서, 마을 공화국 안에서 직접민주주의의 꽃을 피우자는 것이다. 아직은 잠룡(潛龍)인 마을 민주 공화국이 근대 자본제 국가를 딛고 세상을 평화롭게 이끌어갈 용(龍)으로 거듭나야 한다. 또 다른 세계를 가능케 하는 비룡(飛龍)으로 마을 민주 공화국을 세워야 한다.

격양가를 부르는 마을 민주 공화국

동양에서는 '이상향' 또는 '이상사회'라 말하지만 서양에서는 '유토피아'라고 말한다. 동양 사람이 이상향이라면 무릉도원을 상상하지만 보통사람은 요순시대를 떠올린다. 우리는 '격양가(擊壤歌)'를 부른다는 할아버지의 말씀을 들어 알고 있다. 격양가는 요순시대를 그리는 노래다. 우리 조상들은 태평성대를 '백성들이 격양가를 부른다'고 표현했던 것이다.

♪♬ 격양가[2] ♬

해가 뜨면 일어나 들에 나가고,	日出而作
날이 저물면 들어와 쉰다네.	日入而息
우물을 파서 물을 마시고,	鑿井而飮
밭을 갈아서 밥을 먹으니,	耕田而食
나에게 임금의 수고로움이,	帝力于我
무엇 때문에 있어야 하는가?	何以有哉

위의 격양가의 열쇠 말인 '임금의 수고로움[帝力]'을 현대화하여 근대국가의 수장인 대통령으로 바꿔 부르면 좋을 듯하다. 그리고 '제력(帝力)' 대신 '국가력(國家力)' 또는 '근대국가력近代國家力<근대자본제 국가의 강력(强力)·Gewalt[强權]·폭력 체제>'으로 치환해

2) 기세춘, 『동양고전 바르게 읽기』(2017), 199쪽.

도 좋을 것 같다.

필자가 바라듯이 근대 자본제 국가를 횡단(橫斷)하여 마을 민주 공화국으로 진입하게 된다면 임금(대통령)의 수고로움, 국가력, 근대 자본제 국가의 강력・Gewalt[强權]・폭력 체제가 사라져 절성기지(絶聖棄智)[3]의 상태가 될 것이다. 이때 비로소 마을民(마을 민주 공화국의 주권자)들이 격양가를 부르게 된다. 격양가를 부르는 태평성대가 되면 선인아사(善人餓死)[4]하는 일이 없다.

요약하면 "선인아사(善人餓死)하지 않는 소국과민(小國寡民)[5]의

---

3) 『도덕경』 19장의 '絶聖棄智(絶聖棄知)' 관련 부분을 아래와 같이 소개한다; "絶聖棄智 民利百倍, 絶仁棄義 民復孝慈, 絶巧棄利 盜賊無有, 此三者 以爲文 不足, 故 令有所屬 見素抱樸 少私寡欲" '絶聖棄智 民利百倍'를 폭넓게 의역하면 다음과 같다; 유학의 성인(성스러운 임금・성스럽다고 떠받드는 정치지도자)과 절연하고 유학과 같은 유위(有爲)의 지식체계를 버리면서 자연으로 되돌아가 무위(無爲)의 상태가 되면 백성의 이익이 백배로 늘어난다. 故令有所屬(그러므로 유랑민들을 지역 공동체인 屬에 귀속하게 한다)의 '속(屬)'을, 필자는 마을 민주 공화국의 기초단위로 상정한다.

4) 선인아사(善人餓死)의 대표적인 사례는 수양산에서 굶어 죽은 백이숙제(伯夷叔弟)이다. 사마천이 지은 『사기(史記)』 「백이열전(伯夷列傳)」에, 백이숙제라는 선인(善人)의 아사(餓死) 장면이 아래와 같이 생생하게 묘사된다;

> [伯夷叔齊]遂餓死於首陽山。由此觀之, 怨邪非邪?
>
> 或曰:「天道無親, 常與善人。」若伯夷、叔齊, 可謂善人者非邪? 積仁絜行如此而餓死! 且七十子之徒, 仲尼獨薦顔淵為好學。然回也屢空, 糟糠不厭, 而卒蚤夭。天之報施善人, 其何如哉? 盜蹠日殺不辜, 肝人之肉, 暴戾恣睢, 聚黨數千人橫行天下, 竟以壽終。是遵何德哉? 此其尤大彰明較著者也。若至近世, 操行不軌, 專犯忌諱, 而終身逸樂, 富厚累世不絕。或擇地而蹈之, 時然後出言, 行不由徑, 非公正不發憤, 而遇禍災者, 不可勝數也。余甚惑焉, 儻所謂天道, 是邪非邪?
>
> 子曰「道不同不相為謀」, 亦各從其志也。故曰「富貴如可求, 雖執鞭之士, 吾亦為之。如不可求, 從吾所好」。「歲寒, 然後知松柏之後凋」。舉世混濁, 清士乃見。豈以其重若彼, 其輕若此哉?
>
> 「君子疾沒世而名不稱焉。」賈子曰:「貪夫徇財, 烈士徇名, 夸者死權, 眾庶馮生。」「同明相照, 同類相求。」雲從龍, 風從虎, 聖人作而萬物睹。」伯夷、叔齊雖賢, 得夫子而名益彰。顔淵雖篤學, 附驥尾而行益顯。巖穴之士, 趣舍有時若此, 類名堙滅而不稱, 悲夫! 閭巷之人, 欲砥行立名者, 非附青雲之士, 惡能施于後世哉?

5) 노자(老子)는, 소국과민(小國寡民)의 평화 공동체 안에서 격양가를 부르는 '절성기지(絶聖棄智)의 태평성세'를 구가한다. 노자의 이상향인 '소국과민(小國寡民)'이 잘

평화공동체에서 격양가를 부르는 절성기지(絶聖棄智)의 태평성대를 구가한다."[6]

바로 이것이 마을 민주 공화국의 이상적인 목표이다.

드러난 『도덕경』 80장을 아래와 같이 소개한다.

小國寡民(나라는 작고 백성도 적어야 한다)
使有什伯之器而不用(백성들이 갖가지 기계를 가졌다 한들 사용하지 않으며)
使民重死 而不遠徙(백성들은 죽을 때까지 공동체에서 멀리 좇거나지 않는다)
雖有舟輿無所乘之(비록 배와 수레가 있으나 탈 일이 없고)
雖有甲兵無所陳之(비록 무기와 병사가 있다 한들 배치할 곳이 없다)
使人復結繩而用之(사람들이 옛날처럼 새끼줄로 의사표시를 하게 하고)
甘其食 美其服 安其居(음식을 달게 먹고 옷을 아름답게 입고 거처를 안락하게 하며)
樂其俗(법이 아니라 옛 풍속대로 즐거워한다)
隣國相望(이웃 나라를 서로 바라보며)
鷄犬之聲相聞(개와 닭의 울음소리를 서로 듣지만)
民至老死 不相往來(백성들은 늙어 죽을 때까지 서로 왕래하지 않는다)

6) 이는 마을 민주 공화국의 헌장·헌법의 조문으로 삼을 만한 문구이다.

마을 민주 공화사회

'마을 민주 공화국'이라는 이상향(理想鄕)을 사회구성체의 측면에서 재조명한 것이 '마을 민주 공화사회'이다.

마을 민주 공화사회 역시 마을민(民)들이 격양가(擊壤歌)[7]를 부를 정도가 되어야 '공화사회(共和社會)'답다고 여겨질 것이다.

'공화사회'는 『예기(禮記)』「예운(禮運)」편의 '대동(大同)'사회[8]와 '소강(小康)'사회[9]에 잘 어울리는 개념이다.

대동사회·소강사회 모두 격양가를 부르고 싶은 '오래된 미래'로서, 동양 고대 공화사회의 다른 이름이다.

대동사회·소강사회는 과거의 이상향임과 동시에 언젠가 도래하

7) 격양가는, 요순시대의 이상향이 구현되는 공화사회를 갈망하는 민중들의 노래이다.

8) '대동사회'는 가장 평화로운 태평성세(至高의 평화세상)였던 요순시대를 일컫는 말이다. '대동(大同)'의 '동(同)'은 '평(平)'과 '화(和)'의 뜻이므로 대동사회는 평등·평화사회이다. 대동사회의 주제는 '천하위공(天下爲公)'이다. 천하위공에 주력하는 사회가 대동사회이다.

9) 요순(堯舜)시대와 같이 대도(大道)가 행해지던 사회를 대동사회라고 한다. 그런데 공자가 살던 시대는 이미 대도가 무너져 주나라의 예치(禮治)가 불가능한 때여서, 예치를 회복하는 극기복례(克己復禮) 차원의 이상사회론이 필요했는데 그것이 소강사회(小康社會)이다. 공자가 지향하는 이상사회는 소강사회이다. 소강사회도 물론 공동체를 지향하지만 대동사회와 같은 '천하위공(天下爲公)'의 공동체가 아니라 '천하위가(天下爲家; 예치를 앞세운 제왕의 家가 천하를 주도하는 사회이고 이 家들이 모여서 國을 이룬다)'의 사회이다. 구체적으로 말하면 간특한 모의와 전쟁이 일어난 혼란을 수습한 우(禹), 탕(湯), 문(文), 무(武), 성왕(成王), 주공(周公) 등이 천하를 차지한 사회가 소강사회이며, 이 소강사회마저 무너져 극도의 혼돈 속에서 패권전쟁을 거듭한 말세가 춘추전국시대이다.

길 염원하는 유토피아이다. 불교의 미륵세계와 비슷한 미래의 유토피아이다.

대동사회와 소강사회의 명확한 구분점이 없으므로, 2분법으로 나누어 대동사회가 우수하고 소강사회는 뒤떨어진다고 볼 수 없다.

그렇지만 양태(樣態)의 차이는 있어서 대동사회는 이데아(Idea)를, 소강사회는 '대동사회'라는 Idea의 現實態현실태(대동사회를 구현할 상황이 되지 못하는 세상에서 차선으로 선택하는 이상사회)를 표현한다고 말할 수 있다.

따라서 대동사회라는 사회구성체에서 소강사회라는 사회구성체로 이행하는 것이 역사의 발전단계라고 볼 수 있다.[10]

---

10) 『예기(禮記)』를 편찬한 유향(劉向)은 요순(堯舜)시대를 대동(大同)으로, 우(禹), 탕(蕩), 문・무・주공(文・武・周公)의 삼대(三代)를 '예치(禮治)의 소강사회(小康社會)'로 규정한다. 요순의 대동 시대에는 대도(大道)가 이루어졌으나, 삼대에 이르러 대도가 이미 쇠미해졌다. 유향은 요순의 평화공동체가 존재했던 시기를 대동시대로, 삼왕(三王)의 신분차별이 요구되는 예치사회가 존재했던 시기를 소강시대로 구분했다.

이처럼 유향 등의 유가들은 『예기』의 역사발전 단계를 '대동사회→소강사회의 이행'으로 본다. 소강사회를, '지속 가능한 평화를 통한 사회구성체'의 이상적인 형태로 본다는 뜻이다[기세춘, 『동이족의 묵수 철학자』(서울: 화남, 2002), 371~372쪽].

대동사회・소강사회라는 이상사회를 언급한 『예기(禮記)』「예운(禮運)」은, 요순의 대도(大道)가 이루어진 대동사회에서 우(禹)・탕(湯)・문(文)・무(武)・성왕(成王)・주공(周公)이 주도한 소강사회로 '예(禮)<예치(禮治) 질서>'가 운행・이행함을 강조한다. 사회과학적인 용어를 빌리면 사회구성체가 대동사회에서 소강사회로 발전한다는 역사발전 단계설을 말한다.

마을 민주 공화국의 '공화국'

'공화(共和)'는 주(周)나라의 여왕이 도망하고 나서 선왕이 즉위할 때까지의 기간을 가리킨다. 이 공화 원년부터 『사기(史記)』의 12제후 연표가 시작되고 있다(즉, 『사기』 중에서는 가장 오래된 연대의 기술이 된다). 서기로는 기원전 841년부터 기원전 828년까지로 되어 있다. 『사기』 주본기에 의하면 주(周)의 여왕이 국민의 폭동으로 도망쳐 왕이 부재되었을 때 주공(周公) · 소공(召公) 두 사람이 정무를 맡아 공화라고 칭했다고 한다. 한편 『죽서기년』에서는 주공 · 소공이 아닌 공(共)나라 백작 화(和), 즉 공백화(共伯和)라는 인물이 나라를 다스렸고 그 지위를 간왕(干王)이라고 칭했다고 하였다. 이 시기에는 왕이 있지 않고 제후들의 합의로 국정이 운영되었기 때문에 근세에 일본인들은 이 '공화'라는 말을 똑같이 왕이 있지 않고 귀족 · 의원 등의 유력자의 합의로 국정을 운영하는 유럽의 'res publica'를 가리키는 말로도 사용했다. 이와 같이 의미가 확장된 '공화'라는 말은 중화 문명권 전체에 퍼져 일반화되었고 현재는 더욱 의미가 확장 · 보편화되어 지역이나 시대를 불문하고 세습 권력자가 없는 정체를 가리켜 공화제라고 부른다.[11]

공화국이란 원래 로마인들이 자기들의 국가를 규정하기 위해 사

11) https://ko.wikipedia.org/wiki/공화.

용한 말로서 '공공적인 일[res publica(public thing)]'이란 뜻을 담고 있었다. 풀이하자면, 국가란 공공적 기구요, 국가가 수행하는 일 역시 공공적 업무라는 것이 공화국이라는 이름 속에 담긴 뜻이라 할 수 있다. 그런데 공화국의 참뜻은 이것이 전부가 아니다. 여기서 '공공적publicus'이라는 형용사는 원래 인민을 뜻하는 '포풀루스[populus (people)]'라는 명사에서 파생되었다. 그러니까 공화국이란 한마디로 '인민의 것[res populi(the people's thing)]', 곧 인민에게 귀속되는, 인민을 위한 기구라는 뜻이었던 것이다. 우리는 이 이름에서 국가가 왕의 사적 소유물이 아니라 모든 인민 공동의 기구라는 공화정시대 로마인들의 자부심을 읽을 수 있다. 이처럼 공화국은 '인민의 것'으로 이해할 때는 '왕의 것'과 반대되는 말이라 할 수 있다.[12]

앞의 '공화국은 인민의 것'을 마을 민주 공화국 쪽으로 끌어들여 재해석하면 '마을 민주 공화국이란 마을民(마을+民[13])의 것'이다.

---

12) 경향신문 창간 70주년 특별취재팀, 『대한민국은 민주 공화국인가』(서울: 책세상, 2017), 8~9쪽.

13) 갑골문(甲骨文)에는 民자로 보이는 글자를 찾을 수 없다. 그보다 조금 늦은 것으로 알려진 금문(金文)에 民자가 보인다. 이를 두고 그동안 여러 가지 학설이 대립되어 왔다. 첫째, 이를 나체로 보는 입장이다. 두 젖꼭지를 드러낸 어미 母자와 유사한 글자로 보고, 발에 기계를 찬 형상으로 이해한다. 民자의 금문 자형이 옷도 입지 않고 발에 기계를 찬 노예로 해석한다. 둘째, 꼬챙이로 눈을 찌르는 형상으로 본다. 셋째, 노예로 보는 해석에 이의를 제기하고 주나라 경전을 중심으로 해석하여 이주백성을 뜻하는 맹(萌) 또는 맹(氓)자의 가차(假借)로 보려는 경향이다. 넷째, 꼬챙이로 눈을 찌른 노예란 주장과 문헌기록을 합하고, 또 맹인이란 설을 더하여 은나라 때 '民'이라 불린 사람들이 따로 존재했다고 말한다.
이상을 종합하면 붙잡혀 눈이 찔린 채 이주해 와서 노동에 종사하는 노예들로 출발한 民이 신분변동을 거치며 결국 피통치자를 지칭하는 말로 의미신장을 하였으며 노예와 평민을 포괄하게 되었다고 할 수 있다. 나중엔 심지어 국왕 한 사람을 제외하고 정치사회의 모든 구성원을 지칭하게 되었다. 오늘날은 아예 최고 통치자까지를 포함하는 국민개념으로 발전하였다. 民이 정치적으로 중요한 사람이었으므로 군주는 그들의 수요를 만족시켜 줄 의무가 있었다. 그렇지 않으면 國의 근본이 흔들릴 수 있었다. 결국 民은 피통치자 전체를 대변하는 글자가 되었으며, 군

마을民이 주인(主人) 되는 '마을 민주(民主)'[14]의 공화국이 마을 민주 공화국이다('마을민주'+ '공화국'). 여기에서 근대국가 중심의 민주 공화국 논의를 적용하기 어렵다. 시중의 헌법학 개론에 등장하는 '민주 공화국'은 근대국가를 모델로 삼기 때문에 마을 민주 공화국의 '민주 공화국'과 다르다. 근대국가인 대한민국의 헌법 제1조의 '민주 공화국'도 마을 민주 공화국의 '공화국'과 다르지만, 촛불 민심의 <민주 공화국(촛불집회 참석자들이 "민주 공화국을 사수하자"고 외침)>은 존중한다. 오히려 촛불 민심의 '민주 공화국'을 불씨로 삼아 마을 민주 공화국의 길을 닦아 나아가는 것이 현명하다.

필자가 보기에 '공화국은 평화를 지향하는 마을民 · 인민의 것'이 되어야 한다. '마을民 · 인민이 주도하는 평화로운 공화국 · 공화제 · 공화정(共和政)'이 되어야 하는데, 이러한 관점이 가장 잘 드러난 구절이 칸트(Immanuel Kant) 『영구평화론(Zum ewigen Frieden)』「영

주의 상대로써 피통치자 전체였고, 天의 상대이며 國의 근본이었으며, 도덕의 표준이었고, 자유롭고 재산권을 가진 존재였다. <장현근, 「민(民)의 어원과 의미에 대한 고찰」, 『정치사상연구』 제15집 1호(2009년 봄), 131 · 137~138쪽>

14) '민주'에서 뒤 글자 '주(主)'는 어원상, 라틴어 '-cratia'에 기원을 둔 것으로 '지배'를 뜻하는 'democracy'에서의 '-cracy'와는 의미가 조금 다르다. 이 단어는 하늘(一)과 땅(一)과 사람(一)을 두루 꿰뚫어(丨) 다스리는 지배자를 뜻하는 '왕(王)'과도 상관이 없다. 그것은 촛대(王) 위에서 등불이 타는 모양(丨)을 본뜬 것이다. 이런 어원을 고려하면 '민주'란 아래로부터 피어오르면서 세상을 밝히는 모든 존재의 불빛, 내재적 창조의 역능을 의미한다. 전통적으로 '민'은 군주인 '왕'은 물론이고 귀족인 '인(人)'에 의해서도 천시되어 온 인간 집단이며 '눈먼 자이므로 무지몽매하다'라는 낙인 속에서 계몽과 채찍질의 대상으로 되어 왔고 지금도 착취와 수탈의 대상으로 남아 있는 집단임이 틀림없다. 하지만 <4.16 세월호 참사 희생자 · 실종자 · 생존자 가족대책위원회(가대위)>의 진실규명 운동이나 촛불혁명에서 보이듯이 이제 바로 그 '민'이 진실, 양심, 윤리, 연대, 혁명을 밀고 나갈 유일한 밝음-존재로 되어가고 있는 것이 지금의 현실이다. 군주나 귀족집단이 모조리 돈과 권력에 글자 그대로 '눈이 멀어 버린' 시대에, 그들이 '눈먼 존재'로 비하했던 바로 그 '민'이 세상을 밝힐 등불을 들고 있는 것(主)이다. <조정환, 『절대 민주주의』(서울: 갈무리, 2017), 17쪽>

구평화를 위한 제1의 확정조항」의 '모든 국가의 시민적 정치 체제는 공화정체이어야 한다(Die bürgerliche Verfassung in jedem Staat soll republikanisch sein)'이다. '공화국이란 그 본성에 있어서 영구평화를 희구하는 경향을 가지고 있어야 한다'고 강조한 구절이다.

칸트에 따르면 공화정체란 '첫째, (인간으로서) 한 사회 구성원의 자유의 원리에 의해, 둘째, (신민으로서) 모두가 단 하나의 공통된 입법에 의존하는 의존의 원리에 의해, 그리고 셋째, (국가시민으로서) 그들의 평등의 원칙에 의해 확립되는 정체'이다. 공화정체의 핵심적 요소는 대의제(das repräsentative System)에 존립하는데, 칸트는 대의제에 입각한 공화정만이 원초적 계약의 이념으로부터 정당화될 수 있는 국가체제라고 생각했을 뿐만 아니라 더 나아가 오직 공화정체 아래서만 전쟁이 방지될 수 있다고 믿었다. 그 까닭은 공화정체 아래서는 '전쟁을 해야 할 것인가, 또는 해서는 안 될 것인가를 결정하려면 국민의 동의가 필요한데(이 체제 아래서는 이런 절차를 거칠 수밖에 없다), 이때 국민은 자신의 신상에 다가올 전쟁의 재앙을 각오해야 하기 때문에 그런 나쁜 경기를 감행하는 데 무척 신중하리라는 것은 너무나도 당연하기' 때문이다. 따라서 모든 나라에서 공화정체를 확립하는 것은 전쟁을 방지하기 위한 첫째가는 조건이다.15)

칸트가 『영구평화론』에서 말하듯이, '공화적 체제는 영구평화(영원한 평화)에 대한 바람직한 전망을 제시한다.'

영구평화의 전망을 제시하는 공화정(공화적 체제・공화정체)이야말로 마을 민주 '공화국'의 가장 중요한 강령이다. 민주 공화국을 표

15) 김상봉, 「법을 넘어서: 칸트의 영구평화론에 대한 비판적 고찰」, 『哲學硏究』 제68집(2005.2.).

방하는 근대국가의 전쟁 지향성을 극복해야 하는 마을 민주 공화국 헌법은, 칸트 『영구평화론』의 「영구평화를 위한 제1의 확정조항」을 중요시해야 할 것이다.

영구평화를 보장하는 칸트의 공화정이 마을 민주 공화국의 나아갈 방향이 되려면, 마을 민주 공화국의 구성원인 마을民들이 평화를 도덕적 의무로 삼아야 한다. 평화의식으로 계몽된 마을民의 생활 속에서 평화를 의무로 삼지 않으면, <마을 민주 공화국의 이전(以前) 정체(政體)인> 근대국가의 전쟁 지향성을 극복할 수 없으며 민주 공화국을 표방하는 남북한의 반평화적(反平和的)인 분단체제도 넘어설 수 없다.

남북한의 헌법에 각각 '공화국'이 명기되어 있는데, 남북한의 공화국은 왜 영구평화는커녕 분단 상황에서 서로 적대시하는 반평화(反平和) · 준전시(準戰時) 상태(칸트의 '자연상태')에 있는가?

이러한 중대한 질문에 대하여 남북한 공화국의 국민 · 인민들이 평화 지향적인 해답을 구하지 못한다면, (평화를 도덕적 의무로 삼는) 마을 민주 공화국의 마을民이 찾아 나설 수밖에 없다.

‘박근혜 국가’는 해체 대상

박근혜 전직 대통령(이하 ‘박근혜’)이 이끈 국가인 ‘박근혜 국가’는 국민들로부터 버림을 받는 해체 대상(다수 국민들의 마음속에서 해체되길 바라는 대상)이 되었으며, 해체 대상이었기 때문에 박근혜가 탄핵되었다.[16]

박근혜가 이끈 국가를 풍자한 ‘헬조선’이야말로 해체의 대상이다. “헬조선을 떠나고 싶다! 헬조선은 없어져야 한다! 이런 나라는 해체되어야 한다!”고 절규한 촛불 민심 속에 ‘박근혜 국가 해체의 염(念)’이 깃들어 있다.

세월호 사고 때 “이게 나라냐!”[17]는 자조어(自嘲語)가 쏟아져 나

16) 필자는 촛불 민심을 반영하는 뜻에서 박근혜 국가의 해체를 거론했을 뿐이다. 이러한 측면에서, 필자는 ‘모든 국가의 해체를 원론적으로 주장하는 무정부주의자(anarchist)’나 국가 해체론자가 아니다. 이 책의 군데군데 등장하는 ‘해체’는, 필자가 무정부주의자·국가해체론자가 아닌 입장에서 박근혜 국가가 해체되길 희망한 촛불민심을 반영하기 위해 선택한 단어이지 모든 국가에 해당되는 용어가 아님을 강조한다. 이와 관련되어 독자 여러분의 오해가 없기를 바란다. 다시 말하면 이 책에 등장하는 ‘해체’라는 용어는, 기존의 사회·정치과학의 ‘국가해체 담론’과 무관하다. 필자는 국가의 해체보다 국가(근대 자본제 국가)의 횡단(橫斷)을 주장한다. 필자가 보기에 국가는 해체의 대상이기 이전에 ‘횡단’의 대상이다.

17) 세월호가 가라앉은 당시, 그리고 그 이후 “이건 나라도 아니다”라는 말을 쉽게 들을 수 있었던 건, 국민들이 진도에서 철저히 무능력한 국가를 보았기 때문이다. 진도에서 우리가 목격한 것은 더 이상 생명을 돌보지 않는 권력이었다. 구조작업은 처음부터 무능력하고 무기력했으며 우왕좌왕의 극치를 보여줬다. 그뿐만 아니라 최소한 사람들의 마음과 쉼을 돌볼 수 있도록 하려는 배려가 전혀 없는 난장판

왔다. 근대 자본제 국가 시스템의 붕괴를 감지한 민초들의 직관이 드러난 '근대국가 해체' 담론이 "이게 나라냐?"이다.

최순실 국정농단 사건에서 보다시피 선출되지 않은 최순실이 상왕(上王) 노릇을 했다. 자본 중심의 국가[18]에서조차 있을 수 없는 '저급의 정경유착 국가'[19]를 박근혜가 이끌었기 때문에 '박근혜-최순실 국가'는 해체되어야 한다.

속에 희생자의 가족들은 여기저기 널브러져 '수용'되어 있었다. 많은 사람들은 "국가가 사라졌다", "시스템이 붕괴했다", "이게 나라냐"라는 말들을 했다. <엄기호, 『나는 세상을 리셋하고 싶습니다』(파주: 창비, 2016), 88~89쪽>

18) 국가는 더욱 노골적으로 자본으로서의 자신의 정체를 드러냈다. 지구의 동서나 남북을 불문하고 국가는 직접적 자본으로 전화되었는데 이른바 제1세계인 서구나 제2세계인 동구, 그리고 제3세계들에서 자본의 지배적 형태로 나타난 국가자본이 바로 그것이다. 국가자본은 국가가 단순한 정치적 계획 주체를 넘어, 그 자체가 경제적 소유 주체로 또 이윤 생산의 주체로 전화한 단계의 자본이다. 이 단계에서 국가는 더 이상 사회로부터 분리된 환상적 공동체가 아니며 사회 속에서 움직이는 자본 그 자체이다. 이 단계에서 사회의 공동체적 필요는 사회로부터 분리된 환상적 공동체인 국가에 의해서가 아니라 사회 속의 자본에 의해 직접 충족되어야 한다. 국가는 점점 기업으로 되며 기업은 점점 국가처럼 되는 수렴작용이 발생하게 되었다. <조정환, 『절대 민주주의』, 131쪽>

19) 정치지대의 사적 전유를 추구하는 박근혜의 통치는 자본에 의한 경제지대 약탈을 돕는 방향으로의 군주권력 행사에 기반을 둔다. 정치지대의 중요한 부분이 이러한 정치적 조력에 대한 보답, 즉 '뇌물'의 형태로 획득될 수 있기 때문이다. 흔히 '정경유착'이라고 불리는 이 과정에서 박근혜는 삼성, 롯데, SK 등 재벌기업들에 중대한 법적·제도적 지원을 제공했고 공적 이유에서 대통령에게 보장된 권력을 이 사기업들의 지대수취를 위한 방편으로 사용했다. 예컨대 박근혜는 국민연금을 동원하여 삼성물산과 제일모직의 합병이 이루어지도록 돕는 방식으로 이재용의 후계승계 작업을 지원했다. 후계승계에 성공한다면 이재용은 삼성 전체 계열사에 대해 소유하고 있는 극미한 지분(2013년 기준 0.23%)으로 삼성 계열사 전체를 지배할 수 있다. 삼성의 미래전략실에 의해 관리되고 통제되는 총수지배체제와 계열사 간 순환출자를 통해 적은 소유권으로 결정적 의결권을 행사할 수 있기 때문이다. 이것은 이재용에게는 계열 간 거래에서 생기는 막대한 부를 획득할 수 있는 반면, 사회적으로는 소유권과 의결권의 괴리 심화, 권한과 책임의 괴리, 무노조 경영, 불법적인 노동 관행, 협력업체에 대한 그룹 차원이나 계열사 차원의 통제와 수탈 등 총수 이외의 모든 이해당사자를 철저히 배제하는 기업경영을 가져온다. 박근혜에게 주어지는 정치지대인 뇌물은 이재용이 기업 수준에서 행하는 경제지대 수탈에 대한 정치적 약탈, 즉 지대의 정치적 재분배이다. <조정환, 『절대 민주주의』, 406~407쪽>

못난 임금인 선조가 이끌었던 조선왕조 국가가 해체 대상이듯이, 박근혜 국가는 해체되고 새로운 지도 그룹이 이끄는 국가로 대체되어 마을 민주 공화국의 싹을 키워주어야 한다.

해체를 모면할 근대국가가 얼마나 있을지 모르지만, 북유럽의 복지국가 · 평화국가(코스타리카) · 행복국가(부탄)는 마을 민주 공화국을 육성할 것이므로 해체면제 대상이다. 이들 해체면제 대상 국가들과 마을 민주 공화국 운동(운동가들)은 평화공존을 이룬다.

지구촌의 국가들 중에서 마을 민주 공화국의 잠재력을 인정하지 않거나 심지어 탄압 · 저지하려는 나라가 있다면 그런 국가가 우선적인 해체대상이다.

이러한 해체대상 국가 안에서 마을 민주 공화국 운동을 전개하는 사람들은, 해당 국가가 요구하는 국민의 의무(국방 · 납세 등)를 거부하면서 '국민임을 포기하거나 비국민(非國民)임을 선포하는 사건'이 발생할 수 있다.

마을 민주 공화국의 범위 (1)

'박근혜가 대표한 국가'와 같은 근대국가는 궁극적인 해체대상이므로, 근대국가의 영토·국경은 무의미하다. 영토주의가 무의미하다. 그러나 근대국가가 마을 민주 공화국으로 대체될 때까지는 근대국가의 영토·국경을 잠정적으로 인정한다.

이렇게 보면 '남한' '북한'은 하나의 지리적인 영역일 뿐이다. 네티즌(인터넷 시민)도 On line상에서 마을 민회·마을 민주 공화국을 조직할 수 있으므로,[20] Off line의 영토·국경은 더욱 의미가 없다.

'마을 민회(民會)' 중심의 마을 민주 공화국(남북한에 산재되어 있

---

20) 네티즌은 On line상에서 활동하는 인터넷 시민으로서 'digital[假想] 세계의 주권자'가 될 수 있다. digital 세계의 주권자인 네티즌-인터넷 시민의 연장선상에서 'digital 국민'도 등장할 수 있다. digital 국민은 인터넷의 가상공간에 존재하는 국민이지만 현실세계(Off line)에서도 경제활동 등을 할 수 있다.
이러한 전자 거주자(電子居住者) 제도를 실시하고 있는 나라가 에스토니아(Estonia; 1991년에 소련으로부터 독립한 유럽 동북부의 작은 나라)이다. 에스토니아라는 인구 130만 명의 조그만 나라가 27,000명의 digital 국민을 거느리고 있다. EU에 가입한 에스토니아는 이민자에 대한 반감이 강한 유럽에서 'digital 이민(移民)'을 모집하고 있으며 현재 27,000명의 이민을, 인터넷상의 국민인 'digital 국민'으로 모시고 있다. 에스토니아는 국외에 거주하는 사람들에게 자국민에 준하는 행정 서비스를 제공하는 전자 거주자(電子居住者) 제도를 실행한 결과 143개 국가(Off line 세계)에서 살고 있는 27,000명이 digital 국민으로 등록했다. 이들 digital 국민들은 전자 거주자 제도를 활용하여 여러 가지 경제적 이득을 취하고 있다(『日本經濟新聞』 2018년 1월 1일자 제1면의 머리기사 참조).
현재에도 지구상에 digital 국민이 있으므로, 앞으로 몇 십 년·몇 백 년 뒤에 등장할 마을 민주 공화국에는 당연히 digital 주권자들이 존재할 것이다. 이들이 'digital 마을民'으로서 On line상에서 마을 민회·마을 민주 공화국을 조직할 수 있음은 물론이다.

는 On line 마을 민주 공화국+Off line 마을 민주 공화국)들끼리 연합하여 한반도 안팎에 통일된 체제를 세울 수 있다. 이 통일된 체제는 기존의 국가연합・연방제에 의한 한반도 통일과 다르다. 기존의 국가연합・연방제 통일(남북한 정권이 주도하는 두 개의 근대국가의 정치적인 통합)의 권역이 한반도에 국한되는데, 마을 민주 공화국들의 연대에 의해 통일된 체제의 권역은 한반도를 넘나든다. 한반도를 넘어 동아시아(중국・일본・대만・동부 러시아)-유라시아-전 세계로 확산될 수 있다. On line상의 마을 민주 공화국을 통하여 한반도를 넘어 동아시아-유라시아-전 세계로 마을 민주 공화국의 이상(理想)을 전파할 수 있다. 근대국가 중심의 남북한 통일에 따른 한반도 중심주의를 초월한다는 뜻이다.

따라서 마을 민주 공화국(共和國)의 '國'은 근대국가의 '國'이 아니다. 근대국가를 영어로 표기하면 'nation state'이다. 이 nation state를 '국민(nation)국가', '민족(nation)국가'로 뒤섞어 풀이하는데, 국민[21]으로서의 nation은 경우에 따라 경시할 수 있지만 민족으로서의 nation은 인정한다. 한반도의 경우 두 쪽으로 나뉜 민족의 재통합으로서의 통일을 중요하게 생각하는 사람들이 많기 때문에 민족nation의 의미를 인정한다.

위와 같이 마을 민주 공화국이 지양하려는 체제가 근대국가(nation state)이지 민족국가(nation state)가 아니므로, 민족국가를 해체대상으로 규정하지 않는다.

21) 박근혜 국가와 같은 근대국가를 해체대상으로 봄으로, '박근혜 국가에 속한 국민'이라는 개념도 재검토해야 한다.

비트코인·블록체인과 'On line 마을 민주 공화국'

2018년 1월의 비트코인(Bitcoin) 폭주에 대응하는 한국정부의 좌충우돌을 지켜보면서 '근대 자본제 국가의 석양[22]과 마을 민주 공화국의 여명'을 동시에 직감했다. 직감이므로 논리적인 설명이 어렵지만 언뜻 떠오르는 생각을 아래와 같이 정리한다.

1. 전 세계적으로 가상 화폐(bitcoin과 같은 digital 화폐)와 국가의 대립·마찰이 일어나고 있는 가운데, 비트코인 기술인 블록체인(Blockchain) 등에 의한 '가상 국가'[23]의 등장이 예상된다. 이미 'Bitnation(http://bitnation.co)'이라는 가상 국가가 On line상에

22) 柳川範之 등 편저『ブロックチェーンの未来』(東京, 日本経済新聞出版社, 2017)의 264-265쪽에 실려 있는 '2030-2130년의 블록체인(Blockchain) 미래상'을 아래와 같이 요약한다;

> 블록체인 때문에, ① 세계 공통의 가상 화폐·통화의 이용률이 법정통화를 넘어서고, ② 국가의 중앙은행[일본은행·한국은행 등]이 발행하는 법정 은행권·경화(硬貨)를 폐지하고, ③ 국가의 중앙은행이 블록체인으로 당좌예금을 관리하기 시작하고, ④ 시중은행의 구좌가 폐지된다.

이것이 바로 '금융 중심의 근대 자본제 국가의 석양'을 예고하는 경고문이다.

23) 이미 에스토니아(Estonia)에 '가상 국민'이 등장했기 때문에 가상 국민에 의한 가상 국가의 등장도 머지않았다.
일본의 전문가들이 말하는 블록체인의 미래상에 따르면 '2030-2130년에 블록체인만으로 수립되는 국가[블록체인만으로도 국가를 수립할 수 있음]가 탄생할 것이다. 통화(通貨)·법률제정·정치·사회보장 등을 포함한 사회 시스템이 블록체인에 의해 이루어질 것이다.'<柳川範之 등 편저『ブロックチェーンの未来』265쪽>

서 활동 중이다.[24)]

2. 화폐 발행권을 쥔 근대 자본제 국가의 영향력이 가상 화폐(비트코인 등)・블록체인에 밀리고 있다.
3. 이렇게 밀리는 현상이 장기간 지속될 경우, On line 마을 민주공화국의 '마을'에 도달할 수 있다.[25)]
4. 블록체인이 가지는 Peer to Peer의 특성 덕분에 세계적 규모(또한 지역적이기도 한)의 친밀한 '가상 마을'을 형성하고 신뢰를 확장할 수 있는 가능성을 가지게 된다.[26)]
5. 이러한 블록체인의 '가상 마을'이 On line 마을 민주공화국의 '마을'과 연결될 수 있으며, 이 마을이 '블록체인에 의해 만들어지는 국가(블록체인 가상 국가)'와 만나면 On line 마을 민주공화국에 이를 수 있다.[27)]

---

24) Bitnation(http://bitnation.co)은, 지리적 조건・국경에 속박되지 않는 인터넷상(上)의 '국경 없는 국가' 시스템으로서 '통치[거버넌스: Governance] 2.0'을 내건 프로젝트이다. 현실세계의 국가가 제공하는 공공 서비스는 주로 자국민(自國民)을 대상으로 한다. 그러나 Bitnation은, <① (국가가 파탄하여 국가의 보호를 받을 수 없는) 난민이나 가난한 사람들에게, ② 다양한 서비스를, ③ 국가 대신에 제공하는 것>을 지향한다. Bitnation은 '국민[시민들]'에게 디지털(digital) ID를 발급한다. 시민들은 ID를 사용하여 인터넷 상(上)에서 공적(公的) 서비스를 선택한다. 여권의 취득, 부동산 등기, 출생・사망 증명, 회사 설립・등기, 민사계약 등을 선택한다. 모든 기록은 ID에 연결되고 블록체인에 의해 관리되어 행정 서비스로 제공된다. 실제로 2015년 가을에는 처음으로 난민 등록을 했다. 세계화의 진전으로 국가가 힘을 잃어가는 가운데, 민주적으로 경제적 약자를 수호하고 부(富)를 재분배하는 시도로서 [Bitnation이] 주목 받고 있다<木ノ内 敏久『仮想通貨とブロックチェーン』(東京, 日本経済新聞出版社, 2017) 203~204쪽>.

25) 여기에서 말하는 '마을'은 'On line 마을' 또는 '인터넷 마을'인데, 인터넷 마을과 관련하여 <전명산『국가에서 마을로』(서울, 갈무리, 2012) 103~123쪽>에 자세하게 설명되어 있다.

26) 전명산『블록체인 거번먼트』(서울, 알마출판사, 2017) 5쪽.

27) 위의 주 23)에 있는 '2030~2130년에 블록체인만으로 수립되는 국가가 탄생할 것이다'는, 블록체인이 아닌 다른 기술에 의해서도 가상 국가가 수립될 수 있음을 암시한다. 블록체인에 의한 가상 국가뿐 아니라, 다른 기술에 의해서도 가상 국가

6. 블록체인은 근대 자본제 국가를 초극하기 위한 '두꺼비'이다. 블록체인을 통하여, 근대 자본제 국가를 초극하기 위한 '두꺼비 전략'을 구사할 수 있다는 말이다. 블록체인이라는 두꺼비는 마을 민주 공화국의 바이러스인데, 이 바이러스를 근대 자본제 국가의 체내에 주입하면서 On line 마을 민주공화국을 이룩할 수 있지 않을까?[28)]

들이 많이 창출될 수 있다는 뜻이다. 이처럼 블록체인에 의해 국가가 창설되는 상황이니 가상 마을 만들기는 훨씬 쉬운 일이다. 블록체인 등에 의한 가상 국가들과 가상 마을들이 어울려 빚어내는 On line 마을 민주공화국이 예상보다 수월하게 탄생할지도 모른다.

28) 1970 · 80년대에 민주화 운동의 선봉장이었던 민청련(민주화운동 청년 연합)은 '두꺼비 전략[독사에 먹힌 두꺼비의 독(毒)이 독사의 체내에 침투하여 끝내 독사를 죽이는 두꺼비의 전략]'을 내걸었다. 이 전략처럼 '블록체인이라는 두꺼비의 독소毒素-마을 민주공화국 바이러스'를 근대 자본제 국가의 체내에 주입하여 오장육부를 마을 민주 공화국의 바이러스로 덮으면, 근대 자본제 국가의 조종(弔鐘)이 울리지 않을까?<본서의 글 「근대 자본제 국가를 초극하기 위한 '두꺼비 전략'」 참조>.

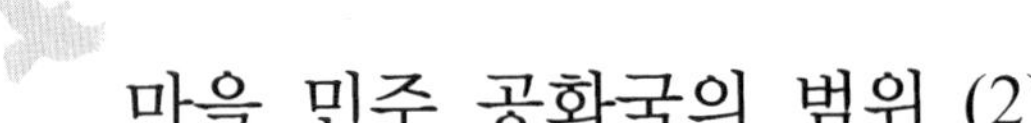

마을 민주 공화국의 범위 (2)

‘속(屬)’을 중심으로[29]

소국과민(小國寡民)

노자의 『도덕경(道德經)』 80장은 아래와 같은 문장으로 이루어져 있다.

나라는 작고 백성도 적어야 한다	小國寡民
백성들이 갖가지 기계를 가졌다 한들 사용하지 않으며	使有什伯之器而不用
백성들은 죽을 때까지 공동체에서 멀리 쫓겨나지 않는다	使民重死 而不遠徙
비록 배와 수레가 있으나 탈 일이 없고	雖有舟輿無所乘之
비록 무기와 병사가 있다 한들 배치할 곳이 없다	雖有甲兵無所陳之
사람들이 옛날처럼 새끼줄로 의사표시를 하게 하고	使人復結繩而用之
음식을 달게 먹고 옷을 아름답게 입고	甘其食 美其服
거처를 안락하게 하며	安其居
법이 아니라 옛 풍속대로 즐거워한다	樂其俗
이웃 나라를 서로 바라보며	隣國相望
개와 닭의 울음소리를 서로 듣지만	鷄犬之聲相聞
백성들은 늙어 죽을 때까지 서로 왕래하지 않는다	民至老死 不相往來

29) 필자는 ‘속(屬)’을 ‘소국과민(小國寡民)의 지역공동체’로 해석하는 기세춘 선생님의 여러 저서<『동양고전 산책 (1)』·『노자강의』·『장자』 등>를 참고하면서, 속(屬)을 마을 민주 공화국의 기초단위로 설정한다.

소국과민(小國寡民)에서 '소국(小國)'의 규모는?

『도덕경』 80장의 소국과민(小國寡民)에서 '소국(小國)'의 규모는 어느 정도가 될까?

여기에서 추론해볼 수 있는 단서는 '인국상망(隣國相望)'하는 거리로서 '닭과 개가 짖는 소리가 서로 들리는 정도'이다. 그렇다면 '국(國)'의 규모는 닭과 개의 소리가 들리는 정도로 상정하고 있다고 해도 무리는 없으리라. 닭과 개가 짖는 소리가 서로 들리는 거리는 현실적으로 '인읍(隣邑)이 상망(相望)'할 정도의 거리, 즉 읍(邑) 정도의 규모를 지칭하는 것이라고 추론할 수 있을 것이다.[30]

전국시대에 들어와 읍과 국國의 규모가 현격한 차이를 보이게 되었을지라도, 『도덕경』에서 상정하였던 국國의 규모는 실제로는 읍 정도의 규모였던 것이다. 읍의 구조는 예전의 촌락보다 우월한 것이

30) 고대 중국에서 사람들이 집단으로 거주하는 취락을 가리키는 단어가 바로 '읍(邑)'입니다. 우리가 현재 쓰는 읍이라는 행정단위가 여기에서 기원했지요. 상나라 때부터 통일제국 진이 들어서기 전까지 중국사회를 구성하는 기본 단위가 바로 읍이었습니다. 성을 중심으로 한 대규모의 귀족 거주지 그리고 성이 없는 소규모의 자연형성 취락을 모두 읍이라고 했습니다. 서주시대와 춘추전국시대의 사람들은 모두 읍에 살았지요. 읍은 다시 국(國), 도(都), 채(采), 비(鄙)로 나뉘었습니다. 동일한 조상을 모시는 동일 씨족 집단이 읍에 거주했고, 그러다 보니 씨족공동체적 원리 아래 읍의 모든 일이 운영되었습니다. 하지만 춘추시대 말부터 읍의 씨족공동체는 파괴되기 시작했고, 통일국가 진이 들어서자 군주가 지방관을 파견해 관리하는 군과 현이 읍을 대신해 중국사회의 기본 단위가 되었습니다. 국(國)은 제후가 거주하는 협소한 공간이었다고 언급했는데요, 처음에는 읍과 호환되는 말이었지요. 그래서 '국읍'이라고도 했는데, 처음에 노나라, 제나라, 정나라, 송나라는 노읍, 제읍, 정읍, 송읍이었고 성과 성 주변의 땅을 다스리기만 하는 아주 작은 규모로 시작했습니다. 그러다가 광토중민(廣土衆民), 즉 토지가 넓어지고 인민이 늘어나면서 향후 군주의 지배 범위가 확대되었습니다. 이제 점차 국은 더 이상 읍과 호환되지 않는 말이 되어갔습니다. 국이 어엿한 영토국가의 개념으로 바뀌게 되었으니까요. 춘추전국시대 지도에서 볼 수 있는 것처럼 그 경계선으로 크기가 파악되는 국가가 되어갔지요. <임건순, 『제자백가 공동체를 말하다』(파주: 서해문고, 2014), 27~28쪽>

어서 백성들이 즐겨 이주할 수 있는, 그 당시로서는 모범적인 촌락의 모습을 지니고 있었다. 읍 안에 이(里) 단위로 부락이 편성되어 있고, '천맥(阡陌)'으로 경지가 바르게 구획되어 있으며, 가옥과 생활용구가 잘 구비된 형태가 전국시대의 모범적인 읍의 구조였던 것이다.

이처럼 재생산 단위가 읍 정도로 축소된다면, 국가라는 상급 공동체에 대한 공납이 현저히 줄어들게 되며 단지 읍 공동체를 유지하는 정도, 즉 읍 단위의 공동작업을 할 정도로 그치게 된다. 그 나머지 부분은 백성들의 재생산 부분으로 투하된다. 재생산 단위가 축소되면서 상급단위에 대한 공납이 줄어드는 효과뿐만 아니라, 국내의 노동력 재분배와 지휘를 둘러싼 여러 행정처리 역시 크게 줄어들게 된다.

이는 행정처리의 양 때문에 분리될 수밖에 없는 노심자(勞心者)와 노력자(勞力者)가 분리될 여지를 축소시키는 것이며, 그에 따라 서주(西周) 이래 지배층으로 군림해온 관료층의 존립 근거가 소멸된다는 것을 의미한다.

그렇다면 '소국과민(小國寡民)'은 국가라는 형태를 완전히 배제한 아나키스트적인 상태를 의미하는 것이 아니라, 상급 공동체라는 형태를 유지하면서, 다만 재생산 규모를 가능한 한 최소한 규모로 축소하는 정책이라고 보아야 한다.

위와 같은 『도덕경』 80장의 분석에 나오는 지역 공동체<소국(小國)·읍(邑)·향촌·자연촌락>는 '인간답게 두루 잘살 수 있는 평화공동체'를 가리키며, 이 평화 공동체를 중심으로 한 평화 경제가 가능함을 일러준다. 국가가 아닌 지역 공동체에 평화 공동체·평화 경제의 해답이 있음을 암시한다.

노자·장자가 말하는 지역 공동체의 단위는 속屬이었다. 속屬이란 원래 인구 5~10만의 오늘날 군(郡) 정도의 지역 자치 단위를 말한다. 이 자치 단위는 경내의 백성을 먹여 살려야 하며, 경내 백성으로 편성된 군대에 대한 모든 부담을 책임지도록 했다. 당시 군사 조직도 속屬 단위로 편성되었는데 한 소속(所屬)은 약 3,000명 정도였던 것 같다.

속屬과 관련된 『도덕경』 19장을 소개하면 아래와 같다.

성인(聖人)과 지식을 버리면 민중의 이익이 백배로 늘어날 것이다.	絶聖棄智 民利百倍
인의(仁義)를 버리면 민중이 효도하고 자애롭게 될 것이다.	絶仁棄義 民復孝慈
기술과 편리한 기계를 버리면 도적이 없어질 것이다.	絶巧棄利 盜賊無有
성인·인의·기술의 편리함은 생민(生民)의 문물(文物)로 삼기에는 부족한 것이다.	此三者 以爲文不足
그러므로 **유랑민을 지역 공동체인 속(屬)에서 보양(保養)토록 하고,**	**故令有所屬.**
자연의 본바탕을 드러내고 질박한 마음을 갖도록 하여,	見素抱朴
사유(私有)를 작게 하고 소비욕구를 적게 한다.	少私寡慾

위의 문장에 보이는 '영유소속(令有所屬; 백성을 귀속시켜야 할 곳이 있으니)'의 속屬은 삼향(三鄕) 또는 십현(十縣)을 묶어 그 경내의 백성들이 자급자족하는 공동체를 이루어 공산(共産)·공생(共生)함으로써 유랑하는 일이 없도록 한 것이다. 영유소속令有所屬은 당시 수백 년간 지속되어 온 전란으로 땅을 잃고 유랑하는 백성이 넘쳐나는 실정에

서, 이들 유랑민을 속屬 단위의 지역 공동체에 귀속시켜 부양을 책임지게 함으로써 구제하는 정책이었다. 이러한 정책은 백성들 각자가 소속 공동체를 떠나거나 다른 공동체로 유입되는 것을 통제할 필요에서 시행되었다.

1) 속屬의 인구[31)]

(1) 농촌의 경우

3개 향鄕을 묶어 1속屬으로 한다(三鄕爲屬).[32)]

1향은 2,000~3,600호이므로 1호 5인 가족으로 치면 1향의 인구는 1만~1만 8,000명이 된다. 1속은 3향이므로 1속의 인구는 3~5만 명이 될 것이다.

(2) 도시의 경우

10개 현을 묶어 1속으로 한다(十縣爲屬).[33)]

1전甸은 64정井이며(甸六十四井也) 4전을 묶어 현縣으로 하고(四甸爲縣) 4현을 묶어 군郡으로 한다(四縣爲郡).[34)]

1전은 64정이며 1정은 8호가 경작하므로 1호 5인으로 치면 1전의 인구는 2,560명이 된다(64정×8호×5인=2,560명). 1현은 4전이므로 현의 인구는 1만 명이 된다(2,560명×4=약 1만 명). 1속은 10현이므로 속의 인구는 10만 명이 될 것이다(1만 명×10현=10만 명).

---

31) 기세춘, 『동양고전 산책 (1)』(서울: 바이북스, 2006), 421~422쪽.

32) 『관자(管子)』/ 권8/ 소광小匡.

33) 『국어(國語)』「제어(齊語)」.

34) 『주례(周禮)』「소사도(小司徒)」.

2) 속屬의 병사

1결結은 100무畝이고, 9결이 1정井이다(一結百畝,九結一井).

1구丘는 64정이며, 4구를 1전甸이라 한다(一丘十六井, 四丘一甸).[35]

1전의 병사는 75인이며(갑사 3인+졸 72인=75인), 1현은 4전이므로 병사는 1현당 300명이며(75인×4전=300명), 1속은 10현이므로 1속의 병사는 3,000명이 된다(300인×10현=3,000명).

3) 연속기향(連屬其鄕)

노자의 사상을 이어받은 장자(莊子) 역시 '연속기향(連屬其鄕)'을 통하여 속屬을 강조한다.

'연속기향連屬其鄕'이 나오는 『장자』「마제馬蹄」편을 아래와 같이 인용한다.

저들 민중에게는 자연의 변하지 않는 성품이 있다.	彼民有常性.
베를 짜서 입고, [격양가(擊壤歌)를 부르며] 밭을 갈아먹으니	織而衣 耕而食
이것을 '대동(大同)사회의 덕'이라고 말한다.	是謂同德.
대동(大同)사회는 만물일체이지만 개인이 공동체에 묶이지 않으니	一而不黨
이를 일러 '자연의 해방(天放)'이라고 말한다.	名曰 天放.
이처럼 덕이 지극했던 세상에서는	故至德之世
거동이 편안했고 생활이 순박하고 한결같았다.	其行塡塡 其視顚顚
그 당시 산에는 길이 없었고 못에는 배와	當是時也 山無蹊

35) 『율곡전서(栗谷全書)』/ 습유(拾遺)/ 권4/ 군정책(軍政策)/ 구승법(丘乘法).

다리도 없었고,	隧 澤無舟梁.
만물이 무리 지어 살듯이	萬物群生
사람들은 마을 공동체인 속(屬)을 이루고 살았다.	**連屬其鄉**.
(……)	(……)
그러나 성인(군왕)이 나타나	及至聖人
절름발이가 뛰듯 인(仁)을 만들고	蹩躠爲仁
발꿈치를 들고 달리듯 의(義)를 만들어	踶跂爲義
천하에 갈등이 시작된 것이다.	而天下始疑也

이처럼 성인(군왕)이 나타나 절름발이가 뛰듯 인(仁)을 만들고 발꿈치를 들고 달리듯 의(義)를 만들어 천하에 갈등이 시작되었다.

성인 · 군왕 · 국가(성인 · 군왕이 지배하는 국가)가 나타나 속屬이라는 지역 공동체에 갈등을 유발했는데, 갈등유발의 주범이 유가의 인(仁) · 의(義) 이데올로기라는 뜻이다. 이와 달리 갈등을 해소할 평화 공동체의 단위는, '국가가 아닌 지역 공동체[屬]'임을 위의 문장의 행간에서 확인할 수 있다.

속屬은 19세기에 푸리에(F. M. C. Fourier)가 시험한 1,620명 소규모 산업공동체인 팔랑주(Phalange)의 효시라고 말할 수 있다. 특히 노자 · 장자가 성인과 왕도를 부정하고 소규모 지역 공동체의 자주독립을 주장한 것은 '국가는 인격이 없는 팔랑주의 연합이 되어야 한다'고 주장한 아나키스트들과 너무나 유사하다.[36]

노자 · 장자는 속屬이라는 지역 공동체를 중심으로 대동大同(큰 도리가 행해지는 공평하고 평화로운 세상)을 이룰 수 있다고 강조했다.

36) 기세춘, 『동양고전 산책 (1)』, 417쪽.

몇 가지 난제

그런데 지역 공동체를 중심으로 대동 세상을 이룰 수 있다는 노자·장자의 세계관을 현재의 사회(근대 자본제 국가 시스템)에 적용할 때 아래와 같은 난제가 뒤따른다.

① 요즘 같은 대국과민(大國過民)의 세상에서 『도덕경』 80장의 '소국과민小國寡民·무위無爲의 평화 공동체' 및 이를 위한 평화 경제가 가능할까?
노자·장자의 농업공동체인 속屬과 푸리에의 산업공동체인 팔랑주를 중심으로 21세기의 평화 경제체제를 구축할 수 있을까?
'21세기의 속屬·팔랑주'가 성립 가능하다고 가정할 경우, 시장경제라는 복병을 이겨낼 수 있나?
시장만능의 신자유주의 아래에서, 시장경제가 아닌 어떠한 대안경제 체제로 '속屬·팔랑주의 평화 경제'를 이룩할 수 있는가?
현대 경제의 시장 구조와 노자·장자의 무위−무소유 평화경제가 어울리는가?
평화·지역 공동체의 가장 큰 장애물은 시장 및 (시장을 엄호하는) 국가-근대 자본제 국가가 아닌가?

② 인간은 욕구하는 동물인데, 무위−무소유의 평화공동체·평화경제를 이룩할 수 있는가?

③ 노자·장자의 소국과민小國寡民의 생산관계를 통해 생산력을 높일 수 있는가?

위의 ①은, 인류평화의 영원한 난제이며 평화 경제의 영원한 숙제이다. 난제의 근원에 있는 시장·국가(근대 자본제 국가)는 끊임없이 평화 공동체를 위협한다. 더욱이 21세기의 벽두에 횡행하는 신자유주의는 지구촌 차원에서 평화 공동체를 파괴한다. 신자유주의의 세계화가 평화 파괴의 주범임이 세계 곳곳에서 증명되고 있는 가운데, 신자유주의의 세계화에 맞서 평화 공동체를 건설하려는 운동가들의 움직임이 활발하다. 이 운동가들은 '신자유주의 때문에 파괴된 평화 공동체를 일으켜 세우는 암호가 소국과민小國寡民의 지역·평화 공동체인 속屬에 있음을 절감'하고 있으나, 실제로는 시장·국가의 암초에 걸려 『도덕경』 80장과 같은 대동 세상을 이루지 못하고 있다.

그러므로 소국과민-국가-세계화의 3각 관계의 중간에 있는 국가(근대 자본제 국가)를 횡단하는 가운데 '소국과민에서 세계화로 직행하는 전략'이 요청된다. 계륵과 같은 국가(근대 자본제 국가)를 건너뛰어 지역화(지역 공동체를 통한 생태평화 만들기[37])와 세계화

37) 머레이 북친(미국의 사회생태주의 창시자)은 이론가이자 실천운동가였다. 그는 오늘날 상당한 인기를 누리는 독일 녹색당의 창립 운동에서 힘을 보탰다. 그의 꿈은 세상을 바꾸는 데 있었다. "가장 중요한 문제는 사회구조를 바꿔 민중이 권력을 장악하도록 만드는 것이다. 최상의 무대는 시, 읍, 마을 같은 지방자치단체이다. 거기서 우리는 서로서로 얼굴을 마주한 민주정치를 실천할 수 있다." 이른바 '자유자치주의'가 북친의 이상이었다. <백승종, 『생태주의 역사 강의』(대구: 한티재, 2017), 28쪽>
하나의 흐름은 지역화를 국가보다 훨씬 작은 규모의 지역공동체들의 분산적 구축으로 이해하는 흐름이다. 이것은, 중앙집권적 국가 자체가 생태파괴의 주범으로 기능해 왔다는 문제의식 속에서, 오직 분산된 생태공동체들과 그들 사이의 연합만이 생태를 지키면서 지속 가능한 발전을 이루어나갈 수 있는 대안이라고 주장한다. <조정환, 『절대 민주주의』, 115쪽>
잔지바르, 오만, 베네치아, 싱가포르 같은 개방적인 혼합 문명의 세계는 전체주의적인 거대 제국보다 훨씬 더 평화로울 것이다. 우리는 팍스 어배너(Pax Urbana)를 건설하기 위해 노력해야 한다. <파라그 카나 지음, 고영태 옮김, 『커넥토그래피 혁명』(서울: 사회평론, 2017), 568~569쪽>

를 연결하는 통로를 만드는 전략 없이 평화경제 체제의 수립을 기대할 수 없다.

이 통로를 만들기 위해 수없이 많은 평화 공동체 만들기 작업<몬드라곤 공동체, 협동조합 운동, 사회적 경제·사회적 자본 형성, 지역화폐 사용하기, 제3세계 중심의 내발적(內發的) 발전 모델 등>이 진행 중이다.

이들 작업이 아직은 암중모색이지만, '속屬과 같은 지역 공동체를 중심으로 한 마을 민주 공화국'이 해답인 듯하다. 이미 '지역 공동체가 세계평화 공동체의 발신지라는 믿음체계'가 형성되어 있다. 이 믿음체계를 중심으로 '소국과민－무위無爲 평화 공동체-속屬-마을 민주 공화국'을 이루어내고, 이 바탕 위에서 평화 경제체제를 수립하는 길만 남아 있다.

그러면 ②의 난제에 대답할 차례이다. 욕심덩어리인 인간이 무위－무소유의 평화 공동체·평화 경제를 이룩하는 것 역시 난제 중의 난제이다. 인간의 소비욕구가 어우러진 시장을 통하지 않고는 생존이 불가능한 현대 경제체제에서, 무위－무소유의 평화 공동체·평화 경제는 엄감생심(焉敢生心)인 듯하다. <(욕구 및 욕구 충족의 체계로서의) 시민사회>와 <무위－무소유의 평화 공동체·평화 경제>는 상충된다. 욕구의 확대 재생산을 중심적인 가치로 생각하는 근대 자본제 국가의 경제학을 근원적으로 변혁하지 않고 무위－무소유의 평화 공동체·평화 경제를 내오는 것은, 동굴 속에서 바늘을 찾는 일과 같다.

그러나 여기에서도 암중모색이 가능하다. 암중모색의 차원에서 무소유의 사원(寺院) 경제, 사원 내의 무소유 평화 공동체, 소욕지족(少欲知足)의 경제학, '연기(緣起) 평화 공동체의 경제학'을 생각할 수 있겠다.[38] 단순히 생각에 그치지 않고 타이(태국)의 사회참가형

불교 공동체 운동, 스리랑카의 사르보다야 운동, 간디(Gandhi)의 스와라지(swaraj) 운동에서도 교훈을 얻을 수 있다. 이반 일리치(Ivan Illich)의 '고유한(vernacular) 노동'을 즐기는 공생(conviviality)사회론, 폴라니(Karl Polanyi)의 시장 자본주의 비판에서도 이론적인 전거를 찾을 수 있겠다.

③의 난제와 관련하여 노자・장자가 강조하는 지역<마을・촌락・향촌・읍(邑)・속(屬)> 공동체를 통해 생산력을 높일 수 있다고 본다. 예컨대 몬드라곤 공동체의 '생산관계를 통한 생산력 제고'를 거론할 수 있다. 이러한 '지역 평화공동체의 세계화(세계적인 연결망; glocal peace network)'도 생각할 수 있다.

그런데 국가라는 상위의 공동체가 '지역 평화 공동체의 세계화'를 저해하는 것이 문제이다. 국가(근대 자본제 국가) 체제가 있는 한, 속屬과 같은 지역 공동체의 경제가 국가경제의 희생물이 될 가능성이 상존한다. 국가가 장애물이라는 말이다. 그러므로 국가라는 장애물을 넘어 풀뿌리 지역 공동체의 세계화를 이룸과 동시에 평화를 창출하기 위해서는 '지역(속屬을 중심으로 한 마을 공화국)의 평화'라는 관문을 거쳐야 한다. 이 관문을 열기 위한 '지역(마을 공화국)의 평화'론이 요청된다.

속(屬)과 마을民・마을 민주 공화국

속屬(한국사회의 군郡 정도의 규모)을 마을 민주 공화국의 기초 단

38) 菅谷章, 『社會科學と佛敎思想』(東京: 日本評論社, 2000), 44~56쪽.

위로 삼고, 속屬에 거주하는 사람들을 '마을民'이라고 규정한다. 촛불집회의 현장도 직접민주주의를 위한 현대판 속屬이라고 볼 수 있다면, On line과 Off line을 포괄한 촛불집회 참가자들이 마을民이 된다. 이들 마을民이 모여 '광화문 마을 민주 공화국'을 이룬다.

이들 마을民 중에서 마을 민주 공화국의 취지에 동의하면 누구나 마을 민주 공화국의 구성원이 될 수 있다. 이들 구성원이 마을 민주 공화국 헌법을 실천하겠다고 서약하면 한층 격(格)이 높은 마을民이 된다.

마을民은 집성촌처럼 촌락을 이루어 사는 촌민(村民)이 아니며, 국가(근대 자본제 국가)가 그어놓은 국경 안에 사는 국민이 아니다. 근대 자본제 국가의 국경·영토·경계(구조적 폭력을 유발하는 차별이 응축된 경계)를 넘나들거나 횡단하는 마을民(촛불집회 참여자 포함)들의 공화국이 '마을 민주 공화국'이다.

따라서 마을 민주 공화국은 한반도라는 좁은 영토의 안팎을 통섭하는 새로운 대안 세계이다. 한반도 안팎의 개인·세대·남녀노소를 껴안는 새로운 대동大同사회이다.[39)]

더 나아가 마을 민주 공화국이라는 또 다른 세계를 꿈꾸는 네티즌도 'On line 마을民'이 되므로, On line 세계와 Off line 세계를 두루 엮는 대안세계가 '마을 민주 공화국'이다.[40)]

---

39) 이 새로운 대동(大同)사회를 중심으로 한반도 평화통일을 이루는 대장정을 시작할 필요가 있다.

40) 본서에 게재된 글 「마을 민주 공화국의 범위(1)」의 각주에서 <전자 거주자(電子居住者) 제도를 실행하는 에스토니아의 사례와 같이 digital 국민이 현존하므로 앞으로 몇 십 년·몇 백 년 뒤에 등장할 마을 민주 공화국에 digital 주권자가 존재할 수 있으며, 이들이 'digital 마을民'으로서 On line상에서 마을 민회·마을 민주 공화국을 조직할 수 있다>고 서술했다. 이와 같이 네티즌(digital 국민)도 On line 마을民이 되어 On line 세계와 Off line 세계를 넘나들며 자신들이 원하는 마을 민주 공화국을 세울 수 있다.

마을 민주 공화국의 영역

영토의 문제

마을 민주 공화국은 근대국가와 같은 영토를 보유하지 않는다. 아니 보유할 수 없다. 그렇다고 영토가 아예 없는 것은 아니다. 마을 민주 공화국에는 사회적 영토가 무궁무진하기 때문에 국가적 영토(근대국가의 영토) 없이 누구나 마을 민주 공화국에서 살아갈 수 있다.

사회적 영토를 강조하는 아래의 글을 읽어보면 필자의 뜻을 이해할 수 있을 것이다;

국가라는 것은 자본의 이권경쟁을 위한 일정한 시스템이라고 파악하는 것이 타당하다고 생각된다. 의회제 민주주의 시스템이건 천황제이건, 혹은 중국, 소련과 같이 당과 관료가 국가를 운영하는 시스템이건 간에, 모두 그 나라의 자본주의 발전과 관련된 이권 영토의 쟁탈이라는 형태로 전개될 뿐이다. 근대가 발족시킨, 민족이나 국민이라는 이름을 내세운 국가 시스템이란 우리가 살아가는 현재 결코 이상적인 시스템이 아니다. 그렇다고 하면 우리들은 이를 넘어서는, 이상적인 사회시스템을 생각하지 않으면 안 된다. 국가로서의 영토를 만든다면, [오키나와] 주위의 대만, 한국, 그리고 가장 두려운 일본, 이들 국가와 대결관계를 유지하지 않을 수 없다. 이것은 가장 끔찍한 선택이 아닌가? '대통령 행정명령'과 다를 바 없다. 요나구니지마(与那國島)와 대만은 가장 가까운 거리에 있다. '류큐사회헌법'의 형태를 구상할 경우, 농작물, 생선 거래 등 국경을 넘어서 자신들의 사회적 영토를 만들어갈 수 있다. 경우에 따라서는 오키나와 자체가 중국, 필리핀과의 교역관계를 옛날처럼 자유자재로 전개함으로써, 사회와 사회가 자신들의 생활의 필요에 상응하는 형태로 세계를 넓혀나갈 수 있을 것이다. 현재의 국민국가의 국경이라는 영토의 울타리를 사회적 교류를 통해 허물어가는 지표를 세우고, 우리 자신의 입장을 지켜나가자는 것이 '공화사회 헌법'의 기본인 셈이다.[41]

위와 관련하여 오키나와 출신의 가와미츠 신이치가 제안한 '琉球共和社會憲法C私(試)案'은, 오키나와를 근대국가 일본의 영토로 보지 않고 사회적 영토로 간주한다. '오키나와'라는 사회적 영토를 중심으로 공화사회(공화국이 아님)를 형성하기 위한 헌법초안이 '琉球共和社會憲法C私(試)案'이다.

'사회적 영토'라는 관점에서 보면 근대국가(近代國家)의 '國'자가 눈에 들어오지 않고 '국國'이 '사회社會'로 번역되어 다가온다. '공화국共和國'이란 멋진 이름에 옥의 티로 남아 있는 '국國'이 '사회社會'로 치환되어 '공화사회共和社會'라는 마을 민주 공화국이 탄생한다. '마을 민주共和國'의 마지막 글자인 '國'을 '사회社會'로 바꿔 '마을 민주 공화사회'로 통용하는 것이 바람직하지만, 근대국가에 맞서는 '나라(나라와 '국國'의 미묘한 의미 차이에 주목할 것)'[42]라는 뜻에

41) 가와미츠 신이치 지음, 이지원 옮김, 『오키나와에서 말한다』(파주: 이담, 2014), 194~195쪽.

42) '나라'는 '국가[國]'와 미묘한 의미론적 차이를 갖는다. 국가가 실정적 제도와 장치의 앙상블을 가리킨다면, 나라는 데모스[demos]의 마음에 배태되어 있는 정치공

서 '마을 민주共和國'을 앞장세운다(내용상 마을 민주 공화사회와 마을 민주 공화국은 큰 차이가 없다).

이처럼 국가적 영토와 근대국가가 한 짝이라면, 사회적 영토와 공화사회가 한 짝이다. 근대국가의 국가적 영토에 무관심한 마을 민주 공화사회(마을 민주 공화국)에게, 사회적 영토가 중요하며 국가적 영토는 부차적이거나 무의미하다.

국경·경계의 문제

마을 민주 공화국은 근대국가를 횡단하므로 근대국가의 국경도 횡단한다. 횡단하는 과정에서 눈앞에 나타나는 근대국가의 국경은 인정하지만 애써 무시하지 않으면 횡단을 결행하지 못한다. 횡단을 결행한 끝에 마을 민주 공화국에 진입하면 근대국가의 국경은 사라

동체에 대한 집합표상인 동시에 이에 조응하는 역사·지리·인문적 리얼리티의 총체이다. '나라'는 '국가'보다 더 근원적인 상징의미를 부여받고 있는 기표다. 국가들(정권들)의 흥망성쇠를 넘어서 존속하는 역사적 삶의 터전이 바로 나라다. 오랫동안 타향살이하던 동포들에게 한국은 '국가'가 아니라 '나라'다. 애국가의 "우리나라 만세"가 "우리 국가 만세"로 대체될 수 없는 이유가 거기에 있다. 나라는 고향, 산천, 풍경, 기억, 역사를 모두 내포하는 지리, 역사, 심성적 총체다. <김홍중, 『사회학적 파상력』(파주: 문학동네, 2016), 71~72쪽>

야만적인 국가 폭력이 지배하는 나라에서 순수한 영혼의 젊은이들이 간절히 동경해서 마음에 품었던 나라가 사랑의 나라였던 거지요. 생각하면 전봉준이 꿈꾼 나라, 전태일이 꿈꾸었던 나라, 윤상원이 꿈꾸었던 나라를 알기 쉽게 이름하자면 사랑의 나라가 아니겠어요? 사랑이 단순히 가족이나 사사로운 인간관계의 원리가 아니라 사회와 국가의 형성 원리가 되는 세상 말입니다. 함석헌에게 기대어 말하자면, 그런 나라는 우리 모두가 서로에게 "너도 나라!"(너도 나이니라) 하고 말하는 나라라고 할 수 있겠지요. 너를 가리켜 "네가 바로 나야!"라고 말할 수 있다면, 그 이상의 사랑이 어디 있겠어요? 그런데 함석헌은 바로 그런 경지가 참된 나라라고 말했던 거예요. 나는 나 너는 너, 우리는 동지 너희는 박멸해야 할 적, 이런 게 아니고, '너도 나'라고 말하는 것이 진짜 나라라고, 말장난처럼 들릴 수도 있지만, 실은 처절한 절규예요. <김상봉, 『네가 나라다』(서울: 길, 2017), 260쪽>

지고 생활권의 구분선만 남는다.

마을 민주 공화국 간의 경계가 있지만 그것은 국경이 아니라 생활권의 경계일 뿐이다. 마을 민주 공화국 성립 이전에 근대국가와의 경계가 있을 수 있지만, 그것을 국경으로 보지 않는다(마을 민주 공화국과 인접한 근대국가에서는 국경으로 본다).

역사지리적 영역

영토·국경은 근대국가의 산물이므로, 이를 무시하고 마을 민주 공화국에 어울리는 경계를 상정한다. 마을 민주 공화국에서 마을살이가 생활권 중심으로 이루어지므로 생활권과 관련되어 역사적으로 형성된 역사지리적 경계는 수용한다. 예컨대 고대부터 내려오는 한반도 안팎의 역사지리적 공간은 받아들인다. 동북 3성(만주)의 일부와 일본의 규슈를 아우르는 생활권이 마을 민주 공화국의 강역이 될 수 있다.

이와 같이 영토·국경 의식이 없으므로, 정치적인 국경(국제정치의 국경; 지구촌의 근대국가 시스템이 설정한 국경)도 뛰어넘는다. 근대국가의 국경을 초월하려는 의지를 보이는 것은, 국가 중심의 사고를 벗어나려고 노력한 결과이다.

'국(國)'의 문제

근대국가(근대 자본제 국가)의 멍에에서 벗어나려고 노력하지 않으면 진정한 민주주의에 접근하기 어려우므로, '국國' 중심의 사고에 집착하면 안 된다. 근대국가의 대체물인 '마을 민주共和國'의 '國' 역시 군더더기이다. '마을 민주共和國'의 '國'도 되도록 떼어내어 '마을 민주 공화사회'로 바꾸면 '국國'으로부터의 해방감을 맛볼 수 있다(본서의 「마을 민주 공화사회의 밑그림」을 참고할 것).

'국國'이 아닌 공화사회에서 살아가는 마을民들이 누리는 생활권 중심의 역사지리적 영역이 마을 민주 공화국의 터전이다.

구성원의 문제

'국國'을 초월하므로 앞에서 언급한 한반도 안팎의 역사지리적 경계와 무관하게 누구나 국경・경계를 떠나 마을 민주 공화국의 구성원이 될 수 있다.

마을 민주 공화국의 기본 취지에 동의하거나 마을 민주 공화국 헌법을 수호하겠다고 결의한 사람・집단은 국경・국적과 관계없이 마을 민주 공화국에 소속될 수 있다. 국경・국적과 무관한 인터넷의 네티즌도 마을 민주 공화국의 구성원이 될 수 있으나, 마을 민주 공화국의 헌법・헌장의 실현과 관련된 인격체 구성에 문제가 발생하면 정규 구성원에 버금가는 지위를 부여받을 수 있겠다.

분단된 한반도의 경계 문제

현재의 분단선(DMZ; 한반도 비무장 지대)은 본래 국경이 아닌데도 국경선화(國境線化)되어 통일을 더욱 어렵게 만든다. 국경선화(國境線化) 현상이 가중될수록 국경선을 지키려는 남북한의 군비경쟁이 가속화되어 통일의 난제(難題)가 된다. 현재의 DMZ는 국경선도 경계선도 아니면서 동북아 정치질서의 분단을 가져오는 국제정치의 장벽 역할을 하는 모호한 장애물이다[특히 강화도・교동도 인근의 중립해상과 NLL(북방한계선)이 그렇다]. '모호'한 탓에 DMZ의 현실을 인정하지만 정치적으로는 무의미하다.

마을 민주 공화국은 정치적인 국경을 인정하지 않으므로 정치적 의미의 DMZ를 인정하지 않는다. 더 나아가 민주 공화국은 '박근혜가 대표한 국가'와 같은 악성(비민주적) 근대국가를 해체의 대상으로 간주하므로, 남북한 근대국가 간의 악성 전쟁(6・25한국전쟁)의 산물인 DMZ도 해체의 대상이다. '해체'라는 어감이 강하다면 '인정하지 않거나 무의미한 것으로 본다'고 수정한다.

오히려 '해체'보다 '초극(超克)'이 적확한 표현이다. DMZ는 초극의 대상이다. DMZ를 초극하는 과정과 남북한의 근대국가를 횡단하는 과정이 병행되는 가운데, 마을 민주 공화국 사이의 연합에 의한 한반도 통일이 이루어지면 좋다(본서의 「마을 민주 공화국과 한반도 통일」을 참고할 것).

'마을 민주 공화국'의 해석

마을 민주 공화국을, 대한민국 헌법 제1조의 '민주 공화국'에 '마을'이 추가된 것으로 해석하면 너무 단순하다.[43] 헌법 제1조의 '민주 공화국'을 마을에서 구현하는 것이 마을 민주 공화국이라고 해석할 수도 있겠지만, 이는 단견(短見)이다.

'마을 민주 공화국'은 '마을'+ '민주'+ '공화국'의 합성어이다. '마을'+ '민주 공화국'의 합성어일 수도 있다. '마을'+ '민주 공화국'의 경우, 마을[屬] 안에 민주 공화국이 내재한다. 마을 민주 공화국의 '마을'은 한국 지자체의 말단인 마을(里·洞)과 다르다. 필자가 보는 마을 민주 공화국의 '마을'은 한국 지자체의 말단인 마을(里·洞)이 아니라, 노자·장자가 말하는 지역공동체의 마을인 속屬이다. 그래서 '마을인 속屬 안에 민주 공화국이 내재한다'고 언급한 것이다.

다양한 해석

위와 같은 해석을 조금 더 다양하게 확대하면 아래와 같다.

---

43) 한국의 현행 헌법은 민주 공화국을 표방하지만 민주 공화국을 구현하기 위한 직접민주주의의 장치가 부족하다. 국가 차원에서 직접민주주의를 실현하기 어려운데, 이를 마을로 좁히면 더욱 어려워진다. 마을에서 직접민주주의를 도저히 실현할 수 없다는 말이다. 따라서 한국의 현행 헌법의 '민주 공화국'에 '마을'을 추가하고 싶어도 불가능하다.

① '민주 공화국'의 이념을 마을인 속屬에서 구현한다.

② 『도덕경』 80장의 '소국과민(小國寡民)'을 실현하려는 '마을 민회 중심의 속屬' 자체가 마을 민주 공화국이다. 하나의 속屬[마을]에 하나의 마을 민주 공화국이 있다. 초기의 마을 민주 공화국은 이렇게 작은 단위의 속屬을 중심으로 출범하는 '기초 단위의 마을 민주 공화국'이 될 것이다. 이와 같은 기초 단위의 마을 민주 공화국이 연달아 수립되면 마을 민주 공화국 사이의 연대·연합을 통하여 큰 단위의 마을 민주 공화국을 수립(연합 마을 민주 공화국)하면서 한반도의 평화통일로 나아갈 수 있다.

그런데 큰 단위의 '연합 마을 민주 공화국'이 기초 단위의 마을 민주 공화국을 폭력적으로 규제할 수 없다. 연합 마을 민주 공화국과 기초단위의 마을 민주 공화국은 갑을 관계·상하 관계·지배 종속 관계가 아니고 횡적으로 연계되는 상생 관계이다.

③ 마을 민주 공화국의 기본적인 단위·의사 결정체가 '마을 민회(民會)'이다.

㉠ 마을 민회는 마을 민주 공화국의 기초적인 생활세계이자 의회 역할을 하는 정치단위이다.

㉡ 마을 민회는 동학의 포包·접接과 비슷한 역할을 할 수 있다.

㉢ 마을 민주 공화국의 최소 단위가 마을 민회이다.

④ 마을 민회의 대표로 시민의회를 구성하고 직접민주주의를 실행하는 마을 공화국이다.

⑤ 마을 민주 공화국은 간디의 마을 공화국 원리를 받아들인다.

⑥ 마을 민주 공화국은 근대국가가 지양(止揚)된 결과 탄생하는 체제[政體]이다.

비(非)국가 영역

근대국가의 지양과 관련하여, 촛불집회 이후에 '국가개조'가 많이 거론되는데 이는 '국가의 영역 안에서 국가를 개조한다'는 동어반복의 모순을 낳는다. 국가를 통하여 국가를 개조한다는 것은, 미사일로 미사일을 쏘아 맞추는 '미사일 방어(MD)'보다 더 어려운 일이다. 그래서 국가의 영역이 아닌 비(非)국가 영역에서 국가(근대 자본제 국가)개조를 시도해야 한다.

1) 포괄적인 비(非)국가 영역

국가를 지양하는 마을 민주 공화국에게, 비非국가 영역은 모태(母胎)와 같은 존재이다. 마을 민주 공화국과 연결될 가능성이 있는 비非국가 영역의 명단을 아래와 같이 정리해보았다.

계界(생명평화계生命平和界로서의 마을 민주 공화국) | network(특히 마을 민주 공화국의 준準구성원인 네티즌을 통하여 온라인 네트워크와 마을 민주 공화국이 연결되는 망網) | 장場 | 장藏(마을 민주 공화의 진리를 겉으로 잘 드러내지 않으며 감추고 있음) | 향鄕(마을 민주 공화 향鄕; 마을 민주 공화국이라는 이상향理想鄕, 지상의 유토피아, 향촌마을, 동네, 중국의 샹그릴라와 같은 이상촌理想村) | sub-region으로서의 마을 | 경境(생활세계라는 어떤 경지境地에 세우는 마을 민주 공화국; 경계가 아님) | 체體(마을 민주 공화체; 체제로서의 마을 민주 공화국) | 포包・접接(동학의 영역 구분) | 단團(단위) | 권圈・권역圈域 | Association(자유인들의 연합) | 영領(영역) | 역域 | 계系 | belt(대帶・지대地帶・띠) | 망網(인드라 망網)

2) '国國'의 대체어

위와 같이 다양한 비非국가 영역을 체로 걸러 마을 민주 공화국을 조형(造型)할 수 있겠다. 그런데 비非국가 영역의 종합판인 마을 공화국에 '국國'을 붙이면 어색하다. 비非국가 영역을 종합했는데 다시 '국國(마을 민주 공화국의 국國)'으로 환원되면 곤란하다. 이러한 곤란함을 극복하기 위하여, 필자가 자주 사용하는 용어가 '마을 민주 공화사회'이다(川滿信一의 琉球共和社會C私(試)案에서 지향하는 공화사회).

'공화사회' 이외의 다양한 대체어代替語('국國'의 대체어)를 소개하면 다음과 같다(이 명단의 일부는 앞의 비非국가 영역의 명단과 중복된다).

생활세계 | 세계 | 계界 | Circle | Paradigm | Association(자유인들의 연합) | 연환連環 | 영領 | 권圈 | 역域 | 권역圈域 | belt | 계系 | 대帶 | 띠 | 불교식 표현으로 장藏(연화장 세계)・망網(인드라망)・만다라・미륵세계・화華(법화경)・용화龍華 | 향鄕(이상향) | 체體(공화체; 마을 민주 공화라는 체제) | subregion | 장場 | 경境 | 촌村 | 사회(마을 민주 공화 사회) | 민주 공화 마을(마을을 맨 앞에 붙이는 마을 민주 공화국이 아니라 마을을 맨 뒤로 보내는 민주 공화 마을; 마을 민주 공화국에 소속된 민주 공화 마을을 지칭함) | 동학東學의 포包・접接 | 동네 | 축軸(수직축・수평축)

촛불 공동체 마을

마을 민주 공화국의 '마을'은 근대국가의 최하위 행정조직인 마을이 아니다. 현재 국내의 마을 만들기는 행정조직의 마을을 중심으로 이루어지고 있어서 한계에 봉착할 수밖에 없다. 박정희 정권의 새마을운동으로 전통적인 두레 마을이 사라진 상태에서 행정조직 중심의 마을 만들기가 잘 될 리 없다.

따라서 다른 선택을 해야 하는데, 문화·역사적인 맥락이 이어지는 '마을民 중심의 천하무인(天下無人) 공동체 마을[屬]'을 이루는 것이 중요하다.

마을民 중심의 천하무인 공동체 마을[屬]은 먼 나라 이야기가 아니다. 한국의 촛불집회에 나타난 촛불 공동체가 마을 분위기를 자아냈기 때문에, 먼 나라 이야기가 아닌 우리 동네 이야기이다.

이렇게 촛불 공동체 마을을 이룬 경험이 있는 사람들이 마을民이 되어 (마을 민주 공화국의) 마을을 형성하면 된다. 형성하기 위한 기초 작업으로 마을 민주 공화국 헌장을 만들 필요가 있다. 마을 민주 공화국 헌장에 동의하는 2人 이상의 '자유로운 마을民 결사結社·속屬[Association]'이 이루어진다면, 이 Association(자유인이 된 마을民들의 연합)이 마을 민주 공화국의 최소 단위이다. 촛불집회 때 "대한민국은 민주 공화국이다!"는 구호를 외친 참가자들 거의 대부분이 마을 민주 공화국 헌장에 동의할 것이므로, 수많은 마을民 예비후보자들을 확보하고 있는 셈이다.

민주 공화국의 염원이 촛불을 통해 불타오른 광화문이 바로 민주 공화국의 마을이다.[44] 그래서 광화문이 마을 민주 공화국의 출발점이다. 마을 공화국의 불씨가 바로 1,600만 개의 광화문 촛불 안에 있었기 때문이다.

이미 수많은 초미니(超mini) 마을 민주 공화국이 광화문에서 점멸(點滅)했다고 보아야 한다(이렇게 작은 규모의 마을民 결사에 '국國'을 붙이기 어려우므로 '사회社會'를 붙여 '마을 민주 공화사회'라고 불러도 좋다).

1,600만 개의 촛불이 인드라망網처럼 영롱하게 상호교차하며 이루어놓은 마을 민주 공화국이 일시적인 현상이 되지 않게 하는 운동이 요청된다. 촛불 다중(多衆)의 마음속에 내재(內在)했던 '광화문 마을 민주 공화국'을 생활세계에서 현실화하며 지속성을 강화하는 운동을 펼쳐야 한다. 광화문 마을 민주 공화국의 촛불이 살아 움직이다가 근대국가('한국'이라는 근대 자본제 국가)를 초극(超克)하는 불씨·밀알이 되길 바란다.

44) "내가 헌법 제1조의 주체이다! 나 자신이 민주 공화국이다! 내가 나라이다! 내가 민주 공화국을 대표하는 주권자이다!"는 구호 속에서 '촛불도 하나 민주 공화국도 하나'임을 상호 확인하는 '민주 공화국 마을 공동체'를 이루었다.

마을 민회

마을 민회의 성격

마을 민주 공화국의 풀뿌리 기초 조직인 '마을 민회(民會)'는, ① 마을民의 결사結社 · 결사체結社體로서의 중의(衆議)기관, ② 마을民의 Association, ③ '마을 코뮌'의 성격을 지닌다.

마을 민주 공화국의 중의(衆議)기관으로 마을 민회를 상정할 수 있다. 마을 민회는 직접민주주의의 원리에 따라 운영된다. 마을 민회는 마을 민주 공화국의 일정한 지분을 갖는다. 마을 민회는 합의제 방식으로 의사결정을 한다. 마을 민회의 대표자를 호선하고 임기를 각 민회의 상황에 맞게 결정하여 마을 민회를 책임질 운영위원회(가칭) · 집행기구를 꾸린다. 운영위원회의 위원도 호선하고 마을 민회의 대표자와 임기를 같이한다.

이렇게 결성된 마을 민회들이 힘을 합하여 마을 민주 공화국을 세운다. 마을 민회는 마을 민주 공화국의 풀뿌리 기초단위로서 인체로 말하면 세포에 해당된다.

마을 민회의 운영

① 각 마을 ; ㉠ 간디의 마을 공화국 운영원리를 도입한다. ㉡ 인

도의 오로빌 등 전 세계에 있는 공동체 마을의 운영체계를 원용한다.

② 협의체; 가까운 마을 민회들끼리 소통하는 협의체를 둔다.

③ 행정 체제; 마을 민회의 사무를 집행할 집행기구를 둔다.

④ 남북한 민회의 통합; ㉠ 통일되기 이전의 과도기에 남한 단위의 마을민회 연합과 북한 단위의 마을민회 연합을 따로 두고 남북한의 통합적인 마을민회 연합이 되도록 노력한다. ㉡ 남한 단위의 마을민회 연합, 북한 단위의 마을민회 연합, 남북한의 통합적인 마을민회 연합은 '한반도 통일 관련 의사결정 기구'를 운용할 수 있다.

마을民의 자기 조직화

마을民이 민회를 통하여 자기조직화<自己組織化: 주체화(主體化)> 한다. 자기조직화하는 과정을 2단계로 나눈다.

1) 첫 번째 단계: 주체적으로 평화마을 민회를 조직하는 평화창출 주체(Peacemaker)로서 자기조직화

근대국가 변방의 소외된 주민(강화도 교동도의 주민, DMZ 민통선 마을 주민, 일본 오키나와 헤노코의 주민 등)이 세상의 해방을 이끄는 주체, 세상의 평화를 창출하는 주체(Peacemaker)로 등장한다. 강화도 교동도의 주민, DMZ 민통선 마을 주민, 일본 오키나와 헤노코의 주민들처럼 변방에서 살면서 평화를 동경하는 민초들이 주체적으로 평화마을 민회를 조직하는 평화창출 주체(Peacemaker)로서 자기조직화(주체화)할 수 있어야 한다.

2) 두 번째 단계: 재조직화(再主體化)

『도덕경』 80장의 '소국과민(小國寡民)' 마을 공화국[屬]의 주체인 마을民이 근대 자본제 사회를 해방시키는 주체로 거듭나기 위한 재주체화再主體化(자기조직화・주체화를 거듭함) 작업을 지속해야 한다.

마을 민회·마을 코뮌의 병용

마을 민주 공화국 운동의 결집체 중 하나가 마을 민회이다. 마을 민회는 이미 여러 사람들이 시도하거나 구상 중이므로 비교적 익숙한 그릇이다.

마을 민회를 통하여 마을 민주 공화국 만들기 연습을 할 수 있다. 그런데 '마을 민회 구상'이 한갓 마을 만들기(현재 관官·민民 거버넌스로 유행 중인 마을 만들기)의 연장선상에 있다면, 마을 민주 공화국의 실체에 접근하기 어렵다.

이러한 난점을 타개하기 위해 '코뮌'의 성격을 가미하면 좋을 것 같다. '헬조선'이라는 화두를 들고 씨름하는 '마을 코뮌'이 바람직하다. '코뮌'에 대한 대중의 저항감이 있다면, '마을 민회'라는 간판 아래에서 속살은 마을 코뮌으로 채우는 방안도 있다. 코뮌의 성격이 마을 민회에 가미되면 '헬조선 사회'의 중층적인 모순 덩어리를 해소해가면서 마을民의 노동가치·인간가치를 구현할 수 있겠다.

노동가치·인간가치를 구현할 수 있는 마을 코뮌

① 마을 민회는 불특정 다수를 포괄하는 장점이 있다. 그런데 마을民들의 노동가치·인간가치(민民의 생명평화 가치)·자연가치·평화적 생존권을 구현하는 질적인 도약을 시도할 경우,

'마을 코뮌'이라는 그릇을 포개는 것이 좋을 듯하다.

한국같이 반공주의가 창궐하는 사회에서 '코뮌'을 거론하면 거의 무조건적으로 '빨갱이'를 연상하는데,[45] '마을 코뮌'은 '파리 코뮌의 코뮌'과 달리 '마을民 사이의 의사소통을 강조하는 community'의 준말로 받아들이면 오해를 받을 염려가 없을 것 같다. '마을民들의 community'로서의 '마을 코뮌'을 생각할 수 있겠다.

마을 코뮌은, 1871년의 파리 코뮌을 마을에서 구현하자는 것이 아니다. '마을 community'의 진화형태 중 하나이다. 한편 마을 코뮌을 통하여, 마르크스가 강조한 'Association'에 접근하는 '마을 Association'이 되면 좋다.

② 촛불 대중의 공동체 의식을 수렴하는 뜻에서 '마을 코뮌'을 고려할 수 있다.

③ 마을 안의 인적(人的) 네트워크인 동아리・계契・동호인 모임・노동 중심 연계망・상업 중심 연계망을 총괄하는 개념으로 '코뮌'을 상정할 수 있다.

④ 노동가치・인간가치(민民의 생명평화 가치)・자연가치・평화적 생존권의 상실을 예고하고 있는 4차 산업의 모순을 극복해야 할 마을 민주 공화국이 '코뮌'의 의미를 수용하는 것도 좋다.

45) 사회주의 성격의 파리 코뮌이 등장하기 이전의 중세기부터 지역 공동체 차원의 코뮌이 실재했으므로, 코뮌을 '빨갱이'로 매도하는 것은 무지의 소치이거나 의도적인 행위이다.

운동력 증강에 도움을 주는 마을 코뮌

너무 평범한 '마을 민회'보다 '마을 코뮌'을 지향하는 일이 운동력을 증강시킬 수 있다. 예컨대 마을民의 노동가치가 중요한 울산 지역의 경우 마을 민회보다 마을 코뮌이 나을 것이다. 그럼에도 불구하고 마을 코뮌이 어색하게 느껴진다면 '마을 민회'를 통용한다.

이처럼 '마을 민회' 또는 '마을 코뮌'을 병용할 수 있으며 상황·지역에 따라 다른 명칭도 사용할 수 있다;

① 인권·평화·생태 문제를 중요시하는 마을民들이 모여 '인권마을 민회'·'평화마을 민회'·'생태마을 민회' 등을 조직하는 가운데 마을 민주 공화국으로 나아갈 수 있다.

② 주력하는 운동의 목적에 따라 명칭을 달리할 수도 있다. 예를 들어 동학의 정신을 실현하고자 하는 운동집단의 경우 동학의 마을 단위인 '포包·접接'을 부활시키는 마을 민회의 이름을 붙일 수 있다.[46]

③ 지역 상황에 맞는 마을 민회를 꾸린다. 예컨대 DMZ 접경지역에서 통일마을 민회를 만들어 '마을 민주 공화국 사이의 연합에 의한 한반도 통일' 운동을 전개한다.

46) 포包·접接 마을민회에서 출발하는 다음과 같은 한반도 통일의 경로도 생각할 수 있다: 마을 접接(작은 단위)-마을 포包(조금 큰 단위)-마을 민주 공화국[屬]-마을 민주 공화국群(마을 민주 공화국 연합)-한반도 통일.

자본주의 의식의 정화(淨化) 장치로서의 마을 코뮌

① 자본주의(근대 자본제 국가의 핵심 이념)의 소비문화에 물든 마을, 신자유주의에 포획된 마을. 이들 마을에 거주하는 민초들의 '욕구와 그 충족체제'를 마을 민주 공화국의 이념에 따라 어떻게 정화할지를 먼저 논의해야 한다. 이 때 '마을 민회'는 단순하므로 '마을 코뮌'의 차원에서 정화작업에 임하면 좋을 듯하다.

② 자본주의 의식의 정화 장치가 있는 마을 코뮌이 중요하다. 정화된 사람들이 마을 코뮌을 대표할 수 없거나 자본주의 의식에 찌들은 마을民의 심성을 걸러낼 장치가 마을 코뮌에 없다면, 근대 자본제 국가를 횡단할 수 없다. 근대 자본제 국가를 횡단하여 마을 민주 공화국으로 진입할 수 없다.

③ 현재와 같이 죽어 있는 마을·지역·지자체·농어촌에서 진정한 마을 코뮌(마을 community)을 구성할 수 없으므로, 대안을 마련하는 일이 매우 중요하다.

난점

광역의 국가보다 협애한 마을에서 민회(코뮌)를 꾸리는 일이 더욱 어렵다. <마을民의 인격형성·세계관·사회관·보수 진보의 정치적 견해·인격수양 정도·욕망(욕구체계)·생활 태도>가 근대국가의 국민보다 훨씬 다양하고 복잡하다. 그래서 원만한 마을민회 운영이 어려울 듯하다. 특히 마을 코뮌에 노동가치가 들어가면, 마을民 사이에 노동가치의 평등 여부를 놓고 갈등이 일어날 가능성이 있다.

비(非)국민으로서의 마을民

마을民은 비非국가 영역을 거점으로 삼아 근대국가를 횡단하려고 하므로, 국민의 위치에서 자동적으로 벗어나 '비非국민'이 된다. 국민 되기를 포기하지 않으면 근대국가의 횡단을 결행하는 마을民이 될 수 없기 때문에 비非국민이어야 한다.

그런데 놀랍게도 우리 주변에 국민 되기를 포기하고 싶은 비非국민이 많아서, 비非국민을 마을民으로 전환시키는 작업이 예상 밖으로 수월할 수 있다.

촛불집회 • 세월호집회 참가자 중 "이게 나라냐! 이런 나라에서 살고 싶지 않다!"고 외친 사람들은 '국민 노릇을 그만두고 싶은 심정을 지닌 비非국민'이다.[47] 단, 부정적인 어법("이런 나라에서 살고 싶지 않다!")을 사용하므로 '소극적인(negative) 비非국민'이다. 그런데 박근혜 대통령의 탄핵 • 구속 소식을 접한 촛불집회 참가자가 승리감에 도취되어 "이게 나라다!"고 외칠 때 '적극적인(positive) 비非국민'이 된다.

이들 '적극적인 비非국민'을 마을民으로 전환시켜 마을 민주 공화국을 수립하는 것이 지름길이다.

비非국민의 범주 안에 마을民이 내재해 있으므로 이들 비非국민의

47) 국민 노릇을 그만두고 싶은데 실행할 수 있는 대안을 찾지 못한 채 마지못해 살아가며 '헬조선'을 외치는 사람들도 비非국민이다.

심성을 평화 지향적으로 만들어 평화마을의 구성원이 되게 하는 일이 중요하다.

평화마을의 구성원인 마을民은 마을 민주 공화국 내부의 평화체제를 구축함과 동시에 평화경제 체제 수립에 주력할 의무가 있다. 이와 관련된 조항을 마을 민주 공화국의 헌장·헌법에 넣어야 한다.

평화체제 구축의 의무

① 마을民은 '평화지향·비폭력·전쟁반대·부전不戰·비전非戰·반핵反核·비핵非核·구조적 폭력 금지'의 의무를 지닌다.

② 근대국가의 국방전략·군사체계·전쟁계획이 평화마을(평화지향적인 마을 민주 공화국의 마을)에 영향을 미칠 수 없다. 영향이 미칠 경우 마을民들이 비폭력적인 저항을 한다.

③ 마을民은 국가에 의한 전쟁, 국가 간(國家間)의 전쟁에 반대한다. 국가가 전쟁에 대비하여 맺은 조약·군사동맹을 인정하지 않는다.

④ 마을民은 전쟁·분쟁을 유발하는 일체의 무기(핵무기·핵무기 생산용 핵발전 순환구조 안의 물질 포함)를 생산·유통·통과·반입하면 안 된다.

⑤ 마을民은 동·서양 성현들의 평화담론을 수용하고 각자의 상황에 맞게 실천해야 한다.

평화경제 체제 수립의 의무

① 마을民은 마을 민주 공화국을 지탱하기 위한 평화 지향적인 경제활동(물질 · 서비스의 생산 · 유통)에 종사해야 한다.

② 평화 지향적이지 않은 경제활동 · 경제 시스템을 거부해야 한다.

③ 평화 지향적인 공동체를 이룩하기 위한 공유 · 협동경제 체제를 수용 · 가동 · 확대 재생산해야 한다.

④ 마을民의 생존을 위한 의 · 식 · 주의 소유를 인정하지만, 과도한 소유는 스스로 자제해야 한다. 스스로 자제하지 못하여 마을民들 사이에 갈등을 유발하는 자(者)가 있을 경우, 마을民의 중의衆意로(민회 등의 결정을 통하여) 퇴거를 요청한다.

마을民의 1차 예비자인 '非국민'

필자의 논지에 따라 근대국가(근대 자본제 국가)를 횡단하여 마을 민주 공화국으로 진입할 때의 주체가 마을民이다. 마을民이 근대국가를 횡단한 뒤 마을 민주 공화국을 세움으로써 마을 민주 공화국의 주권자가 된다. 이분법적으로 말하면, 근대국가를 횡단한 국민이 마을民으로 변신(變身; 신분의 변화)하여 마을 민주 공화국의 주권자가 된다.

그러면 주권자가 되기 전의 마을民은 어떠한 위치에 있는가? 두 가지 부류를 생각할 수 있는데, 근대국가를 횡단 중인 사람들과 횡단을 시도하기 이전의 사람들이다. 전자는 마을民 후보(내정·예비)자이며, 뒤에서 설명할 12개의 맹아마을(Dx 1~Dx 12) 거주민들이다. 후자는 근대국가(근대 자본제 국가)에 머물고 있는 국민(시민)이다. 후자 중에서도 필자와 같이 근대국가가 아닌 '다른 세계(마을 민주 공화국 등)가 가능하다'고 믿는 '비국민(非國民) 지향자'들이 있다. 몸은 국민이지만 마음은 근대국가를 벗어나려고 한다(탈국가脫國家; 촛불집회에서 "이게 국가냐!" 하고 외친 사람들의 심정). 근대국가를 초월·초극·횡단하려고 한다. 바로 이들이 촛불집회에 참여한 다중(多衆)이며, 필자 역시 촛불집회 참여자 중 한 사람으로서 촛불집회의 영성을 받아 마을 민주 공화국을 꿈꾸고 있다.

여기에서 '비非국민'이라는 규정이 흥미를 끈다. 비非국민의 원적

(原籍)은 국민이지만 주민등록을 근대국가가 아닌 영역(마을 민주 공화국 등)으로 옮기려고 노력한다(그런 노력의 일환으로 촛불집회에 참석함).

이들 자유로운 개인들의 탈국가(脫國家) 의지가 강해지면 국민도 시민도 아닌 진짜 '비非국민 상태'가 된다. 촛불집회에 맹렬히 참가하고 있는 순간이 '비非국민 상태'이다. 비非 국민 상태의 '자유로운 개인들의 연합(Association)'이 촛불집회의 이름으로 근대국가를 횡단하는 연습, 반反국가적 국가・시민국가 만들기 연습을 하는 것이다.

이들의 Association이 근대국가를 횡단하여 마을 민주 공화국에 진입하는 데 성공하면 마을民이라는 새로운 세계의 주권자가 되지만, 현재는 횡단 중이 아니므로 예비자(교회의 예비신자와 유사한 위치)이다. 마을民의 1차 예비자인 셈이다(2차 예비자는 근대국가를 횡단 중인 마을民 후보자들).

그러면 마을民의 1차 예비자인 '비非국민'들의 '탈국가脫國家 정서'와 관련된 글들을 아래에 소개하면서 필자의 의견을 첨가한다.

비非국민의 반反국가적 국가・시민국가 만들기

촛불집회처럼 전위와 대중, 지식인과 민중, 활동가와 시민의 이분법도 없다. 주최 측이 있다면, 광장의 정치를 준비하는 일꾼들이지 그들이 자유로운 개인들의 대표는 아니다. 그들을 대표라고 생각하는 사람들은 대표가 있어야 광장이 탄생할 수 있다고 생각하는, 광장에 참여하지 못하거나 또는 광장에서 사적 이익의 실현을 고민하는 낡은 보수・진보세력뿐이다. 자유로운 개인들의 네트워크인 '반

(反)국가적 국가' '시민국가' 만들기라는 미답의 길을 우리는 걷고 있다.

지금 여기서 시민혁명의 최소 공통분모는 박 대통령의 퇴진이다. 우리는 시민혁명을 관전하며 지배연합의 재편성을 통해 시민혁명의 성과를 약탈하려는 세력에 맞설 수 있어야 한다. 반국가적 국가, 시민국가를 지향하는 광장의 자유로운 개인들이 대통령 퇴진 이후를 위한 반걸음, 아니 100분의 1 정도의 앞선 발자국을 남기지 않는다면, 모든 혁명의 다음이 그렇듯 반동을 맞이하게 된다.

박 대통령의 탄핵을 요구하는 '박근핵 닷컴'만큼 탄핵 이후를 생각하는 '박근혜 이후 닷컴'을 준비할 수는 없을까. 형식주의적이어도 좋다. 이른바 지도를 자임하는 낡은 세력들이 위에서 아래로 부과하는 방식이 아니라 자유로운 개인들의 연합이 지향하는 바를, 시민혁명의 정수를, 시민혁명의 최소 공통분모를 간결한 몇 가지 원칙으로 만들 수 있는 방법은 없을까 생각해본다.[48]

위와 같이 '자유로운 개인들의 연합(Association)이 지향하는 바를, 시민혁명의 정수를, 시민혁명의 최소 공통분모를 간결한 몇 가지 원칙으로 만들 수 있는 방법'을, 마을 민주 공화국으로 이행하는 과정에서 찾을 수 있지 않을까?

이행의 문제

<적-녹-보라 연대>라는 좌파적 진보의 새로운 척도를 이렇게 확장

48) 구갑우, 「시민혁명이 약탈당하지 않으려면」, 『경향신문』(2016.12.5.).

된 정치 개념과 연결할 경우, 직접민주주의를 배제했던 과거의 <위로부터의 사회주의> 대신에, 유비쿼터스 네트워크를 활용하는 직접민주주의에 기반을 두어 언제든지 소환 가능한 대의제를 장착한 역동적 형태로서 <자유로운 개인들의 연합[Association]을 형성해나가는 아래로부터의 사회주의>라는 새로운 형태의 <진보 좌파적 이행>을 비전으로 내세운 새로운 정당형태를 창조해나가는 것이 현실적으로 가능하다고 본다.[49]

위와 같이 Association에 의한 진보좌파 정당이 세울 사회주의가 담을 정치체제가 불행하게도 국가의 외피를 둘러쓰는 이행을 한다면, 과거의 국가 지향적인 사회주의(소비에트 등)라는 실패의 연속이 일어날 뿐이다. 이러한 사태를 예방하기 위해서라도 '국가를 횡단한 뒤 또 다른 국가를 만들지 않는 (자유로운 마을民의 Association에 의한) 마을 민주 공화국' 에로의 이행이 중요하다.

피지배 계급=비非국민

'국민 대통합'이란 게 대중기만, 대중사기에 불과하다고 말했지만, 그리고 실제로도 그렇지만, '국민'이란 말은 사실은 이의적(二義的)이다. 법률적 의미, 법률적 의제(擬制)로는 그것은 어떤 나라, 국가의 국적을 가진 사람들 하나하나 혹은 그 모두를 의미한다. 그러나 정치적·사회경제적으로는 그것은 지배계급과 그 성원, 그리고 부차적으로는 그들에 종사(從仕)하는 군상들이다. 이 정치적·사회경제

49) 심광현, 「21세기 이행기 정치의 과제」, 『진보평론』 70호(2016 겨울), 222쪽.

적 의미의 국민, 그중에서도 특히 지배계급과 그 성원이야말로 현실적인 국민임은 두말할 나위도 없다. 그리고 이때 노동자들을 위시한 피착취·피지배 근로인민은 물론 비(非)국민이다.[50]

세월호 참사와 비非국민

세월호 참사 이후 유족들은 물론이고 보통 사람들도 국가와 정권이 겉으로는 국민의 안전을 운운하지만 실제로는 국민의 안전 따위는 안중에도 없다고 느꼈다. 국가는 주식회사 경제의 민간업체처럼 이윤을 최우선으로 좇으면서 '특수 법인화'되는 양상을 보였다. 민영화되는 안전 서비스는 안전이 국민으로 호출된 모든 주권자를 대상으로 하는 것이 아니라 국민 속의 비非국민을 만들어내는 방식, 즉 보호받는 국민과 그렇지 않은 비국민을 만들어내는 방식으로 이루어지고 있다. 세월호에 탄 사람들은 버려진 비국민이 되었다. 일부 승무원, 식당 요리사, 아르바이트생, 결혼이주여성, 화물기사, 관광객과 학생들이 그들이었다. 이 희생자들의 존재는 어떻게 비국민이 양산되고 있는지를 선명하게 보여주는 실례이다.[51]

이와 같이 비非국민을 양산하는 '박근혜 국가(박근혜가 수장인 근대 자본제 국가)'를 지양하려면, 비非국민 스스로 국가를 횡단하여 새로운 세상(마을 민주 공화국 등)의 주인공(마을 민주 공화국의 경우 마을民)이 되는 수밖에 없다.

50) 채만수, 「비국민의 '비정상의 정상화'」, 『정세와 노동』 97호(2014.1.), 11쪽.

51) 노명우 외, 『팽목항에서 불어오는 바람』(서울: 현실문화연구, 2015), 158·264쪽.

헬조선의 난민=비非국민

절망 코드야말로 한국 젊은 층의 신조어를 관통한다. 이들 신조어 중에서도 압권은 헬조선, 즉 '지옥 같은 한국'이다. 영어인 '헬'(Hell=지옥)은 이 신조어의 현대성을 부각하지만, '한국'도 아닌 '조선'이 등장하면서 이미 신분의 대물림이 거의 제도화된 한국사회의 퇴행성을 암시한다.[52)]

1) 국민도 시민도 아닌 난민

언젠가부터 우리 사회에서 청년 세대를 난민으로 규정하는 것을 자주 발견할 수 있다. 난민이란 누구인가? 그들은 무엇보다 거처가 없거나 불안정한(precarious) 사람들이다. 난민은 권력이 작동하는 어떤 관계망 내에서 발생한다. 그 권력의 관계망 내에서 그들에게 중요한 것들이 박탈되거나 배제되거나 혹은 부재하는 상황이 구축될 때 국민은 난민이 된다. 청년 세대는 그들의 생애 주기에서 사회에 편입되고 재생산을 준비하는 시기에 특별히 취약함에 노출되어 있다. 이 시기에 안정적인 직업이나 새로운 가족 형성 그리고 지속적인 거주 공간이 확보되지 못할 경우 청년 세대는 규범적 정상 시민의 영역으로 들어가지 못하고 일종의 난민으로 전락하고 만다.[53)]

이처럼 헬조선의 난민으로 전락한 비非국민으로 사느니 <헬조선을 횡단한 마을 민주 공화국의 주권자인> 마을民으로 사는 것이 행

---

52) 박노자, 『주식회사 대한민국』(서울: 한겨레출판, 2016), 22쪽.

53) 김상민, 「청년이라는 난민」, 『문화과학』 88호(2016 겨울), 95~96쪽.

복하지 않을까?

헬조선의 난민들(비非국민)이 국가에 SOS를 쳐도(세월호의 승객들처럼……) 돌아오는 답은 "스스로 구하세요"라면,[54] 헬조선을 빨리 떠나(탈국가脫國家) 다른 세상(마을 민주 공화국 등)을 찾아 나서는 수밖에 없다. 세월호 참사의 경우와 같이, 국가가 국민과 잡은 손을 놓아버리면 스스로 새로운 살길을 찾아 나서는 자구책(自救策)밖에 없다. 자기 결정권에 따라 새로운 세상(마을 민주 공화국 등)을 만드는 수밖에 없다.

촛불 광장에서 "이게 나라냐! 이게 국가란 말인가?"라고 절규하기 이전에 자구책을 찾아 새 세상을 향한 여행을 떠나야 한다. 국가가 기민棄民하기(나를 버리기) 전에 내가 국가를 버린다(기국棄國). 기국棄國이 삶의 지혜이다. 근대국가는 겉으로만(헌법 등을 통하여) '민주 공화국'을 표방하지만 실제로는 기민棄民한다(세월호 참사처럼). 민民의 자활自活·생존·평화적 생존권 확보를 위해 기국棄國('박근혜 국가' 버리기: 박근혜 국가와 달리 민주적인 국가일 경우 기국棄國을 잠정적으로 유보)하자! 국가(기만적으로 민주 공화국을 표방하는 근대 자본제 국가)를 버리고 마을 민주 공화국을 세우자! 국민國民이라는 원적(原籍)을 버리고, 근대국가의 영토가 아

54) 『한겨레 21』 1152호(2017.3.13.), 24쪽.

55) 국가라는 것은 자본의 이권경쟁을 위한 일정한 시스템이라고 파악하는 것이 내가 볼 때는 타당하다고 생각됩니다. …… 의회제 민주주의 시스템이건 천황제이건, 혹은 중국, 소련과 같이 당과 관료가 국가를 운영하는 시스템이건 간에, 모두 그 나라의 자본주의 발전과 관련된 이권 영토의 쟁탈이라는 형태로 전개될 뿐입니다. 근대가 발족시킨, 민족이나 국민이라는 이름을 내세운 국가 시스템이란 우리가 살아가는 현재 결코 이상적인 시스템이 못 됩니다. 그렇다고 하면 우리들은 이를 넘어서는, 이상적인 사회시스템을 생각하지 않으면 안 됩니다. …… 국가로서의 영토를 만든다면, [오키나와] 주위의 대만, 한국, 그리고 가장 두려운 일본, 이들 국

닌 마을 민주 공화국의 '사회적 영토'55)로 주민등록을 이전하자!

마을民의 이름으로!

가와 대결관계를 유지하지 않으면 안 됩니다. 이것은 가장 끔찍한 선택이 아닙니까? '대통령 행정명령'과 다를 바 없게 됩니다. 요나구니지마(与那國島)와 대만은 가장 가까운 거리에 있습니다. '류큐 사회헌법'의 형태를 구상할 경우에는, 농작물, 생선 거래 등 국경을 넘어서 자신들의 **사회적 영토**를 만들어갈 수 있습니다. 경우에 따라서는 오키나와 자체가 중국, 필리핀과의 교역관계를 옛날처럼 자유자재로 전개함으로써, 사회와 사회가 자신들의 생활의 필요에 상응하는 형태로 세계를 넓혀나갈 수 있습니다. 현재의 국민국가의 국경이라는 영토의 울타리를 사회적 교류를 통해 허물어가는 지표를 세우고, 우리 자신의 입장을 지켜나가자는 것이 '공화사회 헌법'의 기본인 셈입니다. <가와미츠 신이치 지음, 이지원 옮김, 『오키나와에서 말한다』, 194~195쪽>

마을民의 2차 예비자인 '非Nation'

필자가 「마을民의 1차 예비자인 '非국민'」이라는 글에서, '마을民의 1차 예비자가 비非국민이고, 2차 예비자는 근대국가를 횡단 중인 마을民 후보자들이다'라고 기술하면서 2차 예비자에 관하여 구체적인 설명을 하지 않았다.

「마을民의 1차 예비자인 '非국민'」에서 지적했듯이 2차 예비자는, 마을 민주 공화국의 12개 맹아마을(Dx 1~Dx 12: 아래에 보이는 <표 1>의 Dx)의 어느 곳인가를 찾아가며 근대국가를 횡단 중인 마을民 후보(내정・예비)자들이다. 1차 예비자인 '비非국민'보다 한발 더 나아가 마을 민주 공화국 쪽으로 발을 디디고 있는 사람들이다.

가라타니 고진(柄谷行人)의 교환 양식 <표 1>[56]을 보면, B(국가)에 속하는 국민이지만 B로부터 소외받는 자가 '비非국민'이다. 이 때문에 B를 벗어나려는 '탈국가脫國家 의식'을 지니지만, 'A(네이션)의 탈을 쓴 자본제 국가(B+C)를 버리려는 기국棄國 의지'가 강하지 않은 사람이 1차 예비자이다. 네이션(A)의 탈을 쓴 자본제 국가(B+C)가 바로 근대 자본제 국가(A+B+C)인데, 이 근대 자본제 국가를 버리려는 기국棄國 의지가 2차 예비자에 비하여 박약하다. 탈국가脫國家 의지는 있지만 기국棄國 의지(근대 자본제 국가를 버리려는 의지)가

56) 가라타니 고진 지음, 조영일 옮김, 『헌법의 무의식』(서울: 도서출판b, 2017), 126쪽.

상대적으로 약한 존재가 비非국민이며, 이러한 상태에 머물기 때문에 마을民의 1차 예비자로 규정한다.

<표 1> 자본=네이션=국가의 구조

B 국가	A 네이션
C 자본	Dx

1차 예비자와 2차 예비자의 차이점이 탈국가脫國家에서 기국棄國으로 나아가려는 의지의 강약에 있다는 설명이 조금 미진한 듯하다. 이를 극복하기 위해 <표 1>로 되돌아간다.

<표 1>의 B를 단순히 벗어나려는, 탈국가脫國家에 머무는 존재가 1차 예비자(비非국민)라면, 근대 자본제 국가(A+B+C)를 버린 뒤 마을 민주 공화국의 이상향인 Dx를 향하여 국가를 횡단 중인 존재가 2차 예비자이다. A+B+C는 (A+B)+(B+C)의 이중구조이다. 전자는 A(nation)+B(sate)=nation state(국민국가)이고, 후자는 B(state)+C(capital)=capital state(자본제 국가)이다. 전자인 국민국가와 후자인 자본제 국가가 합성된 A+B+C를 '근대 자본제 국가'라고 부를 수 있다.

여기에서 제1차 예비자는 단순하게 B만을 문제 삼아 '이게 나라냐!'며 성토하는 '비非국민'에 머문다. 국민(nation)의 자리에 안주하

면서 국가(nation)를 성토하는 이중성을 드러낸다. 국민(nation)의 자리에 안주하므로 과감하게 nation(국민인 nation을 형식상 앞세우지만 결국 소외시켜 비非국민으로 만드는 국가)을 버리는 기국棄國을 하지 못한다. nation state를 버리려는 의지가 약하다.

이에 비하여 nation state를 버리려고 다짐하는 2차 예비자는 비非국민이라기보다 '비非Nation(非Nation의 구성원)'이다. <표 1>의 제목인 '자본=네이션=국가의 구조'를 버리려는 기국棄國 의지가 강하기 때문이다. 자본=네이션=국가의 구조를 포괄하는 개념을 'Nation'이라고 상정할 수 있다면, 이 'Nation'을 버리는(강력하게 기국棄國하는) 가운데 근대 자본제 국가를 횡단하고 있는 자가 2차 예비자이다.

탈을 쓴 네이션(A라는 nation)을 앞세운 국가(B라는 nation). 이 두 개의 nation을 합성한 국민국가(Nation)는, 사실상 C(자본)의 우산 아래에 있는 '자본제 Nation으로서의 근대 자본제 국가(A+B+C: 자본=네이션=국가의 구조)'이다.

이러한 '자본제 Nation으로서의 근대 자본제 국가(A+B+C: 자본=네이션=국가의 구조)'가 비도(非道)라며 기국棄國하려는 '비非Nation'의 존재가 2차 예비자이다. '자본제 Nation으로서의 근대 자본제 국가(A+B+C: 자본=네이션=국가의 구조)'에 Anti-these를 제기하며, 근대 자본제 국가를 횡단한 끝에, 마을 민주 공화국이라는 Syn-these를 향하여 나아가고 있는 존재가 2차 예비자이다. <표 1>의 'A+B+C(자본제 Nation으로서의 근대 자본제 국가: 자본=네이션=국가의 구조)'라는 예토(穢土)를 버리고[강력한棄國] 남아 있는 역사지리적 공간인 Dx(12개의 맹아마을)를 향해 정토淨土(마을 민주 공화국)의 언덕을 오르고 있는 '비非Nation'의 존재가 2차 예비자이다.

마을 민주 공화국의 형태-Association

필자는 「마르크스가 본 '전쟁과 평화'」라는 박사학위 논문을 작성했는데, 이 논문의 주제 중 하나가 <Assoziation(영어 표기인 'Association'을 병용함)>이다.

마르크스(Marx)가 말하는 '자유인(自由人)들의 연합(Verein freier Menschen)', 노동자의 자유로운 결사(結社), 즉 'Assoziation'은 평화의 담지자이다. 마르크스의 저작 곳곳에 산재해 있는 'Assoziation'은, 그 문맥에 따라 '협동하는 일, 협동조합, 협동생활, 협동단체, 협동관계, 공동조합, 공동적 결합, 공동사회, 결합, 결합사회, 결합체, 집단 결합, 연합, 연합사회, 연합체, 결사, 협회, 조합, 연대, 단체'를 뜻한다. 'Assoziation'은 마르크스에게 있어서 평화로운 사회 상태를 적극적으로 표현한 말이다. 'Assoziation'은 마르크스의 '평화'로 인도하는 안내자이며, 마르크스의 '평화'를 이끄는 담지자(Träger)이다. 즉, 'Assoziation'은 평화로운 사회상태를 적극적으로 표현한 말이다.

위와 같은 'Association'이 마을 민주 공화국에서도 중요한 역할을 할 것이다. 마을 민주 공화국의 형태 중 하나로 상정할 수 있는 것이 'Association'이다.

'자유인의 연합인 Association'의 주인공인 자유인을 마을民으로 대체할 수 있다면, 'Association으로서의 마을 민주 공화국'은 '자유인이 되고자 하는 마을民의 Association'이다.

그러나 '자유인이 되고자 하는 마을民의 Association으로서의 마을 민주 공화국'에 관한 이론이 아직 정립되어 있지 않으므로, 과도기적으로 필자의 저서 『마르크스의 「전쟁・평화」론』 198~203쪽의 'Assoziation' 부분을 마을 민주 공화국 쪽으로 의역하여 다음과 같이 서술한다.

> 마을 민주 공화국에서 평화를 누리는 자유인들의 연합은, 근대 자본제 국가의 노동방식인 통합노동(combined labour)이 아닌 연대노동連帶勞動=결합노동結合勞動(associated labour)을 수행하는 '노동자[노동하는 마을民]의 자유로운 결사結社(die freie Assoziierung der Arbeiter)'로서의 Assoziation이다. 이 Association에 힘입어 인간의 자기 소외(疏外)가 극복되어 온 누리에 평화가 깃듦과 동시에 근대 자본제 국가가 사라지고 그 자리에 마을 민주 공화국이 들어선다. 그러므로 Association은 마을 민주 공화국이 가져올 평화의 담지자이다. Association의 평화 담지자 역할이 최고조에 이르면, 마르크스가 『Die deutsche Ideologie(독일 이데올로기)』(MEW 3, p.33)에서 강조하듯이 '[마을民은] 아무도 배타적인 활동 영역을 갖지 않고 각자가 원하는 어떤 분야에서나 자신을 도야시킬 수 있다. 마을 민주 공화국 사회가 전반적인 생산을 조절하기 때문에 [마을民 각자가] 사냥꾼, 어부, 목동 혹은 비판가가 되지 않고서도 내가 마음먹은 대로 오늘은 이것을, 내일은 저것을, 곧 아침에는 사냥을, 오후에는 낚시를, 저녁에는 목축을, 저녁식사 후에는 비판을 할 수 있게 된다.' 이것이 목가적(牧歌的)인 사회분업에 입각한 마을 민주 공화국의 이상향이다. 이와 같이 평화가 넘치는 이상향은, '이리가 어린양과 함께 거하며 표범이 어린 염소와 함께 누우며 송아지와 어린 사자와 살찐 짐승이 함께 있어 어린아이에게 끌리며, 암소와 곰이 함께 먹으며 그것들의 새끼가 함께 엎드리며 사자가 소처럼 풀을 먹을 것이며, 젖 먹는 아이가 독사의 구멍에서 장난하며 젖 뗀 어린아이가 독사의 굴에 손을 넣을 것이라(이사야 11:6~8)'는 '천국(天國)의 평화'와 비슷한 분위기를 자아낸다. 마을 민주 공화국의 평화로운 이상향이 지속되면, 마르크스가 『고타강령 비판』

에서 언급하듯이 '개인[마을民 개인]이 노예와 같이 분업에 의해 예속되는 상태가 소멸되고 이에 따라 정신노동과 육체노동의 대립이 소멸된 뒤, 노동이 단지 생활을 위한 수단이 아니라 그 자체가 제1차적인 생활욕구로 된 뒤, 개인들의 전면적 발전과 더불어 생산력도 증대하고 협동적(協同的)인 부富가 모두 샘[泉]처럼 분출하게 된 뒤'— 그때가 되어서야 비로소 자기의 깃발에 '각 사람은 자신의 능력에 따라, 각 사람에게는 자신의 필요에 따라!'라고 쓸 수 있게 된다. 협동적인 부富가 샘처럼 분출하는 마을 민주 공화국 사회에서 사람들은 사회적 분업노동(특정한 직업)이라는 구속으로부터 해방되는데, 그러한 노동이 아닌 필요에 따라 소비물자를 분배받는 사회가 가장 평화로운 사회이다. 이때의 '노동'은, 고한노동(苦汗勞動)의 성격을 불식시킬 수 없는 'labour'로부터, 제작·창작·창조활동 내지 유희의 뉘앙스를 포함한 'Work'로 탈바꿈한다. 필요노동(필요노동 시간)의 극소화와 자유시간의 극대화를 통하여, 즉 labour의 극소화와 Work의 극대화를 통하여 마을民의 '미륵 세상'이 열린다. 지상에 지복천년왕국(至福千年王國)이 도래하는 것이며, 이마에 땀을 흘리며 일하는 labour를 숙명으로 받아들인 사람들의 나라(근대 자본제 국가)가 종식되고 각 개인이 자유롭게 개성적인 제작-창조활동(Work)에 흥겨워하는 마을 민주 공화국이 평화의 꽃을 만개시키는 '화엄(華嚴)'의 세계가 활짝 열린다. 고한노동(苦汗勞動; labour)으로부터 해방되어 영구평화(永久平和) 상태에 있는(in ewigem Friedenszustand) 인류의 본사本史가 도래한다. 각인(各人)의 자유로운 발전이 만인의 자유로운 발전의 조건이 되는 Assoziation이 마을 민주 공화국의 근간이 된다.

그런데 앞의 설명이 지나치게 이상적이라는 비판을 우려하여, 현실 속의 Association(자유인들의 연합/자유로운 개인들의 연합)인 협동조합을 거론한다. 마르크스는 협동조합을 Association의 일종으로 간주한다.

마르크스는 자본주의사회 안에서 일어나는 협동조합 운동을 높이 평가했으며, 협동조합 공장은 노동자의 의식적·자발적 결합이므로 장래의 자개연[자유로운 개인들의 연합]의 토대로 될 수 있다고 인정하고 있다. 마르크스는 자본주의 이후의 새로운 사회에 대해 때때로 '협동조합적'이라는 단어로 표현한 바 있다. 생산 내지 생산양식에 대해 '협동조합적 생산'과 '협동조합적 생산양식'이라고 부르고, 또 새로운 사회 그것에 대해 '생산수단의 공유에 의거한 협동조합적 사회'라고도 말했다.[57)]

이와 같은 '생산수단의 공유에 의거한 협동조합(협동조합이라는 Association)'[58)]이 마을 민주 공화국의 경제적 기반·마을民의 생활 기반이 되는 것이 바람직하다. 마을 민주 공화국의 경제 공동체를 이룩하는 유력한 방편으로 '생산수단의 공유에 의거한 협동조합'을 양산해야 한다. 특히 마을 민주 공화국의 불씨를 키우는 초반단계(근대 자본제 국가와의 공존단계)에 'Association으로서의 협동조합' 운동을 펼치는 일이 매우 중요하다.

57) 김수행, 『마르크스가 예측한 미래사회』(파주: 한울, 2012), 89·94쪽.

58) '생산수단의 공유에 의거한 협동조합'은 근대 자본제 국가의 정부(한국 정부 포함)가 왜곡시켜 자본주의의 우산 아래에 편입시킨 협동조합과 차원을 달리한다.

마을 민주 공화국의 형태-마을 코뮌

마을 민주 공화국의 형태 중 하나로 '코뮌'[59]을 거론한다. 이 '코뮌'은 마을 민주 공화국 속의 코뮌, 마을民이 주도하는 코뮌이므로 '마을 코뮌'이라고 부를 수 있다.

필자가 생각하는 코뮌은 '마을 코뮌'이므로 파리 코뮌과 다르다. 특히 무장봉기 형식의 파리 코뮌이 비폭력적이지 않은 점에서, 비폭력 지향적인 마을 코뮌과 거리가 멀다. 그렇지만 파리 코뮌으로부터의 시사점이 있으면 수용한다. 그러면 파리 코뮌부터 화제로 다룬다.

파리 코뮌

마르크스에 의하면 코뮌은 본질적으로 노동자 계급의 정부였으며 횡령자 계급에 대항한 생산자 계급의 투쟁의 산물이고, 노동의 경제적 해방을 완수하기 위하여 마지막으로 발견된 정치형태였다. '인간

59) 코뮌은 본래 12세기 북프랑스를 중심으로 성립된 주민 자치제에서 시작된 용어로 '함께', '묶음' 등을 뜻하는 'com'과 선물을 뜻하는 'munis'가 결합된 말이다. 코뮌의 어원인 'communis'와 비슷한 'community'도 있다. 각각 '공동체'와 '소통'을 뜻하는 영어 community와 communication은 어원이 같은데, 모두 라틴어 코뮤니스communis에서 비롯되었다. '공동의 것을 함께 만들고 나눈다'는 의미다. 두 단어가 이렇게 같은 뿌리를 갖고 있다는 사실은, 사람들의 모임과 소통이 불가분의 관계임을 시사한다. <박승오 · 홍승완, 『위대한 멈춤』(파주: 열린책들, 2017), 452 · 462쪽>

이 계급지배로부터 영원히 해방될 위대한 사회혁명의 아침노을'인 파리 코뮌은 그 '직접적 결과가 무엇이건 간에 세계사적인 중요성을 지닌 새로운 출발점이 획득된 것'으로서, 파리 노동자들 '스스로 자기 운명의 주인이 되어 정치권력을 장악해야 하는 최고의 의무와 절대적 권리를 자각'하게 되는 역사적 계기였다고 마르크스는 평가했다. 마르크스는 또한 '제정(帝政)에 대한 직접적 대항물은 코뮌이었으며' '코뮌은 사회공화국(社會共和國; die soziale Republik)의 확고한 형태였다'고 평가했다.[60)]

여기에서 '사회공화국의 형태로서의 코뮌'이 관심사인데, '마을 민주 공화국'의 '공화국'은 사실상 '마을 민주 공화사회(공화共和의 사회사상이 널리 통용되는 사회)'이므로 마을 민주 공화국도 '사회공화국으로서의 코뮌'을 받아들일 수 있겠다. 더 나아가 마을 민주 공화국의 주권자인 마을民들이 '사회공화국으로서의 코뮌'을 수용한다면, 그것이 마을民들로부터 인정을 받는 마을 코뮌이다.

60) 김승국, 『마르크스의 「전쟁・평화」론』(파주: 한국학술정보, 2008), 164~165쪽.

마을 민주 공화국의 구도

〈이념으로서의 마을 민주 공화국〉

제1장

/

마을 민주 공화국 구도 잡기

교환 양식과 마을 민주 공화국

가라타니 고진의 '교환 양식'을 중심으로

필자는 가라타니 고진(柄谷行人)의 '교환 양식'이 마을 민주 공화국의 구도를 짜는 데 유용하다고 생각한다.

이러한 판단에 따라, 가라타니 고진의 저작 『제국의 구조』 33~39쪽을 아래와 같이 요약한다.

> '생산양식'이라는 사고로는 사회구성체의 역사를 제대로 설명할 수 없다. 그 때문에 경제적 토대(하부구조)에 의한 결정론이 의심을 받고 방기되었다. 확실히 '생산양식'이라는 사고는 제대로 설명할 수 없기에 방기되어야 한다. 하지만 그것은 '경제적 토대(하부구조)'라는 견해를 방기하는 것을 의미하지 않는다. 그저 생산양식 대신에 교환양식에서 출발하면 되는 것이다.
>
> 만약 교환이 경제적인 개념이라고 한다면, 모든 교환양식은 경제적인 것이다. 즉, '경제적'이라는 것을 넓은 의미로 이해하면, '경제적 하부구조'에 의해 사회구성체가 결정된다고 해도 지장이 없다. 그래서 나는 '교환양식'이라는 관점에서 볼 것을 제기한 것이다.
>
> 교환양식이라는 사고는 마르크스주의에는 없다. 하지만 어떤 의미에서 젊은 시절의 마르크스에게는 있다. 그는 '교통[Verkehr]'이라는 개념으로 다양한 것을 설명했다. '교통'은 교통, 교역, 전쟁, 증여 등을 포함하며 물질대사도 포함한다. 예를 들어, 생산이란 인간과 자연 간의 교통, 즉 넓은 의미에서의 교환이다. 또 인간과 자연의 관계로서의 생산은 실제로 인간과 인간의 관계(교환관계)하에서 이루어지므로 교통=교환을 기초적인

것으로 봐야 한다. 이것이 경제적 토대이다.

마르크스 자신은 경제학 연구에 깊이 들어갈수록 '교통'이라는 개념을 (보통의 의미로서밖에) 사용하지 않게 되었다. 하지만 나는 교통=교환을 넓은 의미에서 사용하고 싶다. '교환양식'에는 네 가지 타입이 있다. A 호수(互酬), B 약탈과 재분배, C 상품교환과 그것을 넘어서는 무언가로서의 D이다(〈표 2〉).

<표 2> 교환양식

B 약탈과 재분배; 지배와 보호	A 호수(互酬); 증여와 답례
C 상품 교환; 화폐와 상품	D X

이 가운데 통상 '교환'으로 생각되는 것은 상품교환, 즉 교환양식 C이다. 하지만 공동체 내부에서 보이는 것은 그와 같은 교환이 아니라 증여와 답례라는 호수互酬교환, 즉 교환양식 A이다.

이어서 교환양식 B는 일견 교환처럼 보이지 않는 타입의 교환이다. 예를 들어, 피지배자가 지배자에 복종함으로써 보호를 받는 교환이다. 국가는 이와 같은 교환양식 B에 근거하고 있다. 그것은 정치적인 관계이다. 하지만 피지배자는 지배자에 대해 세금과 연공을 지불한다. 이 점에서 그것은 경제적인 관계이다. 이런 교환은 폭력적 강제에 의한 것이지만 단순한 약탈은 아니다. 지불한 만큼 보호를 받기 때문에 마찬가지로 교환이다. 또 피지배자는 지배자에 의해 강제적으로 세금을 부과 받지만, 그것은 어느 정도 공공사업・복지 등을 통해서 '재분배'된다. 그러므로 그것은 복종-보호라는 교환이다.

세 번째 교환양식 C는 B와 달리 자유롭게 대등한 교환이다. 하지만 이 교환은 물물교환이 아닌 화폐와 상품의 교환이 되면 대등하지 않게 된다. 화폐와 상품은 다른 것이다. 예를 들어 화폐를 가지면 언제든지 상품을 손에 넣을 수 있지만, 상품을 가지면 화폐와 교환될지 어떨지 알 수가 없다. 따라서 화폐를 가진 자와 상품을 가진 자의 관계는 비대칭적이다. 그렇지만 통상적인 상품의 경우 이런 것은 특별히 문제가 되지는 않는다. 수요공급에 따라서 상품을 가진 쪽이 강하고 화폐를 가진 쪽이 약한 경우도 있을 수 있기 때문이다. 하지만 노동력 상품이라면 이야기가 달라진다. 화폐로 노동력을 사는 쪽은 자본가이고 그것을 파는 쪽은 임금노동자이다. 자본은 이런 노동자에게 노동을 시킴으로써 잉여가치를 얻는다. 따라서 자본가와 노동자라는 계급적 관계가 생겨난다(그리고 교환양식 C를 통하여 산업자본주의가 탄생한다). 교환양식 C에서 산업자본주의 경제가 발생하며, C의 침투에 의해 국가도 변화한다. 그것은 C와 같은 형식을 갖추게 된다. 예를 들어 봉건적이거나 경제 외적인 강제는 부정되고, 국가는 전원의 합의, 사회계약에 의한 것으로서 간주된다. 이것이 근대국가의 관념이다. 하지만 국가는 근본적으로 교환양식 B라는 것에 유의해야 한다.

이어서 네이션[Nation]에 대해 이야기하면, 교환양식 A는 교환양식 C의 침투, 즉 자본주의 경제의 발전하에서 해체되어 간다. 구체적으로 말해, 공동체가 해체된다. 그리고 그것을 상상적으로 되돌리는 것이 네이션이다. 네이션에서 사람들은 평등하고 상호부조적이라고 '상상'되는 것이다. 물론 네이션은 자본과 국가를 넘어서는 것이 아니라 그것들이 초래하는 모순을 상상적으로 해결하는 것에 지나지 않는다. 이처럼 자본=네이션=국가라는 삼위일체적 시스템이 생겨난다(앞의 〈표 1〉).

만약 이것이 마지막이라면, 헤겔이 말한 것처럼 역사는 끝났다. 하지만 마지막 교환양식 D가 있다. 그것은 교환양식 A가 교환양식 B・C에 의해 해체된 후, 그것을 고차원적으로 회복하는 것이다. 바꿔 말해, 호수互酬 원리에 의해 성립하는 사회가 국가의 지배나 화폐경제의 침투에 의해 해체되었을 때, 거기에 존재한 호수적互酬的=상호부조적 관계를 고차원적으로 회복하는 것이 D이다.

고차원적이라는 것은 A나 공동체의 원리를 한번 부정하는 것을 통해 그것을 회복하는 것을 의미한다[고차원적인 변증법적 회복]. 있는 그대로 회복하면, 네이션이 되어버린다. D와 관련해서 중요한 것은 그것이 네이션과 마찬가지로 상상적인 것이라고 하더라도 단순히 인간의 바람이나 상상이 아니라 오히려 인간의 의지에 반(反)하여 부과된 명령=의무로서 생겨난 것[칸트의 도덕법칙("각 사람은 타자를 그저 수단으로서만이 아니라 동시에 목적으로 다뤄라")]이라는 사실이다.[1]

위의 <표 1>과 <표 2>를 종합하면 근대 자본제 국가는 B+C이다. 즉, B에 근거하지만 C의 원리에 좌지우지되는 국가가 근대 자본제 국가이다(조금 강하게 표현하면 B에 근거하지만 C의 원리를 추종하거나 C의 원리에 끌려다니는 국가이다).

그런데 마을 민주 공화국은 근대 자본제 국가를 초월・초극超克하는(transcendant) 사회구성체이다. <표 2>의 B+C(근대자본제 국가)를 초극-횡단橫斷하여 A를 넘나들며 D로 진입하는 사회구성체가 마을 민주 공화국이다.

여기에서 가라타니 고진이 'D'에 'x'라는 기호를 붙인 점에 묘미가 있는데, 'x'를 '미래에 등장할 무수한 사회구성체의 미지수(未知數)와 그 갈래'로 해석하면 될 듯하다.

그렇다면 마을 민주 공화국은 'x' 중의 하나이며, x(마을 민주 공화국)와 관련이 있는 <주역周易의 '원・형・리・정元・亨・利・貞'의 덕德을 구현하는 마을, 노자老子의 소국과민小國寡民, 장자莊子의 진인향眞

1) 가라타니 고진 지음, 조영일 옮김, 『제국의 구조』(서울: 도서출판 b, 2016), 33~39쪽.

人鄕, 묵자墨子의 겸애兼愛마을(兼愛村), 동학東學의 '시천주侍天主 마을 공동체인 포包 · 집接 · 집강소', 불교의 '평화보살 공동체-해탈 마을', 간디의 마을 스와라지, 로버트 오언의 협동조합 · 푸리에의 팔랑주(phalange)공동체, 마르크스의 '자유인 연합-마을 코뮌', 칸트의 영구평화론에 의한 평화촌平和村> 등을 그 갈래로 볼 수 있다.

위와 같은 갈래들을 고차원적으로 회복(고차원적인 변증법적인 회복)하면서 마을 민주 공화국으로 나아갈 수 있다.

이 갈래들을 총괄하여 'Association(마르크스의 'association'의 확대판)'이라고 표현할 수 있다면, 마을 민주 공화국이라는 Dx(사회구성체 Dx)는 'Association으로서의 마을 민주 공화국'이다.

근대 자본제 국가

가라타니 고진(柄谷行人)의 '교환 양식'을 서술하는 『헌법의 무의식』 125~127쪽에 아래의 <표 1>과 <표 2>가 나오는데, 이 표들을 중심으로 근대 자본제 국가에 대하여 설명한다.

<표 1> 자본=네이션=국가의 구조

B 국가	A 네이션
C 자본	D X

<표 2> 교환양식

B 약탈과 재분배; 지배와 보호	A 호수(互酬); 증여와 답례
C 상품 교환; 화폐와 상품	D X

두 번째와 세 번째 교환양식, B와 C에 대해 간단히 살펴보자(〈표 1〉과 〈표 2〉). 교환양식 B는 지배-복종, 수탈-재분배와 같은 '교환'이다. 국가는 이와 같은 교환 B에 의해 성립한다. 언뜻 보면 이것은 교환으로 보이지 않는다. 하지만 국가폭력은 폭력으로 공동체나 개인을 정복하고 수탈하는 것만으로 성립하지는 않으며 설사 그렇게 한다고 해도 오래 지속되지 않는다. 그런 지배는 상대가 복종함으로써 안녕을 얻는 '교환'이 되어야 한다. 그런 의미에서 B의 근원에도 호수성互酬性이 존재한다.

물론 국가는 실력(폭력) 없이는 존재할 수 없다. 하지만 국가의 권력이란 그것이 교환이 될 때만, 즉 복종하는 자가 오히려 자발적으로 국가를 따를 경우에만 성립한다. 같은 예를 들면, 영주에게 복종하면 다른 폭력으로부터 보호를 받는다. 또 그들은 영주나 국가에 세금을 내는데, 그것은 공공사업・복지정책 등의 형태로 재분배되어 자신에게 되돌아온다. 그런 것이 아니면 사람들은 복종하지 않는다. 지배-복종의 관계가 '교환'에 근거할 때만 국가의 '권력'도 성립하는 것이다.

국가가 성립한 후에도 호수성의 원리는 공동체・가족에 남아 있으며, 사실 국가기구에도 호수互酬 원리가 남아 있다. 국가는 일반적으로 지배-복종, 수탈-재분배하는 교환양식 B에 근거하고 있으나 B도 한 가지 형태가 아니다. 예를 들어, 봉건제 국가는 중앙집권적인 관료제 국가와는 다르다. 봉건제에서 주군과 신하의 주종관계란 주군이 봉토를 주고 신하가 답례(보은)를 하는 형태를 취한다.

다음 교환양식 C는, 사람들이 일반적으로 교환이란 말에서 연상하는 것이다. 이 경우 교환은 강제가 아니라 자유의지에 의해 이루어진다. 그런 의미에서 A나 B와 다르다. C의 원리가 지배적이 된 것은 근대세계다. 근대국가도 B에 근거하긴 하지만 C의 원리에 맞게 변형되고 있다.[2)]

결론적으로, B에 근거하지만 C의 원리에 좌지우지되는 국가가 근대 자본제 국가이다. 조금 강하게 표현하면, B에 근거하지만 C의 원리를 추종하거나 C의 원리에 끌려다니는 국가를 근대 자본제 국가로 볼 수 있다.

2) 가라타니 고진 지음, 조영일 옮김, 『헌법의 무의식』, 125~127쪽.

마을 민주 공화사회의 밑그림

'마을 민주 공화사회'[3)]의 '공화사회'는 대동사회 · 소강사회로 집약된다. 필자는 다른 글에서 공화사회의 이데아(Idea)를 강조할 때 '대동사회'로, 공화사회의 현실태를 강조할 때 '소강사회'로 표현했다. 이에 따라 마을 민주 공화사회의 Idea를 '대동사회'로, 현실태를 '소강사회'로 애써 구분하고[4)] 마을 민주 공화사회[5)]를 잠재태(潛在態)로 설정하는 '3차원의 밑그림'을

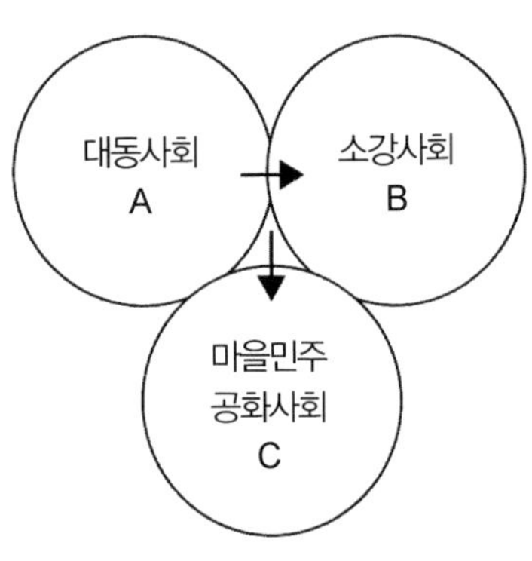

<그림 1> 마을 민주 공화사회의 밑그림

3) 가와미치 신이치(川滿信一)의 「琉球共和社會憲法C私(試)案」은 「琉球共和國憲法試案」이라고 표기되어 있지 않아서 이색적이다. 헌법이 '국가' 단위로 제정되는 것이지 '사회' 단위로 만들어지는 것이 아니라는 상식을 깬 것이다. 국가 중심으로 헌법이 만들어진다는 상식을 잘 알 만한 가와미치 신이치가 굳이 '琉球共和國'이라고 하지 않고 '琉球共和社會'로 표현한 데에는, '오키나와의 미래상을 공화사회'로 간주한 뜻이 깃들어 있는 것 같다. 필자 역시 가와미치 신이치의 발상에 따라 정치적인 차원에서 접근하는 '마을 민주 공화국'이 아니라, 사회구성체의 측면에서 접근하는 '마을 민주 공화사회'를 이 글의 주제어로 삼는다.

4) 대동사회와 소강사회를 엄격하게 나누는 2분법이 아니다. 대동사회에서 소강사회로 이행하므로 양자는 연속선상에 있지만 논의의 편의를 위해 구분했을 뿐이다.

5) 가라타니 고진의 교환양식인 Dx의 하나인 'Association으로서의 마을 민주 공화국-마을 민주 공화사회.'

<그림 1>과 같이 제시한다.

<그림 1>의 '대동사회'는 마을 민주 공화사회의 Idea로서의 대동사회이며 설명을 쉽게 하기 위하여 'A(A라는 사회 구성체)'라고 표기한다. <그림 1>의 '소강사회'는 마을 민주 공화사회의 현실태로서의 소강사회이며 설명을 쉽게 하기 위하여 'B(B라는 사회구성체)'라고 표기한다. <그림 1> 맨 밑의 '마을 민주 공화사회'는 잠재태[6]이며, 설명을 쉽게 하기 위하여 'C(C라는 사회구성체)'라고 표기한다.

대동사회가 소강사회로 이행한다는『예기(禮記)』「예운(禮運)」편에 따라 A가 B로 나아가는데, 이행하는 과정에서 C라는 잠재태가 계속 작용한 결과 마을 민주 공화국의 맹아가 생겨날 것으로 믿는다. A가 실현되어 B를 이루는 현실태로 되는 가운데 C라는 잠재태를 작동시키면 마을 민주 공화국이라는 옥동자를 낳을 수 있다.

A의 이상향이 역사적으로 실현된 일이 있거나 실현 가능성이 엿보이는 상황을 예시할 수 있다. 예컨대 마르크스의 '자유인의 연합=Association'이라는 A가 파리 코뮌이라는 현실태(B)로 외화되었으며 C(잠재태)를 통하여 'Association으로서의 마을 민주 공화국'을 예비할 수 있다. 동학東學의 '시천주侍天主'라는 A의 현실태로 포包·접接·집강소가 등장했는데, C를 통하여 마을 민주 공화국에 어울리는 동학마을을 조성할 수 있다. 로버트 오언·푸리에의 공동체 사상 A가 협동조합·팔랑주(phalange)라는 현실태 B로 실현되었으며, C를 매개로 마을 민주 공화국의 협동조합 마을을 꾸릴 수 있다. 칸트(Kant)의『영구평화론』이라는 A가 일본국 헌법 제9조, EU·유엔의

6) 가라타니 고진의 사회구성체 교환양식인 Dx의 하나로 상정한 'Association으로서의 마을 민주 공화사회.'

창설이념이라는 B로 현실화되었는데 C를 통하여 '칸트 평화촌'을 만들 수 있다.

이렇게 A에서 B로 이행되는 과정에서 C를 작동시키면 마을 민주 공화국을 살리는 맹아 마을들을 내올 수 있다. C라는 잠재태를 활용하는 민주 공화사회 이행전략을 수립할 수 있다는 말이다.

그러나 C를 통한 민주 공화사회에로의 이행전략은 지난至難한 과정을 겪지 않으면 안 된다. (마을 민주 공화국의 원초적인 맹아를 지닌) A가 B라는 현실태로 드러날 기미조차 보이지 않기 때문이다. 예컨대 『도덕경』 80장의 '소국과민小國寡民'(A)이 현실태(B)인 '속屬'으로 외화外化되지 않아 '노자 마을(노자의 사상을 계승하는 마을)'의 맹아를 키우는 계기(C가 작동될 계기)를 발견할 수 없는 경우이다. 간디의 『마을 스와라지』가 '마을 공화국'이라는 A만 제시했을 뿐 B(현실태로서의 마을 공화국)로 이행하지 못하고 있다. 『장자莊子』의 '진인(眞人)이 주인공인 진인향眞人鄕'도 마을 민주 공화사회의 공동체로 드러나지 못하고 있다. 『주역周易』의 네 가지 덕德인 '원·형·리·정元·亨·利·貞'이라는 A를 구현하는 공동체가 아직도 세상에 모습을 보이고 있지 못하다. 『묵자墨子』의 '천하무인天下無人·안생생安生生'이라는 A의 현실태와 연관된 '겸애촌兼愛村'을 마을 민주 공화사회의 잠재태(C)로 생각해봄직한데 맹아조차 보이지 않는다. 불교의 보살론이라는 A의 현실태인 보살(평화를 지향하는 평화보살)들의 '해탈마을' 속에서 마을 민주 공화사회의 잠재태(C)를 발견할 수 있을 텐데, 일주문에도 근접하고 있지 못하다.

위와 같은 두 가지 유형, 즉 A에서 B로의 이행이 이루어진 유형과 이행의 씨앗조차 보이지 않는 유형을 살펴보면서 유형별로 C의 잠재태를 발견하고 마을 민주 공화사회의 맹아를 키우는 거대한 전략이 요청된다.

이러한 전략 세우기의 일환으로, 앞에서 거론한 각 사안별로 글을 써 내려갈 셈이다. <그림 1>의 이행도(A⇨B⇩C)에 걸맞은 '마을 민주 공화국의 길 찾기' 작업에 관한 글을 각 사안별로 작성할 것이다.

마을 민주 공화국과 한반도 통일

가라타니 고진의 '교환양식'을 중심으로

가라타니 고진(柄谷行人)의 '교환 양식'에 관한 <표 1>과 <표 2>[7]를 종합하면 아래의 표와 같다.

<표 3> 교환 양식의 종합

B 국가 약탈과 재분배 지배와 보호	A 네이션 호수(互酬) 증여와 답례
C 자본 상품 교환 화폐와 상품	Dx 마을 민주 공화국(Association으로서의 마을 민주 공화국) - 마을 민주 공화국들이 평화연합한 한반도 통일

위의 표에서 B+C(근대 자본제 국가)를 횡단하고 A를 넘나들며 D로 진입하는 마을 민주 공화국을 세우고 여러 마을 민주 공화국들이

7) 가라타니 고진 지음, 조영일 옮김, 『헌법의 무의식』, 126쪽.

평화연합(평화적 방식에 의한 연합)하여 한반도 통일을 이루자는 것이 필자의 논지이다.

여기에서 마을 민주 공화국이 자리 잡을 Dx가 관심사인데, D는 아직 이루어지지 않은 미래의 많은 미지수(x)의 교환양식이다. 미래에 등장할 것으로 예상할 수 있는 수많은 대안적인 사회구성체이지만 아직은 그 실체를 밝힐 수 없으므로 'x'라고 가라타니 고진이 표기한 듯하다. 마을 민주 공화국 역시 미래에 등장할 대안적인 사회구성체 중의 하나이므로 D의 영역에 들어간다.

Dx에 관하여 가라타니 고진은 '실재하지 않지만 보편종교나 사회사상이라는 이념의 형태로 사회구성체에서 중요한 역할을 한다'고 말하면서, 칸트 『영구평화론』의 세계 공화국 등을 예시한다. Dx의 'x'는 수학의 f(x)의 'x'와 같은 변수이므로, 다양한 미지수(未知數)의 D가 미래의 사회구성체로 상정된다는 뜻이다.

여기에서 필자는 'x'의 하나로 마을 민주 공화국(Association으로서의 마을 민주 공화국이 더욱 바람직함)을 상정하고, 마을 민주 공화국(Association으로서의 마을 민주 공화국)들이 연합하여 한반도 통일을 이루기 바란다.

남북한은 본래 하나의 A(네이션)이었는데 분단으로 인하여 두 개의 B(대한민국 · 조선민주주의인민공화국)로 나누어졌다. 이렇게 나뉜 B(B라는 교환양식)의 차이 · 부정합 · 모순 · 충돌로 분단체제가 굳어지는 가운데, 남한은 C와 결합한 근대 자본제 국가(남한형 B+C)가 되었고 북한은 남한과 다른 형태의 B+C인 국가 자본주의가 되었다. 따라서 남북한 사이에 교환양식의 통합이 어려워 초반단계의 통일(국가연합)도 상상할 수 없는 지경에 이르렀다. 더구나 북한 핵문제의 인과관계 속에서 진행 중인 한반도 안팎의 전쟁 지향적인 군비확장(남북한으로 분리된 두 개의 B 사이의 군사적 교환양식의 모순 가중이 근본적인 원인임)은 기존의 국가연합·연방제 통일론이 설 땅을 잃게 하여 새로운 대안적인 통일론이 요망되는데, 필자는 대안적인 통일론 중의 하나로 '마을 민주 공화국의 연합에 의한 한반도 통일'을 제시한다.

분단되기 이전의 남북한은 공동으로 소유하거나 공동으로 기탁된 것을 평등하게 나누는 가운데 단일한 교환양식 A를 향유해왔다. 분단 이전의 과거 역사, 특히 한반도의 고대·중세에 단일한 네이션(한민족) 구성원끼리 증여와 답례를 통한 호수(互酬) 관계(A 교환양식)를 유지해왔다.

이와 같은 한민족 간 호수互酬관계(A 교환양식)의 단절인 분단체제를 극복하여 D의 영역으로 진입하는 것이 한반도 통일이다. 이 통일을 이루려면 A를 복원하려는 높은 차원의 복원력을 지녀야 하는데, 기존의 국가연합-연방제 방식으로는 어렵다.[8)]

이러한 어려움을 넘어서면서 A의 복원력을 증강시키는 방안 중의 하나로 '마을 민주 공화국의 연합에 의한 한반도 통일'을 제시한다. Dx(마을 민주 공화국들)의 평화연맹[9)]·평화연대를 통한

8) 남북한 양자가 A에 접근하기 위하여 군비축소 등을 통한 신뢰양성이 초보적인 단계에서 이루어져야 하는데 이것마저 성사되기 어려워 기존의 통일방안인 국가연합-연방제 방식은 답보상태를 면하기 어렵거나 실현 불가능한 상태이다. 남한의 통상무기 중심의 군사양식과 북한의 핵무기 중심의 군사양식 사이의 (코드)교환이 불가능하다. 양자 간 군사적 교환양식의 지양을 통한 A의 복원력 증강이 원초적으로 불가능한 상황에서, 국가연합의 예열단계인 군축협상-신뢰양성은 공염불이다. 공염불이므로, 기존의 '군축협상-신뢰양성-국가연합-연방제로 이어지는 통일 프로그램'을 시도해도 공전(空轉)할 수밖에 없다.

9) 칸트(Kant)가 『영구평화론』에서 대안으로 제시하는 'foedus pacificum'을 '평화연맹'

A의 복원력 증강이 민족(네이션) 통일로 이어지는 '마을 민주 공화국들의 연합에 의한 통일(A 교환양식의 통일)'을 대안으로 내놓는다.

맨 앞의 문장을 위의 논의와 연결시키면 '① 분단으로 나뉜 남북한의 B+C를 평화통일 지향적으로 횡단하고, ② A의 복원력을 증강하면서, ③ Dx로 진입하는 Association으로서의 마을 민주 공화국을 수립하고, ④ 여러 마을 민주 공화국들의 평화연맹을 형성하여, ⑤ 한반도 통일을 이루자는 것'이다.

연합의 방식; '若烹小鮮'

앞에서 '마을 민주 공화국들의 연합(평화연맹)에 의한 통일'을 강조했지만, 연합의 방식은 거론하지 않았다. 여러 가지 연합 방식이 있겠으나, 다양한 연합 방식을 총괄적으로 집약하는 큰 틀의 개념이 필요한데 『도덕경』 60장의 '약팽소선(若烹小鮮)'이 적절한 것 같다.

으로 표기한다. 가라타니 고진이 foedus pacificum의 foedus를 'association'으로 영어 표기했는데(가라타니 고진 지음, 조영일 옮김, 『헌법의 무의식』, 101~102쪽), 이는 필자가 마을 민주 공화국의 바람직한 형태로 거론하는 'Association으로서의 마을 민주 공화국'의 Association(마르크스의 association論)과 모나지 않는다. 마을 민주 공화국들의 평화연맹에 의한 한반도 통일이 Association으로 환원되어 'Accociation으로서의 마을 민주 공화국 間 평화연맹에 의한 통일'이 되므로, 칸트의 평화 '연맹'을 'association'으로 풀이한 가라타니 고진의 의도를 벗어나지 않는다. 가라타니 고진이 칸트의 영구평화론과 마르크스의 association論을 연결시키려고 노력하므로 더욱 잘 어울린다.

대국(공동체 연합국)을 다스리려면 소국을 더불어 보존해야 한다.	治大國 **若烹小鮮**
무위자연의 道로써 천하에 군림하면 귀신도 신통력을 부리지 못한다.	道莅天下 其鬼不神
귀신이 신통하지 않아서가 아니라 사람을 상해하지 못하는 것이다.	非其鬼不神 其神不傷人
귀신이 사람을 상해하지 못한 것이 아니라,	非其神不傷人
성인聖人(제사장祭司長인 王) 또한 사람을 상해하지 못한다.	聖人亦不傷人
귀신도 성왕도 서로 상해하지 않으므로 덕이 서로에게 돌아간다.	夫兩不相傷 故德交歸焉

위의 문장은 노자(老子)가 지향하는 국가 체제를 설명한 중요한 자료이다. 노자는 군왕전제 국가를 반대하고 국가형태를 소규모 공동체의 연합제로 할 것을 주장한다. 따라서 노자는 당연히 대국이 소국을 병탄하는 패권주의를 반대했다. 반反패권주의라는 점에서는 공맹孔孟(공자·맹자)과 다를 바 없으나 공맹은 소국가 연방제적 왕도주의를 주장했고, 노장老莊(노자·장자)은 '소규모 공동체 연합'을 주장했다는 점에서 현저히 다르다.[10]

'소규모 공동체 연합'에서 '소규모 공동체' 중의 하나로 마을 민주 공화국을 상정할 수 있다면, '마을 민주 공화국(소규모 공동체) 연합'이 가능하다.

다시 위의 문장으로 되돌아가면 '치대국(治大國)'의 '대국(大國)'은 '소규모 공동체 연합'을 의미하고 '약팽소선(若烹小鮮)'의 '소선(小鮮)'은 『도덕경』 80장의 '소국과민(小國寡民)'을 뜻한다.

10) 기세춘, 『동양고전 바르게 읽기』(2017), 229쪽.

소국과민小國寡民의 지역 공동체인 속屬을 마을 민주 공화국의 맹아 마을(Dx 2)로 상정한 필자의 입장에서 보면, '속屬을 중심으로 발전하는 마을 민주 공화국(小鮮)들을 잘 보살피면서 보존시키는(若烹) 상호연합(若烹小鮮)'을 하면, '마을 민주 공화국 연합(소규모 공동체 연합; 大國)으로서의 한반도 통일정치(治大國)'가 이루어진다.

'마을 민주 공화국(小鮮)들을 잘 보살피면서 보존시키는(若烹) 상호연합(若烹小鮮)' 방식에 성공하면, 마을 민주 공화국 연합(소규모 공동체 연합; 大國)으로서의 한반도 통일정치(治大國)가 이루어지므로, 상호연합(若烹小鮮) 방식이 중요하다. 마을 민주 공화국들의 상호연합 방식이나 성과에 따라 (마을 민주 공화국 연합에 의한) 한반도 통일(治大國)이 가능하기 때문이다.

(마을 민주 공화국 연합에 의한) 한반도 통일(治大國)의 관건인 '상호연합 방식' 역시 『도덕경』 61장에서 찾을 수 있다.

대국은 소국들이 모여드는 하류와 같아서	大國者下流
천하 각국의 교류장이며 각국을 품는 암컷이다.	天下之交 天下之牝
암컷은 항상 고요함으로 수컷을 이긴다.	牝常以靜勝牡
고요함으로써 겸양하기 때문이다.	以靜爲下
그러므로 大國은 소국에 겸양함으로써 소국을 연합하고,	故大國以下小國 則**取小國**
小國은 대국에 낮춤으로써 대국에 연합한다.	小國以下大國 則**取大國**
그러므로 겸양으로써 연합하거나, 혹은 낮춤으로써 연합한다.	**故或下以取 或下而取**
대국은 다른 소국들을 겸병하려는 과욕을 부리면 안 되며,	大國不過欲兼畜人

소국은 타국에 편입되어 섬기려 하지 말아야 한다.	小國不過欲入事人
이처럼 대국도 소국도 각각 바라는 바를 얻으려면,	夫兩者各得其所欲
대국이 의당 겸양해야 한다.	大者宜爲下

위와 같이 대국大國(소규모 공동체인 '마을 민주 공화국들'의 연합)은 소국小國(소국과민小國寡民의 지역공동체인 속屬을 중심으로 발전하는 마을 민주 공화국: 小鮮)에 겸양함으로써 소국小國(마을 민주 공화국들)을 연합하여 한반도 통일을 이룬다(治大國). 소국小國(각 마을 민주 공화국)은 대국大國에 낮춤으로써 대국大國(마을 민주 공화국 연합에 의한 한반도 통일체)에 연합한다. 겸양으로써 연합하거나, 혹은 낮춤으로써 연합한다. '겸양으로써 연합하거나 낮춤으로써 연합하는 방식'이 마을 민주 공화국의 연합에 의한 한반도 통일 방식이다.

이어지는 '大國不過欲兼畜人 小國不過欲入事人'은 '겸양으로써 연합하거나 낮춤으로써 연합하는 상호연합 방식'의 보완재이다. '大國不過欲兼畜人 小國不過欲入事人'을 다음과 같이 확대해석할 수 있다.

大國不過欲兼畜人

대국大國(마을 민주 공화국 연합에 의한 한반도 통일체)은 소국과민小國寡民의 마을 민주 공화국을 흡수통일하려는 과욕을 부리면 안 되며,

小國不過欲入事人

소국小國(각 마을 민주 공화국)은 마을 민주 공화국 연합이 아닌 타국他國(한반도 주변 강대국 등)에 편입되어 사대事大(섬기려)하지 말아야 한다(주변 강대국의 종속국가가 되지 말아야 한다).

위와 같은 연합방식을 집약한 '약팽소선(若烹小鮮)'의 해석이 문제인데, '작은 생선을 손쉽게 뒤집으며 끓이듯이(若烹小鮮) 병탄倂呑 · 침략하는 치대국治大國(대국주의大國主義 · 패권주의)'으로 해석하는 번역문(한비자韓非子 · 왕필王弼의 왜곡된 해석을 모방한 번역문)이 많다.[11]

---

11) **우리 번역본들은 소국병탄(小國倂呑)의 "패도주의"로 해석했으나 이는 왜곡이다. 고대에는 取가 聚의 뜻으로 통용되었음을 모른 탓이다. 노자는 대국주의가 아니라 반대로 소국과민(小國寡民)의 "공동체연합"을 지향했다.** 그럼에도 이처럼 국가체제에 관한 중대한 의미를 가진 『도덕경』 60장은 왜곡되었다. 지금까지 우리 학자들은 노자(老子)의 글을 왜곡하여 마치 노자가 타국(他國)을 병탄하는 대국주의(大國主義) 정책을 추구한 것으로 해석해 왔던 것이다. 그러나 타국병탄(他國倂呑)은 노자의 소국과민(小國寡民)주의와 배치될 뿐만 아니라, 공맹(孔孟)의 왕도(王道)는 물론이고 관자(管子)의 패도(覇道)도 병탄은 반대하는 정책이다. 한마디로 말하여 **<존망계절(存亡繼絶)>**은 왕도주의(王道主義)도 패도주의(覇道主義)도 공유한 봉건제(封建制)의 대원칙이었다. 다만 소국병탄의 대국주의는 훗날 전국시대에 천하통일의 군현제(郡縣制)를 지지한 한비(韓非) · 이사(李斯) 등의 주장일 뿐이다.

환공이 관자에게 물었다. 桓公問曰
인의(仁義)를 크게 행하여 천하를 이롭게 하려면 어찌하면 좋겠소? 吾欲行廣仁大義以利天下 奚爲而可.
관자: 횡포한 자를 벌주고 비리를 금하며, 管子對曰 誅暴禁非
망한 나라를 보존해주고, 끊어진 가문의 대를 잇게 해주며, 存亡繼絶
죄 없는 자를 풀어주면 인의(仁義)가 광대해질 것입니다. 而赦無罪 則仁廣義大矣.
(管子/小問): *存亡繼絶.

『설문(說文)』에 의하면 亨이란 글자는 전서(篆書)는 형(亠 口 曰)으로 썼고 예서(隸書)에서는 享으로 썼다. 烹은 이보다 뒤에 생긴 글자이다. 그래서 亨과 享과 烹은 통용되고 있다. **원래 백서본(帛書本)에는 "若亨小鮮(약형소선=소국을 보존한다)"으로 되었으나, 한비자(韓非子)의 解老篇과 왕필(王弼)의 도덕경주(道德經注)**

이는 필자의 '연합방식에 관한 해석'을 역행하는 데 그치지 않고 흡수통일을 용인하는 결과를 가져오므로 매우 위험하다.

에서"若烹小鮮(약팽소선=작은 생선을 끓인다)"으로 바꾸어놓은 것이다. 또한 "小鮮"은 '작은 나라'를 표현한 것이나 이를 '작은 생선'으로 비유할 수도 있어 亨(남긴다, 보존한다)과 烹(끓인다)을 혼동한 것이다. 그러나 烹으로 읽으면『도덕경』60장·61장의 글이 모순된다. 이처럼 亨(형)이냐 烹(팽)이냐 글자 한 자의 문제가 아니라 글의 취지가 전연 다르게 바뀐다. 이 문장의 취지가 바뀌는 것으로 그치지 않고 노자『도덕경』의 전체 성격이 달라진다.

한비(韓非)는 예법가(禮法家)인 순자(荀子)의 제자로 黃老사상을 법가(法家)적으로 왜곡·재해석하여 자신의 권력론(權力論)인 형명법술(刑名法術)의 기초로 삼고 자신의 패권적 군왕절대주의 사상의 근원으로 이용한 법가(法家)의 창시자이다. 그러나 노장(老莊)이 말하는 무위(無爲)=무치(無治)의 소국(小國)주의는 법가들이 발하는 대국(大國)주의와는 상극이다. 그들은 소국을 없애고 패왕의 천하통일을 주장한 왕권독제주의자였다. 그러므로 한비의 정치적 소신인 왕권전제주의(王權專制主義)는 노자의 소국연합제(小國聯合制)와는 정면으로 배치된다.
<기세춘,『동양고전 바르게 읽기』(2017), 230~231쪽>

마을 민주 공화국의 수렴도(收斂圖) (1)

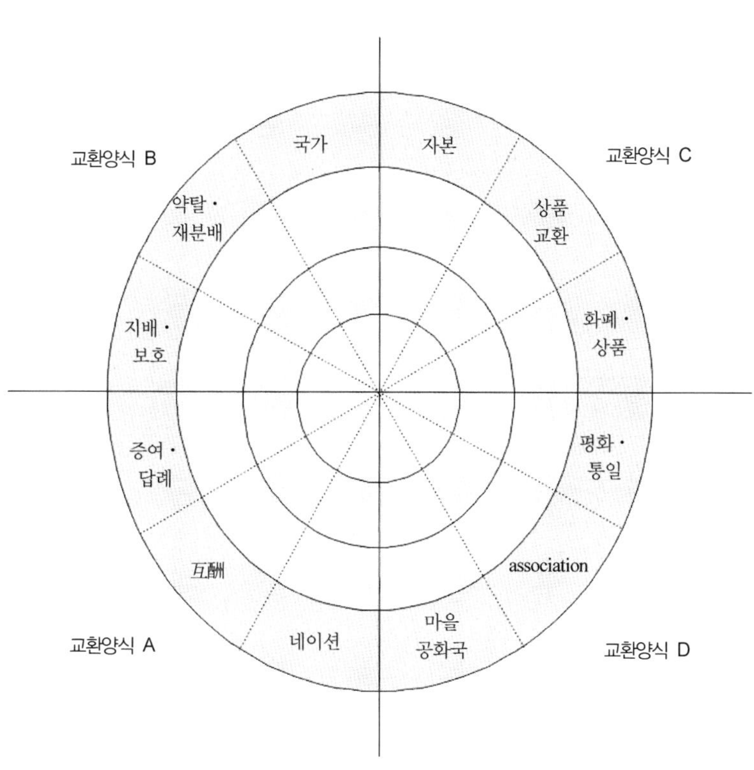

<그림 2> 마을 민주 공화국의 수렴도

〈그림 2〉 해설

위의 <그림 2>는 근대 자본제 국가(가라타니 고진柄谷行人의 교환양식 B+C)를 횡단하고 네이션(가라타니 고진의 교환양식 A)을 넘나들면서 D(가라타니 고진의 교환양식 D)로 진입하자는 필자의 논지를 한눈에 알아볼 수 있도록 도식화한 것이다.

먼저 둥근 원의 바깥에 표기된 네 가지 교환양식은 가라타니 고진의 분류법에 따른 것이다. 그리고 둥근 원을 4등분하며 가로질러 바깥쪽까지 관통하는 두 가닥의 긴 선은, 원 안의 모든 사안을 '변증법적으로 지양·융합·통섭'하면서 수렴하는 수렴축(收斂軸)이다.

두 개의 수렴축이 있는데 하나는 간디의 '마을 공화국'이고, 다른 하나는 노자의 '소국과민(小國寡民)'이다. 두 개의 수렴축이 작동하는 방향에 따라 둥근 원의 상부구조인 근대 자본제 국가(교환양식 B+C)를 지양하는 가운데 횡단하고, 네이션이라는 교환양식 A(한반도 통일과 관련하여 반드시 경유해야 할 지점임)를 넘나들면서 D(12개의 Dx)로 진입하는 구도이다.

그러면 둥근 원에 대하여 본격적으로 설명한다.

맨 바깥의 색칠한 작은 원은 (가라타니 고진의 네 개의 교환양식을 반영한) 네 개의 사회구성체와 관련 주제어를 기입한 곳이다.

첫 번째 '국가라는 교환양식 B'의 주제어는 약탈·재분배와 지배·보호이다. 두 번째 '자본이라는 교환양식 C'의 주제어는 상품교환과 화폐·상품이다. 세 번째 '네이션이라는 교환양식 A'의 주제어는 호수(互酬)와 증여·답례이다. 네 번째로 '미래를 향해 열려 있는 Dx들(대안적 사회구성체들)의 집합=D'라는 가라타니 고진의 견해를 마을 민주 공화국 쪽으로 끌어들여 마을 공화국 중심으로 D의 칸을 메웠다. D(마을 공화국이라는 교환양식)는 두 개의 축軸(간디의 마을 공화국 축軸과 노자의 소국과민 축軸)이 협공하듯 집약적으로 영향력을 행사하는 영역이다. 이를 감안하여 D의 주제어로 'association'과 '(한반도) 평화 · 통일'을 삼았다.

위의 맨 바깥 원(가라타니 고진의 네 개의 교환양식을 반영한 네 개의 사회구성체)을 비롯하여 4개의 작은 원이 결합된 것이 둥근 원이며, 4개의 작은 원에 따라 각각 색깔을 달리하고 있다. 사실상 둥근 원 안의 48칸마다 색깔이 다른 사회구성체를 나타낸다.

이 48개의 칸마다 시대의 암호가 숨겨져 있다. 여기에서 <암호의 바다를 지혜롭게 횡단(B+C의 횡단)하며 A를 넘나드는 가운데 D로 진입하는> 암호풀이를 제대로 하면, 둥근 원의 한가운데 있는 마을 민주 공화국이라는 진리의 문이 열린다.

마치 네 개의 번호열列을 요리조리 잘 돌리며 암호(둥근 원의 경우 시대의 암호)를 맞추면 자전거 열쇠가 열려 자전거에 올라탈 수 있는 것(둥근 원의 한가운데 수렴지점에 진입함)과 같다. 이 자전거 열쇠를, 현재 둥근 원의 맨 가장자리의 상부구조인 근대자본제 국가(B+C)의 주권자를 자처하는 '국민'이 형식상 쥐고 있는 듯 보이지만 실제로는 근대 자본제 국가의 지배계급(자본가와 국가권력 소유그룹)이 지니고 있다.

그러나 근대 자본제 국가는 만고불변(萬古不變)의 진리가 아니므로, 국민과 지배계급 사이의 투쟁(계급투쟁 포함)이 일어나 역사적인 변환이 일어날 수 있다. 필자는 역사적인 변환이 또다시 국가를 재창조하는 쪽으로 나아가지 않을 것이라는 장기 예측을 하고 있기 때문에, 국가(근대 자본제 국가)가 아닌 '마을 민주 공화국'을 역사변환・문명전환의 대안으로 삼는다.

필자와 동일하게 역사변환을 예감하는 가라타니 고진은 D라는 교환양식이 도래할 것이라는 막연한 예측만 했는데, 필자는 D를 마을 민주 공화국 쪽으로 잡아당겨 12개의 Dx를 두 번째・세 번째의 작은 원에 배치했다.

12개의 Dx 중 상부에 있는 6개를 포괄하여 '신동학(新東學)'이라고 이름 붙였다. 마을 민주 공화국의 상부구조인 '신동학(新東學)'은, 신자유주의라는 '신서학(新西學)'의 대응 개념이다. (근대 자본제 국가의 최신 이념인) 신자유주의의 원천사상(신서학新西學의 뿌리)을 '신동학新東學'으로 진압해야 한다는 당위(Sollen)가 내재되어 있는 개념이다. '신동학新東學'은, 근대 자본제 국가의 상부구조인 B+C를 지양하여 마을 민주 공화국으로 수렴하는 역사변혁・문명전환의 핵심적인 패러다임(paradigm)이다.

'신동학新東學'을 앞장세워 역사변혁에 나설 주인공인 마을民(마을 민주 공화국의 주권자)이 근대 자본제 국가(B+C)의 사슬을 끊고 맨 가장자리 작은 원의 경계선을 넘으면, 우선 12개의 Dx 관련 사상의 숲이 나타난다. 이어 각 Dx(사상의 숲)의 색깔이 반영되는 마을 민주 공화국의 '맹아(萌芽) 마을' 12개가 배열된 더욱 작은 원이 보인다. 이 맹아 마을들을 최종적으로 수렴하여 마지막 열쇠를 열면(최종적인 시대의 암호 해독) 마침내 '마을 민주 공화국'이라는 미륵세계가 열린다(한가운데 노란색 작은 원). Dx 관련 24개의 항목들이 제석천(帝釋天)의 인드라망(網)처럼 중중무진(重重無盡)으로 상조相照하며(서로 비추며) '마을 민주 공화국'이라는 미륵세상을 연출하게 될 것이다.

그러면 설명이 미진한 Dx 관련 원(두 개의 작은 원)을 아래와 같은 표로 대체한다.

<표 4> Dx(Dx와 관련된 두 개의 작은 원)

Dx 번호	두 번째 작은 원 (사상의 숲)	세 번째 작은 원 (마을 민주 공화국의 맹아 마을)
Dx 1	『주역』의 '원·형·리·정元·亨·利·貞'	'원·형·리·정元·亨·利·貞'마을
Dx 2	『노자』의 '小國寡民'	속(屬)
Dx 3	『장자』의 '진인眞人'	'진인향眞人鄕'
Dx 4	『묵자』의 '천하무인天下無人·안생생安生生'	'겸애촌兼愛村'
Dx 5	동학의 '시천주侍天主'	포包·접接·집강소
Dx 6	불교의 보살(菩薩)론	(평화)보살들의 '해탈 마을'
Dx 7	간디의 『마을 스와라지』	마을 공화국
Dx 8	川滿信一	琉球[오키나와] 공화사회共和社會
Dx 9	김승국	평화마을
Dx 10	로버트 오언·푸리에·마르크스	협동조합·팔랑쥐(phalange)
Dx 11	Marx의 '자유인의 연합=Association'	마을·동네 코뮌
Dx 12	Kant의 『영구 평화론』	칸트 평화촌平和村

위의 12개 Dx 중에서 현실태로 드러난(두 번째 작은 원의 사안들이 역사적으로 실현된) 3개(Dx 10=로버트 오언의 협동조합/ Dx 11=코뮌/ Dx 12=Kant의 『영구평화론』이 일본국 헌법 9조로 외화됨[12])는 이미 교

환양식 D에 진입한 적이 있으므로(교환양식 D의 기득권을 지니고 있음) <그림 2>의 D에 배치했다.[13] Dx 5의 포包·접接·집강소도 19세기 말에 실현된 교환양식이어서 <그림 2>의 D에 들어가야 하지만, B+C(근대 자본제 국가)의 상부구조를 지향하는 패러다임인 '신동학新東學'의 핵심이 19세기 말의 동학東學이어서 의도적으로 누락시켰다. 누락된 동학東學(Dx 5)을 포함한 기존의 교환양식 D(Dx 5+Dx 10+Dx 11+Dx 12)가 나머지의 Dx들을 이끌고 마을 민주 공화국이라는 궁극적인 목표로 향할 것이다.

12) 가라타니 고진(柄谷行人) 지음, 조영일 옮김, 『헌법의 무의식』, 91~101쪽에 '칸트의 영구평화론이 일본의 평화헌법 9조로 결실을 맺는 과정'이 소상하게 설명되어 있다.

13) <그림 2>의 D에서 Dx 10·Dx 11·Dx 12의 대응 개념으로 각각 마을 공화국·Association·평화통일을 연결시켰다. Dx 10(로버트 오언의 협동조합)은 마을 공화국과 연결되고, Dx 11은 Association을 내포한다. Dx 12의 경우 칸트의 영구평화론이 외화된 일본국 평화헌법을 수용한 한반도 통일헌법이 평화통일의 근간이 될 수 있으므로 <그림 2>의 D 영역에 '평화·통일'이라고 명기했다.

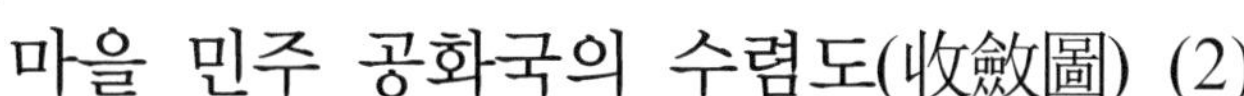

마을 민주 공화국의 수렴도(收斂圖) (2)

가라타니 고진(柄谷行人)의 교환양식 A · B · C · D를 좌표로 옮긴 것이 아래의 <그림 3>이다.

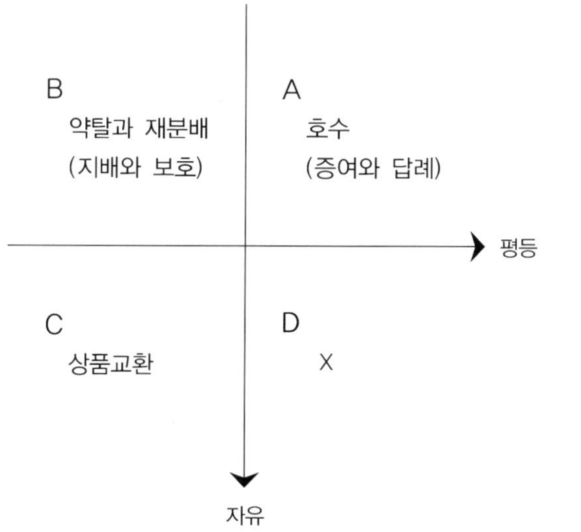

인디고 연구소 지음, 『가능성의 중심』(가라타니 고진 인터뷰), (서울: 궁리출판, 2015), 186쪽

<그림 3>

위의 좌표를 필자의 논의방식으로 변경하면 <그림 4>와 같다.

교환양식 B 교환양식 C

교환양식 A 교환양식 D

인디고 연구소 지음, 『가능성의 중심』(가라타니 고진 인터뷰), (서울: 궁리출판, 2015), 186쪽

<그림 4>

<그림 4>를 둥근 원으로 감싸면 <그림 5>와 같이 된다.

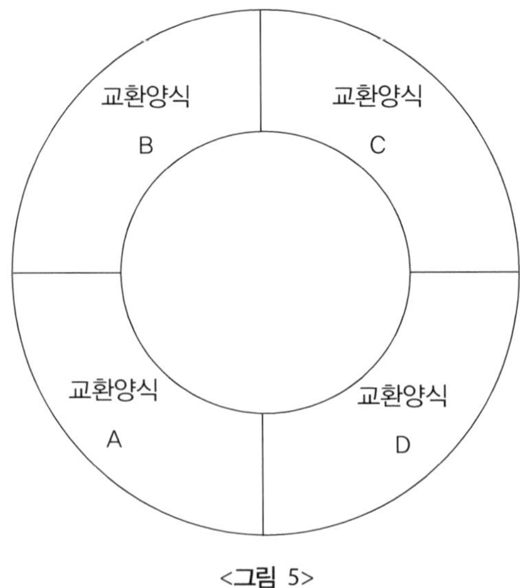

<그림 5>

<그림 5>는 근대 자본제 국가의 교환양식(B+C)이 횡횡하여 교환양식 A・D가 비집고 들어갈 틈이 없음을 나타낸다.

A는 B와 C에 의해 해체되었기 때문에 현존하지만 아주 미약하다. D는 미래에 등장할 교환양식이다. 이제 남아 있는 것은 한가운데의 빈 공간이다.

이 빈 공간도 윗부분을 B+C가 점유하고 있으므로 많이 잠식되어 있다. 그래도 미래를 향해 열린 공간이 남아 있으므로, D가 A를 고차원적으로 회복하면서 B+C를 물리치면 D가 새로운 세계의 중심이 될 수 있다.

이를 필자의 어법으로 바꾸면 'B+C를 횡단하여 A를 넘나드는 가운데 D가 될 수 있다.'

D는 영원한 평화를 약속하는 교환양식이지만 쉽게 현실화되지 않는다. B와 C가 지배적인 동안에 D는 존재하지 않는다. 그렇지만 B와 C가 지배적인 것으로 작동하는 국가 대신에 점차 D가 그 자리를 대체해가는 '과정'을 거치면 D가 존재하도록 만들 수 있다. <인디고 연구소 지음, 『가능성의 중심』, 111쪽의 내용을 약간 수정함>

여기에서 D가 존재하도록 만드는 '과정'을 예비하기 위하여, 필자가 이미 제시한 12개의 Dx를 재론한다.

이순신 장군이 마지막 남은 12척으로 도요토미 히데요시의 일본군을 무찔렀듯이, 12개의 Dx를 건곤일척(乾坤一擲)으로 총화하면서 <그림 5>의 중원中原을 점령해 들어가면 불가능하지 않다.

이러한 작업을 위해 아래와 같은 <그림 6>을 선보인다. <그림 6>은 앞의 글 「마을 민주 공화국의 수렴도 (1)」의 <그림 2> 中 두 번째・세 번째 작은 원을 따로 떼어낸 것이다.

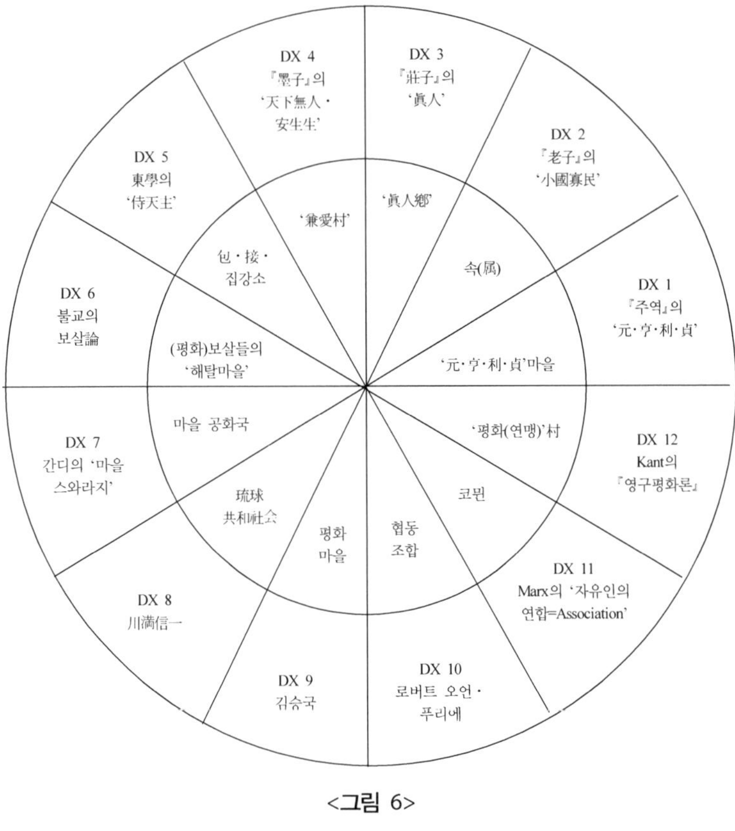

<그림 6>

위와 같이 근대 자본제 국가(B·C)가 지배적인 <그림 5>의 가운데 빈공간에 <그림 6>를 집어넣어 <그림 5>의 중원中原을 차지하면 D의 세상이 된다(D라는 교환양식에 의한 영원한 평화가 이루어진다). 이처럼 <그림 5>에 <그림 6>을 삽입하면 <그림 7>과 같이 된다.

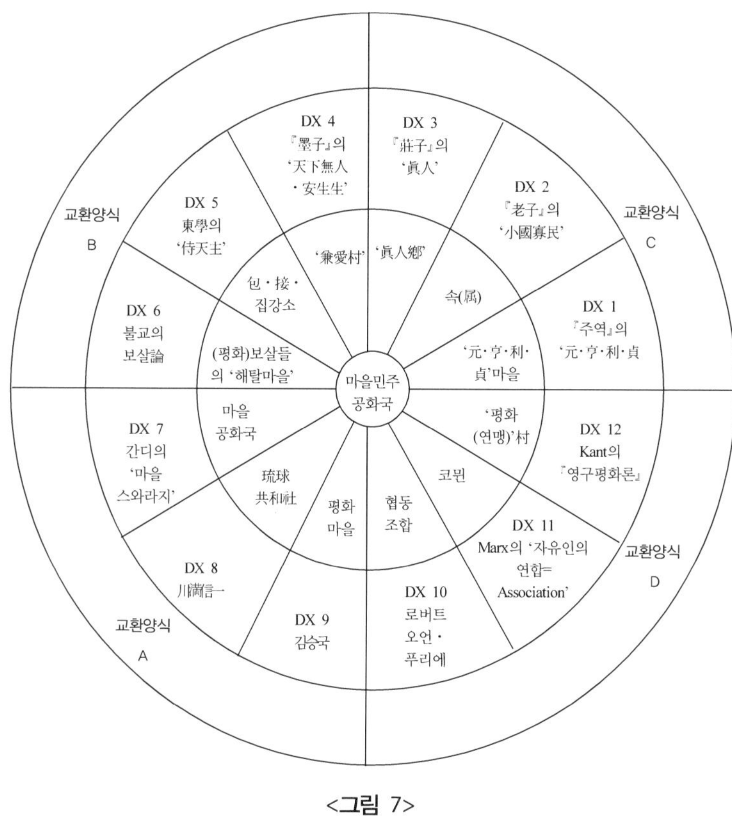

<그림 7>

<그림 7>이 암시하듯이 현존하지 않는 교환양식 D가 변방에 머물다가 <그림 6>을 <그림 5>에 내리먹이면서 중원中原에 쳐들어가서 '마을 공화국이라는 중원中原의 안방'을 차지할 수 있다.

현재 천하天下를 움켜쥐고 있는 B·C(B·C 천하天下)를 먹잇감으로 삼아 마을 민주 공화국이라는 새로운 하늘(D의 확대판=Dx 1~Dx 12의 총화)을 머금을 수 있다. '이천식천(以天食天)'인 셈이다. '이천식천以天食天'의 앞의 '천天'은 B·C 천하天下인 선천先天이고, 뒤의

'천天'은 D의 확대판인 후천後天이다. D(Dx 1~Dx 12)를 중심으로 후천개벽(後天開闢)이 일어난다.

그러나 후천개벽은 저절로 일어나지 않는다. Dx 1~Dx 12의 총화작업을 수만 번 반복하면서 열어젖혀야(開) 후천後天이 열린다(闢). 수만 번 반복하는 고난을 줄이는 두 가지 방편을 생각할 수 있는데, 하나는 '두꺼비 전략'이고 다른 하나는 '태극도(太極圖) 운동을 통한 B·C 섬멸 전략'이다.

먼저 '두꺼비 전략'을 소개한다. 1970·80년대에 민주화운동의 선봉장이었던 민청련(민주화운동 청년연합)이 내건 '두꺼비 전략(독사에 먹힌 두꺼비의 毒이 독사의 체내에 침투하여 서서히 독사를 잡아먹는 전략)'을 구사하면 좋다.

이를 앞의 '이천식천以天食天'에 적용한다면, '일단 두꺼비(Dx 1~Dx 12)가 독사 같은 근대 자본제 국가(B+C)에 먹히지만 독사의 체내에 들어간 두꺼비(Dx 1~Dx 12)의 독성毒性이 독사(B+C)의 체내에 침투하여 점진적으로 독사(근대 자본제 국가)를 잡아먹는다'는 것이다. 두꺼비의 '이천식천以天食天 전략'인 셈이다.

두 번째 '태극도 운동을 통한 B·C 섬멸 전략'은 『주역周易』에서 비롯된다. 『주역』에 바탕을 둔 태극도 중 가장 익숙한 것이 태극기의 태극도이다.

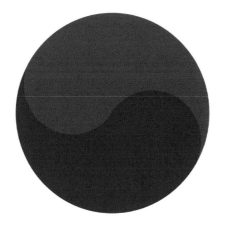

<그림 8> 태극기의 태극도

위의 태극도를 <그림 7>에 덮은 뒤 <그림 6> Dx 1~Dx 12의 12개 마을들이 총공세(總攻勢)를 펼쳐 <그림 5>의 B+C가 설 땅이 없게 만든다: ① 『주역』의 네 가지 덕德인 '원 · 형 · 리 · 정元 · 亨 · 利 · 貞'을 태극도에 작동시켜, ② (태극도의 중간 구분선을 상승시키는) 후천개벽後天開闢 운동을 벌이고, ③ <그림 6>이 <그림 5>를 완전히 잠식하면서, ④ B+C의 종말을 유도한다.

이것이 '태극도 운동을 통한 B · C 섬멸 전략'의 핵심이다. 이 전략은 Dx 1~Dx 12와 B+C의 이념전쟁을 동반하므로, 『주역』의 4德(元 · 亨 · 利 · 貞)을 후천개벽 쪽으로 이끄는 이념력(理念力; 이념의 힘)이 필수적이다. Dx 1~Dx 12가 이념력을 지녀야 한다는 뜻이다.

이러한 필요에 부응하기 위하여 < 『주역』(Dx 1)에서 시작하여 칸트(Dx 12)로 끝나는> 「이념으로서의 마을 민주 공화국」을 본 저서의 제2부로 배치했으며, 이념력의 기준을 제공할 『주역』의 원 · 형 · 리 · 정元 · 亨 · 利 · 貞을 선두타자(Dx 1)로 내세운다.

제2장

/

마을 민주 공화국의 맹아 마을들–12개 Dx 마을

‘元・亨・利・貞’ 마을

Dx 1 마을; ‘원형이정 사필귀정’의 마을

옛날 마을살이의 실천덕목은 ‘원・형・리・정(元・亨・利・貞)’이었다. 옛사람들은 주역의 강령인 ‘원・형・리・정元・亨・利・貞’을 입에 달고 살았고, 심지어 글을 모르는 시골 아낙들까지도 말끝마다 ‘원형이정 사필귀정(事必歸正)’을 주문처럼 외우며 지냈다.

<막히는 일이 있을 때마다, 원・형・리・정元・亨・利・貞의 덕목(元・亨・利・貞은 『주역周易』의 사덕四德임)에 따라 살아가면 사필귀정>이라는 마을살이의 강령이 사라진 뒤 세상이 험악해져 평화를 상실했다. 기독교의 10계명에 버금가는 원・형・리・정元・亨・利・貞이어서 ‘동양의 4계명’이라고 부를 수 있다. 마을과 관련하여 ‘마을살이의 4계명’ 또는 ‘마을 민주 공화국의 4계명’이라고도 말할 수 있겠다.

<‘마을살이의 4계명’에 따라 모든 인륜지사(人倫之事)를 해결하면 만사형통이므로 무슨 법(法)이 필요하느냐>는 생각이, 옛날 마을民들의 지배적인 사고방식이었다. ‘마을살이의 4계명’에 따라 생활하면 법 없이도 살아갈 수 있다는 ‘생활 자연법・마을살이 자연법’이 원・형・리・정元・亨・利・貞이었다.

따라서 이러한 ‘생활 자연법・마을살이 자연법’을 복원하는 평화로운 마을을 ‘원・형・리・정元・亨・利・貞 마을’이라고 부를 수 있

다. 주자(朱子)가 말하듯이 원・형・리・정元・亨・利・貞은 태평성대를 이루는 점괘이므로, 원・형・리・정元・亨・利・貞 마을은 저절로 평화마을이 된다.

이렇게 평화로운 원・형・리・정元・亨・利・貞 마을 여럿이 모이면 마을 민주 공화국이 된다. 마을 민주 공화국은 하늘에서 갑자기 떨어지는 것이 아니라, 예전에 '생활 자연법・마을살이 자연법=元・亨・利・貞' 안에 있던 것이다. 이런 의미에서 마을 민주 공화국은 그 옛날 어디에선가 보고 경험했던(déjà vu) 선천적인 것이다.

예전에 '원형이정 사필귀정'을 주문처럼 외우던 마을民들의 마음속에 이미 마을 민주 공화국이 내재(內在)했으므로, '마을살이의 4계명'을 복원하면 마을 민주 공화국도 재생할 것이다. '元・亨・利・貞'을 삶의 최고 강령으로 삼는 원・형・리・정元・亨・利・貞 마을이 마을 민주 공화국이 아니고 무엇이란 말이냐?

'元・亨・利・貞'과 '元・亨・利・貞 마을'의 요점

원・형・리・정元・亨・利・貞과 마을-마을 민주 공화국을 연결시키려고 노력하다 보니 정작 '元・亨・利・貞'을 설명하지 못했는데, 뒤늦게나마 '元・亨・利・貞'을 아래와 같이 해설한다;

『주역(周易)』의 모든 괘효사(卦爻辭)는 '元・亨・利・貞' 이 네 글자를 떠나거나 벗어날 수 없다. 그래서 괘효사(卦爻辭)의 추요(樞要)인 원형이정(元亨利貞)은 온갖 사물(事物)에 미치는 역(易)을 살피고[觀] 새겨[玩] 점(占)쳐 지변(知變)하여 지래(知來)하게 하는 통어(通語)가 된다.[1)]

주자朱子는 元亨利貞을 四德으로 풀이한 『단전(彖傳)』에 대해 "공자孔子의 뜻은 아마도 이 괘卦[건괘乾卦]를 성인聖人이 천위天位를 행해서 태평성대를 이루는 점괘로 보신 듯하니……"라고 하였다. 元 · 亨 · 利 · 貞은 乾[乾卦]의 네 가지 德이다. 『자하전(子夏傳)』에 이르기를 "원元은 시작이요, 형亨은 통함이요, 리利는 和[평화]요, 정貞은 바름이다"고 하였으니, 이 卦[乾卦]의 德이 순양純陽의 성질이 있어서 자연히 양기陽氣를 가지고 만물萬物을 처음 낳게 해서, 원시元始와 형통亨通을 얻어서 물건의 성질을 和하게 하여 각각 그 이로움이 있게 하고, 또 물건으로 하여금 견고堅固하고 정정貞正하여 좋은 끝마침을 얻게 함을 말한 것이다.[2]

위의 책 108쪽에 이어지는 추가 설명문의 '성인聖人'을 '마을民'[3]으로 고치고 (조금 무리하지만) 원형이정 마을과 연결시키면 아래와 같다;

"마을民 또한 마땅히 이 卦[乾卦]를 본받아서, 선善한 도道를 행하여 만물萬物을 자라게 해서 물건이 생존함을 얻어 元이 되게 해야 하고, 또 마땅히 아름다운 일을 가지고 만물萬物을 회합會合하여 물건으로 하여금 개통開通해서 亨이 되게 해야 하고, 또 마땅히 의義로써 만물萬物을 화합하게 하여 물건으로 하여금 각기 그 조리條理를 얻어서 利가 되게 해야 하고, 또 마땅히 정고貞固함으로 일을 주관하여 물건

1) 윤재근, 『통어 500』(서울: 나들목, 2013), 50쪽.

2) 왕필 · 한강백 注, 성백효 옮김, 『周易正義 (1)』(서울: 전통문화연구회, 2014), 107~108쪽.

3) '절성기지(絶聖棄智)'를 주창하는 노자(老子)의 관점에 의하면 '원형이정 사필귀정'을 주문처럼 외우는 마을民들이 성인(聖人)이지 조그마한 마을에 성인(聖人)이 따로 존재하지 않는다.

으로 하여금 각각 그 바름을 얻어서 貞이 되게 하면 '원형이정 마을'을 이룰 수 있다."

'元亨利貞'은 『주역周易』의 준괘屯卦·임괘臨卦·수괘隨卦·무망괘无妄卦·혁괘革卦에도 그대로 보이고 곤괘坤卦에는 '원형리빈마지정元亨利牝馬之貞'으로 되어 있다. 이들 가운데 혁괘革卦의 괘사인 "革, 已日乃孚, 元亨, 利貞, 悔亡"의 '원형元亨, 리정利貞'을 중심으로 해석하면 다음과 같다; "원형元亨은 크게 형통함이다. 사물은 오래되고 망가져서, 즉 다해야 비로소 변혁한다. 변혁하는 목적은 옛것을 새로운 것으로 바꾸거나 막힌 것을 통하는 것으로 바꾸는 데 있기 때문에 변혁함으로써 크게 형통할 수 있다. '정貞'은 바름이다. '리정利貞'은 바른 도에 근거하여야 이롭다는 것이다. 옛 사물을 변혁하는 것은 매우 어려운 일이니, 반드시 바른 도道를 따라서 해야 하고 제멋대로 하면 반드시 실패한다. 바른 도를 견지하여 변혁할 수 있으면, 비록 시간이 오래 걸리고 어려움이 많더라도 결국에는 성공할 것이며, 성공하면 후회가 없어진다."[4)]

위를 '원형이정元亨利貞 마을-마을 민주 공화국'의 측면에서 아래와 같이 수정할 수 있을 것 같다;

"元亨은 크게 형통함이다. 근대 자본제 국가의 체제가 오래되고 망가져서 변혁해야 한다. 변혁하는 목적은 옛것[근대 자본제 국가]을 새로운 것으로 바꾸거나 막힌 것을 통하는 것으로 바꾸는 데 있기 때문에 변혁함으로써 크게 형통할 수 있다. '정貞'은 바름이다. '利貞'은 바른 도道에 근거하여야 이롭다는 것이다. 근대 자본제 국

4) 김경방·여소강 지음, 안유경 역주, 『周易全解 (下)』(서울: 심산출판사, 2013), 171쪽.

가를 변혁하는 것은 매우 어려운 일이니, 반드시 바른 도를 따라서 해야 하고 제멋대로 하면 반드시 실패한다. 바른 도를 견지하여 변혁할 수 있으면, 비록 시간이 오래 걸리고 어려움이 많더라도 결국에는 성공할 것이며, 성공하면 후회가 없어진다."

無爲의 자리에 마을 민주 공화국이 들어선다

Dx 2 마을;『도덕경』의 ‘小國寡民’-屬

앞글의 주제인 ‘주역에 따른 원형이정元亨利貞 마을’은 노자『도덕경』의 소국과민小國寡民에 따른 속屬과 닮은꼴이다. 그 이유는『역易』과『도덕경』의 상관성에 있으며「설괘전(設卦傳)」의 내용이 상관성을 증명한다.

「설괘전」은 공자가『주역』의 전(傳)을 지을 때에 의식적으로 보존해오던「연산(連山)」과『귀장(歸藏)』두 역(易)의 유설(遺說)이다.

『귀장』역의 유설인 ‘雷以動之(우레로 만물을 움직이게 하고), 風以散之(바람으로 만물을 흩어지게 하며), 雨以潤之(비로 만물을 적셔주고), 日以烜之(해로 만물을 말리고), 艮以止之(간으로 만물을 그치게 하고), 兌以說之(태로 만물을 기쁘게 하고), 乾以君之(건으로 만물을 군림하게 하고), 坤以藏之(곤으로 만물을 저장하게 한다)’라는 구절에서의 ‘지(之)’자는 대명사로 만물을 대신하는 것이다.

이 구절은 만물의 생장 변화에 작용하는 것이 진(震)·손(巽)·감(坎)·리(離)·간(艮)·태(兌) 여섯 괘이고 건(乾)·곤(坤) 두 괘는 무위(無爲)의 자리에 있다는 말이다.

어떤 사람은 ‘무위이무불위(無爲而無不爲)’라고 말하는데 옳지 않다.『귀장』역의 건곤은 ‘무위(無爲)’이고『주역』의 건곤은 ‘무불위

(無不爲)'이다.[5]

위에서 <『귀장』역의 건곤은 '무위(無爲)'이고 『주역』의 건곤은 '무불위(無不爲)'이다>는 부분이 중요한데, 『역易』의 중심인 건乾·곤坤을 『주역』은 '무불위(無不爲), 즉 유위有爲'로 풀고 『귀장』역은 '무위(無爲)'로 새긴다. 『주역』의 해설에 주력한 공자는 건乾·곤坤을 유위有爲(공자는 건乾을 곤坤보다 높이 본다)로 바라보고 『귀장』역에 주목한 노자는 건乾·곤坤을 무위無爲로 해석한다(노자는 건乾보다 곤坤을 중요시한다).

공자는 『역易』을 유위적有爲的으로 해석하여 강건한 건乾괘를 높이 세운 반면에 노자는 『역易』을 무위적無爲的으로 해석하여 곤坤괘를 높이 세운다. 공자는 유위有爲의 철학(유위적有爲的인 극기복례克己復禮)을 설파했고 노자는 무위無爲의 철학(무위적無爲的인 소국과민小國寡民)을 정립했다.

『주역』의 '원·형·리·정元·亨·利·貞'을, 공자(유학)의 유위철학有爲哲學에 따라 정치공동체를 내오면 주(周)나라가 나올 뿐 '소국과민小國寡民의 속屬' 마을이 나오지 않는다. 주나라는 중국 고대의 거대국가이므로 마을 민주 공화국의 논의와 멀리 떨어져 있다.

그러면 노자의 무위철학無爲哲學(소국과민小國寡民 사상)에 의해 '원·형·리·정元·亨·利·貞'을 해석하면, 『귀장』역의 건乾·곤坤으로 되돌아간다. 공자가 말하는 주역의 건乾·곤坤으로 되돌아가지 않는다.

이 『귀장』역의 건乾·곤坤이 무위無爲의 자리이므로 '원형이정元亨利貞 마을'은 무위적無爲的인 소국과민小國寡民 사상을 실현하는 속屬이

5) 김경방·여소강 지음, 안유경 역주, 『周易全解 (下)』, 593~596쪽 요약.

된다. 달리 말하면 무위無爲의 자리에 < 『귀장』역의 건乾 · 곤坤에 의한 원형이정元亨利貞 마을>과 닮은꼴인 <소국과민小國寡民의 속屬-속屬의 공동체 연합인 마을 민주 공화국>이 들어선다.

참고 자료

① 「설괘전」은 『역경易經』의 곤坤괘가 땅 · 순종함 · 어머니 등을 상징한다고 한다.

곤坤괘의 곤坤에 철학적인 의미를 부여한 사람은 노자이다. 노자는 곤에 철학적 의미를 부여하였을 뿐 아니라 곤의 덕을 가장 숭상하여 자신의 철학의 대표성을 갖는 개념으로 삼고 있다.

곤괘의 괘사에 "암말의 바름이 이롭다(利牝馬之貞)"는 구절이 있다. 빈마牝馬의 빈牝은 본래 암컷, 어미라는 뜻이다. 그런데 노자는 빈牝자에 고도의 철학적 의미를 부여했다. 노자가 빈牝자에 부여한 철학적 의미는 첫째, 만물을 낳는 근원이라는 것이다. 『도덕경』 6장에서는 "곡신이라고도 하는 만물을 낳는 도는 영원히 죽지 않는다. 이 영원불멸의 도를 현묘한 암컷이라고 한다. 만물을 낳는 암컷의 문은 천지의 뿌리라고 할 수 있다(谷神不死, 是謂玄牝, 玄牝之門, 是謂天地根)"고 한다.

둘째는 빈牝의 포용성을 강조하는 것이다. 『도덕경』 61장에서는 "큰 나라는 강이나 하천이 흘러드는 하류의 바다와 같다. 천하의 암컷으로, 세상의 모든 것이 모이는 곳이다(大國者下流, 天下之牝, 天下之交)"고 말한다.

노자가 말하는 곡신谷神과 현빈玄牝은 만물을 낳는 도道를 표현한다. 이 현묘한 암컷은 만물을 낳고 낳는 일을 쉬지 않고 한다. 그리고 텅 빈 계곡의 신은 모든 내와 하천의 물을 받아들이는 바다처럼 포용력이 크다.6)

② 노자는 주나라 왕실도서관의 사서에 해당하는 사관史官이었다. 당시에는 사관이 천문역법을 맡아서 관리했다. 그러므로 노자는 천상을 관측하여 우주의 변동이 일정한 주기로 반복하는 것을 알았다.

그런데 도道가 순환 운행한다는 노자의 관점은 『역전易傳』에 그대로 반영되었다.

노자가 말하는 도道는 천지만물의 시작이고, 또 천지만물을 낳는 어미이며, 천지만물이 생성 변화 발전하는 과정의 법칙까지를 포함하는 의미다. 이것은 쉽게 말해 우주만물의 운행법칙이라고 할 수 있다.

그런데 『주역周易』에서 '역易'이라는 말도 또한 우주만물의 운행법칙을 가리키는 말이다.

그렇다면 노자의 도道와 『주역周易』의 역易은 같은 말이다.7)

③ 점치는 책인 본경 『역경易經』에 우주자연의 생성과 운행의 원리가 숨어 있는 사실을 찾아내서 이것을 자연철학으로 체계화한 사람이 노자라고 할 수 있다. 이후에 『역전易傳』은 바로 노자의 자연철학사상을 계승하여 『역경易經』을 해석한 것이다.

6) 김진희, 『주역으로 읽는 도덕경』(서울: 보고사, 2015), 60~61쪽.

7) 위의 책, 67·69쪽.

우주만물의 기원에 대해 『역전易傳』이 말하는 것과 노자가 말하는 것이 일치하고 있다.

무엇보다 『역전易傳』의 만물기원설이 노자의 자연주의 사상과 일치하는 것에 주목할 필요가 있다. 『역전易傳』은 일반적으로 공자를 비롯한 유가儒家의 작품으로 전해지고 있다. 그런데 유가에서는 자연주의 철학을 언급하지 않으며, 인륜도덕성의 문제에 관심을 갖고 있다.

이런 점에서 보면 『역전易傳』의 만물기원설은 노자의 자연주의 사상의 영향을 받은 것이 분명한 것이다.[8)]

8) 김진희, 『주역으로 읽는 도덕경』, 64~65쪽.

'무명'과 마을 민주 공화국

'無明 헬조선'에서 '無名 마을 민주 공화국'으로

'무명'을 한자로 표기하면 '無明' · '無名'이다. 무명無明[9]은 불교의 용어이고 무명無名[10]은 도가道家(노자老子 · 장자莊子)의 담론이다. 무명無明은 불교의 '고苦-사성제四聖諦'와 관련이 있다. 무명無名은 노자 · 장자의 '무위無爲'와 관련이 있고(무위無爲-무명無名)[11] 공자孔子의

9) 무명(無明)은 '생로병사(生老病死)와 번뇌를 일으키는 근본적인 무지. 원초적인 미망(迷妄)상태. 모든 번뇌의 근본이 되는 것'을 뜻한다.

10) '무명(無名)'은 노자 · 장자 사상의 핵심적인 담론으로 중국 고대철학의 '명(名)'을 에워싼 논란과 관련되어 있다. 노자가 지은 『도덕경』의 첫 문장인 '道可道, 非常道; 名可名, 非常名. 無名, 天地之始; 有名, 萬物之母'에 '가명(可名)' '명(名)' '유명(有名)' '무명(無名)' '상명(常名)' 등 '명(名)'이 다섯 차례나 등장하는 것으로 보아 '명(名)'이 얼마나 중요한 개념인지 짐작할 수 있다.

> 중국 고대-춘추전국시대의 제자백가(諸子百家)는 어느 학파, 어떤 사상가를 막론하고 명(名)에 대한 관심이 많았다. 호적(胡適)은 『中國古代哲學史』에서 이 점을 잘 지적했다. 그는 "중국 고대철학에 있어서 중요한 문제 중의 하나는 명(名)과 실(實)에 관한 논쟁이었다"고 한다. 또한 제자(諸子) 가운데서 명(名)과 실(實)의 문제를 가장 먼저 본격적으로 제출한 이는 노자(老子)라고 한다. 그러나 각 학파마다 관심 분야에는 차이가 있었다. 대체로 유가(儒家)의 정명론(正名論)은 윤리(倫理) · 정치면(政治面)에, 도가(道家)의 무명론(無名論)은 존재면(存在面)에, 명가(名家)의 명실론(名實論)은 논리면(論理面)에 각각 관심이 집중되었다고 볼 수 있다. <이재권, 「老子哲學에서 名의 의미」, 『汎韓哲學』 제17집(1998.6.), 269쪽>

> '道可道, 非常道; 名可名, 非常名'(『도덕경』 제1장)이라고 할 때, 거기에는 기성의 도(道)와 명(名)에 대한 심한 부정이 있고, 그것을 말하는 사람들에 대한 격렬한 반발이 있다. 당시의 문명(또는 문화)이 명(名)을 기초로 해서 성립되었음을 감안하면 노자는 당시의 문명에 대해 전면적인 비판을 가한 셈이다. <오상무, 「『노자』 無名論 新探」, 『철학연구』(철학연구회) 제91집(2010년 겨울), 18쪽>

11) 노자는 통치자가 자신이 세운 기준을 백성들에게 수용하도록 강요할 것이 아니라 '백성의 마음을 (자신의) 마음으로 삼아야(『도덕경』 49장의 聖人無常心, 以百姓心

'정명正名(유위有爲-정명正名)'에 맞선다.[12)]

이 글이 「無爲의 자리에 마을 민주 공화국이 들어선다」의 후속편인 점을 고려하여, 마을 민주 공화국과 관련하여 무위無爲-무명無名과 유위有爲-정명正名의 관계를 먼저 말한 뒤 無明과 無名의 관계를 언급한다.

爲心)' 한다고 주장한다. 그리고 노자는 인위적 조작을 가하는 유위(有爲) 정치를 신랄하게 비판한다. '백성들이 통치되기 힘든 것은 그들의 윗사람이 인위적 행위를 하기 때문이다(『도덕경』 75장의 '民之難治, 以其上之有爲'). 결국 노자의 정치론은 기본적으로 무명(無名) 대 유명(有名), 불언(不言) 대 유언(有言), 무위(無爲) 대 유위(有爲)의 대립구도를 설정해서 무명(無名)・불언(不言)・무위(無爲)의 정치를 주장하고, 유명(有名)・유언(有言)・유위(有爲)의 정치를 비판하고 있는 것이다. <오상무, 「『老子』의 有, 無, 道의 관계 再論」, 『동서철학연구』 제36호(2005.6.), 257쪽>

12) '정명(正名)'이라는 용어는 『논어(論語)』를 비롯하여 제자서(諸子書)에 두루 보인다. 공자에 의하면 '명(名)이 바르지 않으면 말이 순조롭지 못하고, 말이 순조롭지 못하면 일이 이루어질 수 없고, 일이 이루어지지 않으면 예악(禮樂)이 흥하지 못하며, 예악이 흥하지 못하면 형벌(刑罰)이 공평하지 못하고, 형벌이 공평하지 못하면 백성들이 손발을 편히 둘 곳이 없다(『논어(論語)』 「자로(子路)」편). 공자는 명(名)을 고정하고 그에 부합할 수 있는 실(實)을 덕으로 규정하여 명실일치(名實一致)에로의 이상을 실현하고자 하였다. 물론 이러한 사상은 시대적 명실분열(名實分裂)의 원인을 명분의 혼란, 종법질서의 붕괴 과정에서 야기된 예(禮) 관념의 문란에서 찾았다는 데서 이해할 수 있다. 그런데 노자는 <백성에게 이기(利器)가 많으면 국가는 더욱 어두워지며, 사람에게 재주와 기교가 많으면 기이한 물건이 더욱 일어나고 법물(法物)이 더욱 번창해지며 도적이 많아지게 된다. 따라서 성인은 말한다; 내가 무위(無爲)함으로써 백성이 자부(自富)하고, 내가 무위함으로써 백성이 자화(自化)하며, 내가 호정(好靜)함으로써 백성이 자정(自正)하고, 내가 무욕(無欲)함으로써 백성이 자박(自撲)하게 된다(『도덕경』 57장)>고 말한다. 노자가 국가 혼란의 원인을 이기(利器), 지교(智巧), 기물(奇物), 법물(法物) 등으로 제기한다는 점에서 보면, 공자와 다른 사고방식이다. 또한 혼란상의 대안으로서 성인의 무위(無爲), 호정(好靜), 무사(無事), 무욕(無欲) 등을 제시하고, 그것을 통해서 백성이 자화(自化), 자정(自正), 자부(自富), 자박(自撲)할 수 있다고 보고 있다.

[유가의 유위(有爲)-정명(正名)에 의한 도덕관념을 비판하는] 노자는 유가의 인(仁)・의(義)・예(禮)와 같은 인위적 윤리 규범은 자연적인 도(道)・덕(德)에 대비되어 인간의 자연성을 상실한 데에서 비롯한 것이며 오히려 정치・사회적 혼란을 조장할 뿐이라고 본다. <윤무학, 「竹簡本 『老子』에서의 無名論」, 『동양철학연구』 제40집(2004.12.), 319~320쪽>

無爲-無名과 有爲-正名의 관계

「無爲의 자리에 마을 민주 공화국이 들어선다」에서 언급한 바와 같이, 『주역』의 해설에 주력한 공자는 건乾·곤坤을 유위有爲(공자는 건乾을 곤坤보다 높이 본다)로 바라보고 『귀장』역에 주목한 노자는 건乾·곤坤을 무위無爲로 해석한다(노자는 건乾보다 곤坤을 중요시한다). 공자는 『역易』을 유위적有爲的으로 해석하여 강건한 건乾괘를 높이 세운 반면에 노자는 『역易』을 무위적無爲的으로 해석하여 곤坤괘를 높이 세운다. 공자는 유위有爲의 철학(유위적有爲的인 극기복례克己復禮)을 설파했고 노자는 무위無爲의 철학(무위적無爲的인 소국과민小國寡民)을 정립했다. 『주역』의 원·형·리·정元·亨·利·貞을, 공자(유학)의 유위철학有爲哲學에 따라 정치공동체를 내오면 주(周)나라가 나올 뿐 '소국과민小國寡民의 속屬' 마을이 나오지 않는다. 주나라는 중국 고대의 거대국가이므로 마을 민주 공화국의 논의와 멀리 떨어져 있다.

공자가 보기에 유위적有爲的인 극기복례克己復禮의 표상인 '주周'나라는 정명正名이 가장 잘 발현되는 '정명正名 국가'이다. '주周'는 '유위有爲·유명有名·정명正名 국가'이다. 이와 달리 공자의 유위有爲-정명正名에 맞서는 노자의 소국과민小國寡民-속屬은 무위적無爲的인 이름이므로 無名이다. 봉건제 국가인 '주周'가 '유위有爲-정명正名 국가'인데 반하여, 소국과민小國寡民-속屬은 '무위無爲-무명無名 마을 민주 공화국'을 대변한다.

그런데 동양의 집권세력(임금·신하)은 '주周'를 이상적인 목표로 삼는 유위有爲-정명正名 국가의 운영에 관심이 있었을 뿐 소국과민小

國寡民-속屬의 '무위無爲-무명無名 공동체(필자의 마을 민주 공화국 포함)'는 거들떠보지도 않았다.

조선시대의 집권세력 역시 성리학적인 유위有爲-정명正名 국가의 표본인 '주周'를 모델로 여겼으나 실제로는 '주周'와 동떨어진 '서인(西人)-노론(老論) 왕국'을 형성했다. 서인-노론 왕국의 모순이 일제日帝의 침략을 불러들였고, 분단된 한반도의 먼 원인[遠因]을 제공했다.[13] 더 나아가 '헬조선'의 원초적인 뿌리를 이루고 있다.

'박근혜 국가(박근혜가 이끌었던 국가)'의 모순을 집약한 '헬조선'의 뿌리를 캐 올라가면 조선시대의 실패한 '유위有爲-정명正名 국가'가 등장한다. '헬조선 박근혜 국가'의 원조元祖인 '헬조선 유위有爲-정명正名 국가'를 지양하지 않고서는 마을 민주 공화국은커녕 한반도 통일도 이룰 수 없다. '헬조선 유위有爲-정명正名 국가의 지양'이라는 문명사적인 전환 노력 없이 한반도 통일도 마을 민주 공화국도 무망無望이다.

'헬조선 유위有爲-정명正名 국가의 지양'이라는 문명사적인 전환을 통하여 '무위無爲-무명無名 마을 민주 공화국'으로 나아갈 수 있는데, 현실은 가시밭길이다.[14] 박근혜 국가의 헬조선 현상 자체가 '역사적

13) 서인(西人)-노론(老論)이 조선의 정치를 장악한 뒤 사회적 갈등·계급갈등이 누적되어 민중봉기(동학 농민전쟁 등)가 발생했고, 일본 등의 외세의 힘을 빌려 민중봉기를 진압하려는 서인-노론 집권층과 일제의 제휴에 의해 한일합병이 이루어졌으며, 1945년 해방정국의 미 군정 아래에서 서인-노론의 아류들이 帝國(미국 등)의 분할통치 전략에 놀아나 분단이 초래된 과정(광해 임금의 중립외교→인조반정→정묘호란→병자호란→19세기의 민란→신미양요→갑오농민전쟁→의병 전쟁→한일합병조약→日帝 지배→日帝의 패망과 민족해방→미 군정→한국전쟁→정전협정 체결→분단체제 성립의 과정)을 설명한 필자의 글(<김승국,『한반도 중립화 통일의 길』(파주, 한국학술정보, 2010), 100~175쪽>을 참고할 것.

14) 국가와 인연이 되어 <국가와의 연기(緣起) 속에서> 이루어진 고해(苦海)를 건너지 않고는 '무위(無爲)-무명(無名) 마을 민주 공화국'에 진입할 수 없으므로 가시밭길

인 고苦'이다. 불교의 핵심개념인 '고苦'가 무명無明을 낳으므로, 박근혜 국가를 '무명無明 헬조선'라고 불러도 무방하리라.

無明과 無名의 관계

'실패한 유위有爲-정명正名 국가'인 조선왕조를 원조(元祖)로 삼는 '박근혜 무명無明 헬조선'에서 '무위無爲-무명無名 공동체(필자의 마을 민주 공화국 포함)'로 이행하는 문명사적 전환이 요망되지만, 이는 오랜 세월 동안 만민이 노력해도 될까 말까 한 아주 어려운 역사적인 작업이다.

필자는 이 역사적인 작업의 실마리를 '12개(Dx 1~Dx 12)의 마을 민주 공화국 맹아마을'에서 찾고 있는데, 12개 중에서 중요한 것이 Dx 2(소국과민小國寡民-속屬)와 Dx 6(평화보살 마을)이다.

소국과민小國寡民-속屬에 관하여 앞에서 기술했으므로, 여기에서는 Dx 6(평화보살 마을)을 무명無明-사성제四聖諦와 연관시켜 설명한다.

Dx 6에 관한 글인 「마을 민주 공화국과 불교」에서 기술하는 바와 같이, 마을民이 '평화보살(평화·평화통일을 서원誓願·실천하는 보살)이라는 인간존재로서 상구보리(上求菩提)·하화중생(下化衆生)하며 이룬 해탈 마을'이 부처님 마음에 드는 마을 민주 공화국인 듯하다.

이러한 '평화보살 중심의 無名 마을 민주 공화국'을 이루기 위해 '박근혜 無明 헬조선'을 극복해야 하는데, 이 과제의 해결방안을 불

이라는 말이다.

교 안에서 사성제(四聖諦)를 통해 찾는다.

사성제(四聖諦)

사성제(四聖諦, 산스크리트어: Āryasatya) 또는 사제(四諦)는 『아함경(阿含經)』에 나오는 원시 불교 가르침으로 불교 기본 교의 가운데 하나이다. "제(諦·Satya)"는 진리 또는 깨우침을 뜻한다. 사성제는 "네 가지 높은 깨우침(Ārya: 높은, Satya: 깨우침)" 또는 "네 가지 고귀한 진리(Four Noble Truths)"라는 뜻인데, 고제(苦諦)·집제(集諦)·멸제(滅諦)·도제(道諦)의 4가지 진리 또는 깨우침을 의미한다. 흔히 이 네 가지를 간단히 고집멸도(苦集滅道)라고 부른다.

고집멸도(苦集滅道)는 집과 고라는 연기하는 항목과 도와 멸이라는 연기(緣起)하는 항목을 합하여 나란히 늘어놨다. 여기에서 집은 고의 원인 또는 인연이 되며, 도는 멸의 원인 또는 인연이 된다. 고집멸도는 고통의 원인이 집착 또는 갈애이며 고통을 소멸시키는 원인 또는 수단이 도라는 연기관계를 밝힌 것이다(출처=위키백과).

사성제의 핵심인 고집멸도(苦集滅道)는 苦·集·滅·道로 이루어져 있다. 苦·集·滅·道를 본 논의와 연결시키면, 고苦는 '박근혜 헬조선 국가'현상을 말하고 집集은 '박근혜 헬조선 국가'현상의 원인이다.

'박근혜 헬조선 국가'현상의 원인을 에워싼 논란의 대부분은, 앞부분의 '박근혜 헬조선(박근혜 때문에 발생한 헬조선 현상)'에 관심을 보일 뿐 뒷부분의 '국가(근대 자본제 국가)'와의 연기(緣起)에 대한 관심이 부족한 것 같다.[15] 불교계 인사들도 '박근혜 헬조선'의 분석에 그칠 뿐 박근혜 국가(근대 자본제 국가)와의 연기緣起 속에서 헬조선 현상이 발생한 심처(深處)에 이르지 못한다. 이는 '권력 · 국가권력이 고苦의 원인'이라는 분석에 소홀한 불교의 개인윤리 지향성 때문인 듯하다.

국가권력을 고苦의 원인으로 보는 경우가 많지 않지만, 청(淸)나라 순치(順治) 황제의 아래와 같은 출가시(出家詩)는 훌륭한 사례이다.

곳곳이 수행처요, 쌓인 것이 밥이거늘	天下叢林飯似山
어데 간들 밥 세 그릇 걱정하랴!	鉢盂到處任君餐
황금 백옥이 귀한 줄 아지 마소	黃金白璧非爲貴
가사 얻어 입기 무엇보다 어려워라.	惟有袈裟被最難
내 비록 산하대지의 주인이련만	朕乃大地山河主
나라와 백성 걱정하는 마음 더욱 시끄러워	憂國憂民事轉煩
백년 삼만육천 날이	百年三萬六千日
승가에 한나절 쉼만 못하네	不及僧家半日閒
부질없는 한순간의 잘못으로	悔恨當初一念差
붉은 가사 벗고 누른 곤룡포 입었네	黃袍換却紫袈裟
내 본디 서천축(西天竺) 스님인데	我本西方一衲子
어찌하여 제왕의 길로 들어섰나?	緣何流落帝王家
태어나기 전 그 무엇이 내 몸이며	未生之前誰是我
태어난 뒤 내가 과연 뉘이런가	我生之後我是誰
자라나 사람노릇 잠깐 동안 내라더니	長大成人纔是我
눈 한번 감은 뒤 또한 뉘이런가	合眼朦朧又是誰
백년의 세상일은 하룻밤의 꿈속이요	百年世事三更夢
만 리의 이 강산은 한 판 바둑 둠이라	萬里江山一局碁
우임금 구주를 나누고 탕임금 걸주를 치며	禹疏九州湯伐桀
진은 여섯 나라를 삼키고 한은 기틀을 마련했네	秦呑六國漢登基

15) 연기론(緣起論)을 강조하는 불교는 국가 · 국가폭력으로 고난 받는 민중의 삶에 대한 관심이 적다.

자손들은 제 스스로 제 살 복을 타고났으니	兒孫自有兒孫福
자손들을 위한다고 마소 노릇 그만하소	不爲兒孫作馬牛
예로부터 많고 적은 영웅들아	古來多少英雄漢
푸른 산 저문 날에 한 줌 흙이로다	南北東西臥土泥
올 적엔 기쁘다고 갈 적엔 슬프다고	來時歡喜去時悲
속없이 인간에 와 한 바퀴를 돌단 말가	空在人間走一回
애당초 오지 않으면 갈 길조차 없으리니	不如不來亦不去
기쁨이 없었는데 슬픔인들 있을쏜가	也無歡喜也無悲
나날이 한가로움 내 스스로 알 것이라	每日清閑自己知
이 풍진 세상 속에 온갖 고통 여일세라	紅塵世界苦相離
입으로 맛들임은 시원한 선열미(禪悅味)요	口中吃的清和味
몸 위에 입은 것은 누더기 한 벌 원이로다	身上願被白衲衣
오호(五湖)와 사해(四海)에서 자유로운 손님 되어	四海五湖爲上客
부처님 도량 안에 마음대로 노닐세라	逍遙佛殿任君棲
세속을 떠나는 일 하기 쉽다 말을 마소	莫道出家容易得
숙세(宿世)에 쌓아놓은 선근(善根) 없이 아니 되네	昔年累代重根基
왕으로 산 十八년 자유라곤 없었노라	十八年來不自由
뫼들에서 크게 싸워 몇 번이나 쉬었던가	山河大戰幾時休
내 이제 그만두고 산속으로 돌아가니	我今撤手歸山去
천만 가지 근심걱정 나하곤 무관하네	那管千愁與萬愁

위의 출가시(出家詩)가 말해주듯이 황제가 스님이 되는 것도 극적(劇的)이지만, 출가시의 내용은 더욱 극적劇的이다. 자신이 다스린 국가가 업業임을 깨달은 순치 황제의 고백이 범부의 출가보다 훨씬 절절한 감동을 준다. 세속에서 초호화 생활을 했던 순치 황제도 '국가 業'을 끊고 입산(入山)했는데, 범부인 우리들이 '국가 業'을 끊고 無名의 마을民이 되는 일은 누워 떡 먹기 아닌가? (황제의 지위까지는

올라가지 못했지만 임금 자리를 물려받을 수 있는 왕자의 지위를 버리고 고행길에 나선) 석가모니 역시 '국가 業'을 단절하는 가운데 출가하지 않았나 추정한다.

순치 황제의 출가시 중에서 아래의 부분이 눈에 띈다;

부질없는 한순간의 잘못으로	悔恨當初一念差
붉은 가사 벗고 누른 곤룡포 입었네	黃袍換却紫袈裟
왕으로 산 十八년 자유라곤 없었노라	十八年來不自由
뫼들에서 크게 싸워 몇 번이나 쉬었던가	山河大戰幾時休
내 이제 그만두고 산속으로 돌아가니	我今撤手歸山去
천만 가지 근심걱정 나하곤 무관하네	那管千愁與萬愁

위의 내용은, 여러 출가시 중에서도 전쟁·평화와 관련되어 보기 드문 문구이다.

"한순간의 잘못으로 임금이 되어 나라를 위한다는 명분에 따라 18년 동안 수없이 많은 사람들을 죽이며 전쟁을 치르느라 쉴 틈이 없었는데 이제 모든 근심 걱정을 버리고 산속으로 들어가 스님이 되려 한다"는 뜻이다. 전쟁터에서 살다시피 한 임금 스스로 자유를 느끼지 못해 평화를 상실했다는 실존적인 회한이 드러난다.

여기에서 국가(청나라)를 위한다는 명분에 따라 살인을 일삼은 순치 황제의 정복전쟁으로 많은 사람이 죽은 것이 바로 '국가 業(국가를 위해 살인한 순치 황제와 죽임을 당한 자의 연기緣起)'이다. 어쨌든 끔찍한 살인행위에 대하여 뒤늦게나마 반성하며 '국가 業'을 단절하기 위해 절간에 들어간 순치 황제의 결단은 높이 살 만하다.

'한순간의 잘못으로 임금이 되어 나라를 위한다는 명분에 따라 18

년 동안 수없이 많은 사람들을 죽이며 전쟁을 치르느라 쉴 틈이 없었는데 이제 모든 근심 걱정을 버리고 산속으로 들어가 스님이 되려 한다'는 순치 황제의 출가시에 '(고해苦海 같은) 국가와의 연기緣起'가 묻어나온다.

적어도 이 출가시 정도의 고백이 있어야 집제(集諦)가 성립되며, 집제가 있어야 멸제(滅諦)·도제(道諦)로 나아갈 수 있다. 그런데 현행의 근대 자본제 국가들 대부분은 멸제(滅諦)를 제시하기는커녕 헬조선 현상을 가중시키거나 사회의 균열을 유도한[16] 탓에 민중들로부터 고립되어 있다.

민중들로부터 고립되는 현상이 심해지면 박근혜 국가처럼 붕괴(박근혜의 탄핵에 의한 박근혜 정부 붕괴)를 모면하기 어렵게 되므로, 근대 자본제 국가 이후(Post 근대 자본제 국가)의 대안-도제(道諦)를 내놓아야 한다. 이와 관련하여 여러 논객들이 대안-도제(道諦)에 접근하려고 노력 중인데, 필자는 마을 민주 공화국이라는 길(道)-道諦를 선택했다.

위의 道-道諦와 관련하여 본 논문에서 공자의 정명正命과 노자·장자의 무명無名을 대비했는데, 박근혜 헬조선 국가의 원인과 관련하

16) 세월호가 가라앉은 당시, 그리고 그 이후 "이건 나라도 아니다"라는 말을 쉽게 들을 수 있었던 건, 국민들이 진도에서 철저히 무능력한 국가를 보았기 때문이다. …… 이렇게 진도 안만 보면 국가가 실패한 것으로 보이지만 이것은 위험한 착각이다. 진도 바깥에서 한국이라는 국가는 역설적으로 너무 잘 굴러갔다. 생명을 살리고 사회를 활성화해 통치하기를 바라는 그런 국가는 애당초 한국에 없다. 대신 다른 성격의 국가가 있다. 그것은 '사회를 해체하는 국가'이다. 이 국가를 보려면 진도를 보면 안 된다. 국가는 진도에서 작동하는 게 아니라 진도 바깥에서 작동한다. 진도 바깥의 상황을 다시 떠올려보라. 그러면 필사적으로 사회가 활성화되는 것을 막는 권력을, 너무나 체계적이고 너무나 조직적으로 사회가 활성화되는 것을 막는 권력을 확인하게 될 것이다. <엄기호, 『나는 세상을 리셋하고 싶습니다』 88~89쪽>

여 법가(法家)의 형명(形名)이 더욱 큰 문제이다.

박근혜 일당의 국정농단 · 블랙리스트는 일그러진 법가적法家的 형명形名에 의한 것이다. 특히 '검찰 공화국'을 방조한 박근혜 국가권력이 일그러진 법가적法家的 형명形名을 통해 '검찰에 의한 공안정국'을 이루어 민주주의를 형해화시킨 점이 헬조선의 근원이다.

이러한 현상을 일찍이 우려한 노자 · 장자의 법가적法家的 형명形名에 대한 비판[17]을 다시금 되새겨야 할 것 같다.

17) 도가[노자 · 장자]는 유가의 정명(正名)론 뿐만 아니라 법가 계통의 형명(形名)론에 대해서도 비판한다. 양자[유가 · 법가]는 모두 도가의 무위(無爲)에 대비되는 유위(有爲)의 논리이기 때문이다. 특히 『장자(莊子)』「천도(天道)」에 보면, "禮法度數, 形名比詳, 治之末也"라 하여 정명과 함께 형명을 비판하고 있으며, "形名者, 古人有之, 而非所以先也"라 하여 오히려 형명론에 대한 비판이 주류를 이루고 있다. <윤무학, 「竹簡本『老子』에서의 無名論」, 『동양철학연구』 제40집(2004.12.), 310쪽>

위와 같이 '예와 법을 정하고[禮法度數] 제도를 세우고 형체(실제)와 명칭(명분)을 생각해서 (관리의 직무를) 이것저것 엄격하게 조사하여 평가하는 일[形名比詳]'은 옛사람 중에서도 있었으나[形名者, 古人有之] 이것은 아랫사람이 윗사람을 섬기기 위한 것이지 윗사람이 아랫사람을 잘살게 해주는 것은 아니었다[而非所以先也]. <왕멍 지음, 허유영 옮김, 『왕멍의 쾌활한 장자 읽기』(파주: 들녘, 2013), 214쪽>
위는 법가에 대한 비판이다. 용속한 사람들의 비루한 정치, 입으로만 하는 정치, 천박한 정치에 대한 조롱이기도 하다. <왕멍 지음, 허유영 옮김, 『왕멍의 쾌활한 장자 읽기』 (파주, 들녘, 2013), 215쪽>
형명법술(刑名法術)과 상벌을 말하는 자는 다스림의 수단은 알지만 다스림의 도(道)는 모르는 자들이다(驟而語形名 賞罰 此有知治之具 非知治之道)(『장자(莊子)』「천도(天道)」).

유명(有名) · 유언(有言)의 정치를 행한다는 점은 법가도 마찬가지이다. "법령이 잘 드러나면 드러날수록 도둑과 강도가 많이 생기게 된다"(『도덕경』 57장). 이 역설적 표현은 법령을 최고의 통치방법으로 삼는 법가에 대한 신랄한 비판이다. 법가는 법령을 정비함으로써 그를 통해 백성들을 통치하려고 한다. 그러나 역설적이게도 법령을 세밀하게 갖추면 갖출수록 범법자들은 거기에 대응하여 더욱 교묘하게 범법행위를 하게 된다. 더욱이 지켜야 할 법령들을 많이 만들면 만들수록 거기에 저촉되는 행위를 하는 사람들이 많아지게 된다. 유가는 인간이 지켜야 할 규범, 특히 윤리 · 도덕적 규범을, 법가는 법령을 세세하게 규정한다. 만물에 대해 이름을 붙이는 인간의 행위로 인해 만물들이 각자 자신들의 이름을 갖게 되는 것처럼, 각종 규범을 제정하는 인간의 행위로 인해 각가지 규범들이 생겨난다. 이러한 의미에서 만물의 이름과 갖가지 규범은 서로 통한다. 전자가 후자의 존재론적

종합하면 법가적法家的 형명形名도 (공자의 정명正名사상을 왜곡한) '헬조선 유위有爲-정명正名 국가'도 道-道諦가 될 수 없으므로, 남아 있는 '무위無爲-무명無名 공동체(필자의 마을 민주 공화국 포함)'에로의 이행을 길(道)잡이로 삼아 문명사적인 전환을 시도해야 한다. 조금 좁혀 이야기하면 '無明 헬조선'에서 '無名 마을 민주 공화국'으로의 이행을 길(道)잡이로 삼아 문명사적인 전환에 나서야 한다.

無名 마을民

無明 헬조선을 벗어나 無名 마을 민주 공화국으로 나아가려면, 마을 民(마을 민주 공화국의 주권자) 스스로 無名의 삶을 살아야 한다. 無名의 삶을 살 때, 첫 번째 부닥치는 난관이 '호명하는 국가권력에 어떻게 대응하는가'이다.

1) 호명하는 국가권력

내가 태어나자마자 국가 기관에 출생신고를 하면 법적인 이름[國民名]을 받는데, 그때부터 국가는 나를 호명(呼名)하기 시작한다. 내 이름인 '김승국'을 부르기 시작한다. 이름 부르기도 귀찮은 듯, 상품

기반인 것이다. 따라서 규범정치에 대한 비판은 바로 유명(有名)의 정치에 대한 비판이다. 또 규범을 제정하는 것이나 그것을 따르도록 설득하고 교육시키는 행위는 모두 언어를 통해서 이루어진다는 점에서, 유가나 법가의 통치방법은 언어적이다. 『도덕경』은 이러한 유언(有言)정치를 비판하고 있는 것이다. 이처럼 정치론적 측면에서 볼 때, 무명(無名)과 유명(有名), 불언(不言)과 유언(有言)은 상호 대립적이다. 그런데 유명(有名)의 정치는 인간의 언어적 행위에 의해 성립된다는 점에서 인위정치, 유위정치이고, 무명의 정치는 인간의 언어적 행위를 거부한다는 점에서 인위적이지 않은 정치, 즉 무위정치이다. <오상무, 「『老子』의 有, 無, 道의 관계 再論」, 『동서철학연구』 제36호(2005.6.), 255쪽>

코드나 자동차 번호처럼 주민등록번호(520626-1051112)를 내 신체에 매기며 이름 대신 주민등록 번호로 호명한다. 나의 인격이, 국가가 정해준 번호로 규격화된다. 드디어 20세 무렵에 이르러 힘을 쓸 만한 나이가 되면 국방의 의무를 다하라며 입영통지서를 보낸다. 제대한 뒤 취직하여 돈을 벌 만하면 또다시 내 이름을 부르며 납세 통지서가 날아온다. '국민의 4대 의무' 운운하며 내 이름을 계속 불러댄다. 너무나 자주 내 이름을 불러대니 호명하는 국가권력에 대하여 짜증이 난다. 국가가 나에게 덮어씌운 나의 국민명 '김승국'을 반납하고 싶다. 국민명(國民名)이 없는 무명인(無名人)으로 살고 싶어진다.

2) 無名人으로 살고 싶다

국가가 법적으로 부여한 이름[國民名]을 반납하고 無名으로 돌아가는 행위는, 스스로 새로운 이름을 짓기 위한 첫걸음이다. 근대 자본제 국가(가라타니 고진의 교환양식에서 B+C)가 부여한 국민명 · 국민코드(주민등록 번호)를 반납하고 無名으로 돌아가는 일은, <마을 민주 공화국의 맹아마을(Dx 1~Dx 12)이라는 새로운 세계에서> 마을民으로 살면서 새로운 이름을 짓겠다는 것이다.

3) '국가 業'에서 벗어나야

아직 마을 민주 공화국의 맹아마을(Dx 1~Dx 12)이라는 새로운 세계가 열려 있지 않기 때문에, 예행연습으로 '국가 業'에서 벗어나는 훈련을 거듭해야 한다.

'국가 業'이란 국가와 관련된 業, 국가와의 연기(緣起) 속에서 생긴 業이다. 국가가 나를 호명하는 일도 습관이 되면, '국가 없이는 못 살 것 같은 감정'이 계속 누적되어 '국가 관련 업장(業障)'이 두껍게 쌓인다. 나를 호명하는 국가가 관념화되고 '국가'라는 業이 훈습(薰習)되어 나의 뇌리를 떠나지 않으면, 내 스스로 국가의 신민(臣民; subject)임을 자처하게 된다. 심하면 '국가 중독증'이 된다.

그런데 '국가 중독증'이 되어가는 경향과 반비례로 (중독증을 일으킨) 국가는 신뢰집단에서 멀어지고[18] 거짓말 공화국[19]이 된다(박근혜 국가처럼). 이러한 엇박자를 깨기 위해 '헬조선(무명無明 헬조선 박근혜 국가)'을 향하여 "이게 나라냐! 헬조선이여, 내 이름을 부르지 마라! 나를 호명하지 말라!"고 성토하며 겨우 얻어낸 것이 박근혜의 탄핵이다(박근혜가 탄핵되었음에도 박근혜 체제의 유제는 남아 있다).[20]

이러한 엇박자를 단숨에 끊는 결단이 없으면 국가 業에서 해탈되어 마을民 되는 연습을 하기 어렵다. 그런데 단숨에 끊는 결단을 보인 인물이 있는데 『장자莊子』 「소요유逍遙遊」편의 허유(許由)가 당사자이다.

---

18) 2007년 10월에 서울대 사회발전연구소가 동아일보와 함께 실시한 '한국 사회기관 및 단체에 대한 신뢰도' 조사 결과에 따르면 정당 2.9%, 국회 3.2%, 행정부 8.0%, 사법부 10.1%의 신뢰도를 나타냈다. 만약 동일한 조사를 박근혜 탄핵정국에서 실시했다면 이보다 훨씬 낮은 신뢰도를 나타내 국가(박근혜 국가)의 존재의미가 거의 없음이 드러났을 것이다.

19) 김누리, 「거짓의 시대」, 『경향신문』(2017.2.17.).

20) 필자가 박근혜 국가를 지양의 대상으로 보는 태도는, 국가 사멸론(死滅論)-국가 해체론(解體論)-무정부주의(anarchism)에 따른 것이 아니다. 필자는 박근혜 국가를 횡단(橫斷)하여 마을 민주 공화국으로 진입하자는 '메타(meta) 국가'론을 펼친다. '국가 業'이 쌓인 국민이 많기 때문에 국가를 단숨에 없애는 국가 해체론은 무모하기조차 하므로, 국가를 초월(meta)하여 새로운 세상(마을 민주 공화국)을 지향하자는 것이 필자의 논지이다. 이러한 의미에서 필자는 무정부주의자(anarchist)가 아니다.

「소요유逍遙遊」편에서 보다시피 요(堯) 임금이 허유에게 천하를 물려주려 하자, 허유는 사양하면서 다음과 같이 말한다. “당신이 천하를 다스려 천하는 이미 안정되었습니다. 따라서 내가 당신을 대신한다면 명예를 위하는 것이 됩니다. 명名이란 실實의 손님[賓]입니다. 내가 ‘손님’이 되어 천하를 맡아야 하겠습니까?”

국가 業에 훈습된 보통 사람에게 성인聖人인 요堯 임금이 천하(왕위)를 물려주겠다면 덥석 받아 안는데 허유는 단칼에 거부하며 ‘명名’을 거론한다. 요堯 임금의 명실상부(名實相符)하지 않은 통치방식에 불만을 품고 “명名이란 실實의 손님[賓]입니다. 내가 ‘손님’이 되어 천하를 맡아야 하겠습니까?”라고 반박한다. (정명正名을 앞세우는 공자의 표상인) 堯 임금의 유위有爲-정명正名 국가가 허유의 마음에 들지 않았던 것 같다. 여기에서 허유 이야기를 꺼낸 장자의 의도가 중요한데 허유를 빙자하여 유가(공자)의 正名 국가가 아닌 無名 공동체(필자의 마을 민주 공화국 포함)를 드러내려 한 듯하다.

이러한 장자의 의도를 헤아려 正名 국가를 지양한 無名의 마을 민주 공화국으로 나아가는 연습을 하는 마을民 되기가 중요하지 않을까? 正名 국가와 너무나 동떨어진 ‘無明 헬조선 국가’를 타파하여 無名의 마을 민주 공화국으로 진입하는 것은 역사적인 임무이지 않을까? 허유가 요堯 임금의 통치방식에 불만을 품듯 근대 자본제 국가의 통치 방식에 불만을 갖고 이를 지양하려고 애쓰는 無名 마을民이 많아야 마을 민주 공화국의 출범이 앞당겨지지 않을까?

참사람 중심의 眞人鄕-마을 민주 공화국

Dx 3 마을;『莊子』의 '眞人'-眞人鄕(眞人村)

장자는 노자의 사상을 계승하므로, 노자의 '소국과민小國寡民'과 소국과민 마을 공동체인 속(屬)에 관하여 노자와 동일한 관점을 드러낸다.

① 노자『도덕경』80장의 '소국과민小國寡民'과 유사한『장자莊子』「거협胠篋」편

그대는 덕이 지극했던 옛날을 모르는가?	子獨不知至德之世乎昔者
용성씨, 대정씨, 백황씨, 중앙씨	容成氏 大庭氏 伯皇氏 中央氏
율육씨, 여축씨, 헌원씨, 혁서씨	栗陸氏 驪畜氏 軒轅氏 赫胥氏
준노씨, 축융씨, 복희씨, 신농씨 때는	尊盧氏 祝融氏 伏羲氏 神農氏
사람들은 새끼를 맺어 의사소통을 했지만	當是時也 民結繩而用之
그들의 음식을 달게 먹었고, 그들의 의복을 아름답다고 했고	甘其食 美其服
그들의 풍속을 즐거워했고 그들의 거처를 편안하다고 했다	樂其俗 安其居
이웃나라는 서로 바라보고 개와 닭울음소리를 서로 듣는다	隣國相望 鷄狗之音相聞

그러나 사람들은 늙어 죽을 때까지 서로 왕래하지 않았다	民至老死 而不相往來
이 시대야말로 지극한 다스림이 이루어진 것이다	若此之時 則至治已

② 노자『도덕경』19장의 '屬(令有所屬)'과 유사한『장자』「마제馬蹄」편

민중에게는 변하지 않는 성품이 있다	彼民有常性
배 짜서 입고 밭 갈아먹는 것을 대동大同의	織而衣 耕而食
덕이라고 말한다	是謂 同德
대동大同사회는 만물일체이지만 개인이 공동체에 묶이는 소외疏外가 없으니	一而不黨
이를 일러 자연의 해방(天放)이라고 말한다	名曰 天放
이처럼 덕이 지극했던 시대에는	故至德之世
행실이 순박하고 생활이 한결같았고	其行塡塡 其視顚顚
산에는 길이 없었고 못에는 배와 다리도	當是時也 山無蹊隧
없었고	澤無舟梁
만물이 무리지어 자랐으며	萬物群生
마을은 공동체인 屬으로 결집하여 살았다	**連屬其鄉**

그렇다면 "연속기향連屬其鄉(소국과민小國寡民-속屬)의 주체는 누구일까? 소국과민小國寡民-속屬을 정신적으로 이끌어갈 가장 모범적인 인간유형을 무엇이라고 표현해야 할까?"

이 질문의 대답을 장자의 '진인(眞人)'에서 찾으면 좋을 듯하다.[21]

21) 장자의 진인(眞人)을 '소국과민(小國寡民)-속(屬)'에 국한하여 좁히면 '진인(眞人)'을 철학적·종교적으로 해석할 때 드러나는 진면목을 볼 수 없게 되지만, 이 글의 논의범위를 벗어나지 않는 한도 안에서 '소국과민(小國寡民)-속(屬)'과 진인(眞人)

> 장자莊子는 요순 이전의 사회를 무치無治·무성인無聖人·무군주無君主 사회라고 찬양한다(『장자』「변무騈拇」). 『장자』「재유在宥」편에서 요순堯舜보다 앞선 황제黃帝시대부터 인의仁義의 시대로 규정했다. 장자는 공묵孔墨이 모두 존숭하는 요순堯舜을 부정한다. 장자는 부족국가시대인 황제黃帝 헌원씨 이전의 복희씨·신농씨 등의 원시공산사회를 동경한다. 인간이 문명과 사회 이전의 자연으로 돌아가 시비·선악·미추도 모르고, 생산도 소유도 없는, 칡을 캐 먹고 과일을 따 먹고 새알을 훔쳐 먹고 짐승들과 어울려 살아가는 국가가 생기기 이전의 씨족사회 내지 부족사회의 원시공산사회를 그리워한 것이다.[22]

<국가 이전 원시공산사회의 '연속기향連屬其鄉(소국과민小國寡民-속屬)'을 갈망하는> 장자의 '무치無治·무성인無聖人·무군주無君主 지향적 참인간'을, '진인眞人'이라고 불러도 큰 문제가 없을 듯하다.

장자의 진인眞人은 구조적 폭력이 난무하는 춘추전국시대에 천하가 태평하게 되도록 노력하는 평화 담지자로서, 마태복음 5장 9절에서 예수가 강조한 '평화를 창출하는 자(Peacemaker)'와 유사한 존재라고 해석해도 될 듯하다.

『장자』「재유在宥」편의 '今世殊死者相枕也, 桁楊者相推也, 刑戮者相望也, 而儒, 墨乃始離跂攘臂乎桎梏之間. 意! 甚矣哉! 其無愧而不知恥也甚矣! 吾未知聖知之不為桁楊椄槢也, 仁義之不為桎梏, 鑿枘也, 焉知, 曾史之不為桀, 跖嚆矢也! 故曰 絕聖棄知而天下大治'는, 목 잘린 시체가 서로 베고 누웠고 차꼬를 쓴 죄인들이 서로 밀치며 형벌로 죽은 자들이 서로 원망하는(今世殊死者相枕也, 桁楊者相推也, 刑戮

의 관련성을 유추해석 하고자 한다.

22) 기세춘, 『오늘날 우리는 왜 묵자를 호출해야 하는가?』(2016년 경향시민대학 가을학기 강의록), 178·180쪽.

者相望也) 말세를 극적으로 드러낸다.

말세의 처방전을 제시한 장자는, '걸주와 도척의 효시인 유가들이 앞세우는 군왕을 없애고 유학의 지혜를 버려야만[絶聖棄知] 천하가 태평할 것이라(曾史之不為桀, 跖嚆矢也! 故曰 絕聖棄知而天下大治)' 고 말하면서 천하를 태평하게 만들 참사람을 찾는다.

절성기지絶聖棄知를 통해 천하를 태평하게 만들 참사람(참인간)-평화 창출자(Peacemaker)가 장자의 진인眞人이고, '진인眞人들이 노장자老莊子의 소국과민小國寡民-속屬에 어울리게 형성할 공동체'를 '진인향眞人鄕(진인촌眞人村)'이라고 이름 붙일 수 있겠다. 진인향眞人鄕들이 모여 '참사람 중심의 마을 민주 공화국'을 이룰 수 있다.

그러면 진인향眞人鄕의 참사람(참인간)-평화 창출자인 '진인眞人'에 관한 전문가들의 견해를 아래와 같이 소개한다.

> '참인간'은 장자가 말한 '진인眞人'을 우리말로 푼 명칭이다. 장자는 자신이 생각하는 이상적인 인간형을 다양한 이름-지인至人·신인神人·성인聖人·진인眞人 등-으로 부른다.
> 장자가 보기에 '참인간'은 세계를 여실하게 보아내는 사람인 셈이다. 이를 통해 그는 새로운 차원으로 변화할 수 있게 되고, 그렇게 변했을 때 그의 눈에 비친 세계는 이전과는 전혀 다른 세계가 된다. 그러한 의미에서 '진인眞人'은 작금의 현실 세계가 아닌 다른 세계의 인간이 된다.
> 『장자』의 '참인간'은 유가에서 말하는 성인聖人과 달리 '스스로 깨달은 자'이다. '진인眞人'을 이상으로 하는 자에게는 믿고 의지하고 따라야 할 미리 주어진 이상적인 인물[유가의 성인聖人]이 없으며, 절대적으로 수행해야 할 말씀도 따로 없다. 그 스스로가 이상적인 인물이 될(化) 뿐이다. 이것이 장자가 말하는 '참인간'의 의미이다.[23]

23) 백승도, 「『장자』에서의 진인의 담론방식 연구」(연세대학교 박사학위 논문, 2005),

장자에게서 참인간은 바로 소요하는 인간이다. 참인간은 세계의 작동 시스템이나 활동성의 흐름을 그대로 받아들여 그것과 함께 움직이면서, 자신을 무한 확장할 수 있는 사람이다.[24)]

장자는 『장자』 「대종사」에 등장하는 '진인眞人'을 통하여 '무위자연(無爲自然)'을 전하고 있다. 진인은 참사람으로서 『장자』에서 지인(至人)이나 신인(神人)과 대체로 동의어로 사용된다.

진인은 자연을 인식하고 자연의 도리를 따르는 법도를 실천하는 초인적 인간형으로 볼 수 있다. 세속의 인간적 개념을 초월한 진인은 자연의 철학적 순리를 품고 있는 무위(無爲)의 경지에 오른 참사람이다.

장자는 그가 고뇌하며 체득한 자연의 도리道理를 진인을 통하여 세상에 알리고 있다. 처음에는 인간사회의 가장 모범적인 인물로 의인화하여 부각시키는 한편, 점차적으로 성인, 지인, 신인의 역할적 개념을 도입하여 거의 종교적 신의 지위같이 우상화한다.

진인은 하늘의 자연과 세속의 인간을 하나로 섞어서 이기고 지는 다툼을 없애고, 자연 속에서 같이 동화되어 홍취를 체득하는 경지에 오르게 하는 것이다. 이를 진인으로 부른다.

진인은 '자기를 비우고 고루 평평하게 하여 이에 [각각의 이견異見에 의하여] 무리를 지어 한쪽으로 치우치게 하지 않는다.' 즉, 자신의 욕망・욕구를 버리고 그 마음을 텅 비운 다음, 세속의 외물에 억지로 엮이지 않는 자연의 변화를 따른다. 비록 대대로 (자연의) 움직임에 응하여 만물은 (인위적) 틀은 피하고, (자연적) 교접이 반복되더라도 항상 진인은 덕(德-인의예지仁義禮智의 사덕四德이 아님)을 베푼다.[25)]

61~62쪽.

24) 최진석, 「衝突하는 세계 속의 創造的인간: 莊子의 '참인간'(眞人)」, 『동서인문』(경북대학교 인문 학술원) 5호(2016.4.), 161쪽.

25) 반승현, 「莊子가 眞人을 통하여 밝힌 自然과 眞人觀에 따른 人間觀」, 『哲學硏究(대한철학회 논문집)』 제137집(2016.2.)의 중요부분 요약.

兼愛村(겸애촌)

Dx 4 마을; 묵자의 '천하무인天下無人-안생생安生生'

두 개의 화두

1) 첫 번째 화두; 송나라 마을의 야박한 민심

『묵자(墨子)』「공수(公輸)」편에 다음과 같은 글이 있다;

> "묵자가 초나라의 공격을 중지시키고 돌아가는 길에(子墨子歸) 송나라를 지나게 되었는데 마침 비가 내려서(過宋天雨) 그곳 마을 문 안에서 비를 피하고자 했다(庇其閭中). 그러나 마을 문지기가 그를 들여보내 주지 않았다(守閭者不內也). 그래서 옛말에 이르기를(故曰), 사람들은 다스림이 신묘한 이의 공로는 모르고(治於神者 衆人不知其功), 싸움에 밝은 이의 공로는 알아준다고 말하는 것이다(爭於明者 衆人知之)."

묵자는, 초나라 임금의 송나라 공격 계획을 중단시킨 위대한 평화운동가이다. 그런데 평화운동가의 노력에 힘입어 평화를 되찾은 송나라를 지나가던 묵자가 비를 피하고자 했으나 마을 문지기로부터 거절당했다. 평화의 사절로 융숭하게 대접하기는커녕 비를 피할 곳도 제공하지 않은 마을의 야박한 민심이 돋보인다.

'겸애(兼愛)'[26]를 내건 평화운동가인 묵자가 전혀 겸애롭지 못한 마을 인심을 한탄하면서[27] '겸애로운 마을(겸애 마을; 兼愛村)'을 그리워했을지도 모른다. 만약 그 마을이 겸애촌(兼愛村)이었다면 '다스림이 신묘하여 평화를 가져온 묵자의 공로'를 높이 평가하여 영웅 대접했을 것이다. 묵자의 최대 강령인 '천하무인天下無人(천하에 남이란 없다)'을 실천하는 겸애촌兼愛村이었다면 묵자를 환대했을 것이다. '천하무인天下無人의 겸애촌兼愛村'이었다면 마을 잔치를 벌이며 격양가(擊壤歌)를 불렀을 것이다.

전쟁광인 초나라 임금을 신묘하게 다스려 평화를 이룩한 묵자의 공(功)을 몰라 비 피할 곳도 제공하지 않았지만, 싸움에 밝은 초나라 임금의 공로는 알아주었던 춘추전국시대의 세태를 여지없이 보여준 송나라 마을. 이러한 마을을 겸애촌兼愛村으로 바꾸지 못하면 마을 민주 공화국은 언감생심이다. 겸애촌兼愛村으로 바꾸는데 묵자의 '천하무인天下無人' 담론이 요청된다. 천하에 남이란 없다는 공동체 의식을 갖고 겸애兼愛하는 마을이 많아야 마을 민주 공화국의 탄생이 앞당겨진다.

흥미롭게도 '천하무인天下無人의 겸애촌兼愛村'들이 옹기종이 모여서 마을 민주 공화국을 이루고 있는 나라가 현존하는데 그 나라 이름은 부탄이다. 아래의 부탄 방문 기록을 보면 마을 민주 공화국이

---

26) 묵자의 중심 사상은 '겸애(兼愛)'이다. '겸(兼)'은 신분상의 등차를 두지 않는 것이고 '애(愛)'의 실질 내용은 '이(利)'를 보장해주는 데 있다. 그것은 남에게 해(害)를 입히거나 자기의 이익만을 취하려는 태도와 전혀 다르다. 친소·원근의 차이 없이 남의 이익을 존중해야 된다는 뜻이다. 어떤 사람이든 가리지 않고 함께 대할 수 있는 서로의 평등한 사랑이다.

27) 묵자(墨子)께서 죽음을 무릅쓰고 단신으로 송(宋)나라를 침공하려는 초(楚)나라에 유세(遊說)하여 저지시키고, 송(宋)나라로 돌아오는 길에 관문(關門)의 문지기가 성문을 열어주지 않아 비를 맞으며 "인간의 생명을 많이 살상할수록 영장(英將)으로 상찬하고, 생명을 살리는 공로(功勞)는 알아주지 않는다"고 한탄하는 말씀에 이르러서는 눈물을 흘리지 않을 수 없었습니다. <기세춘, 『오늘날 우리는 왜 묵자를 호출해야 하는가?』, 54쪽>

면 나라 이야기나 미래의 공상소설이 아님을 느끼게 된다.

2) 두 번째 화두; 부탄에는 남이 없다

"부탄 사람이 정말 행복하다면 그 근거는 무엇인가요?" 부탄 사람들에게 이렇게 물어보면 거의 모든 사람이 가족과 친족, 이웃 간의 사회적 유대와 사회안전망을 말한다. 실제로 부탄 사람들은 '남'이 거의 없다. 아파트 바로 옆집에 있는 이웃의 얼굴도 모르는 한국의 풍경과는 대조적이다. 가까우면 부모와 형제이거나 조금 멀면 사촌이다. 아주 멀면 친구다. 집안에 작은 일만 생겨도 온 친척이 다 모인다. 부탄에서는 시골에 사는 친척이 팀푸에 있는 친척의 집에 와서 취업할 때까지 몇 달씩 기거하는 것이 보통이다. 마을에서 누군가 아파서 입원하면 마을 사람 모두가 병문안을 간다. 즐거움과 어려움을 함께 나누는 공동체 문화가 확고하다.[28]

위의 두 개의 화두는 송나라 마을과 부탄의 마을이 '천하에 남이란 없다(天下無人)-겸애兼愛'에서 완전히 갈라섬을 알려준다.

완전히 갈라서는 이유는 두 마을民들의 삶의 방식이 다르기 때문이다. 생명살림(生生)의 원리가 다르기 때문이다. 송나라 마을民들은 평소에 '평화・평안・안락을 지향하는 생명살림(安生生)'에 관심이 없었지만, 부탄의 마을民들은 '천하무인天下無人의 겸애촌兼愛村에서 안생생安生生하는 삶의 방식'에 익숙하기 때문에 마을 민주 공화국의 경지에 다가선 것이다.

'천하무인天下無人의 겸애촌兼愛村에서 안생생安生生하는 삶의 방식'

28) 박진도, 『부탄 행복의 비밀』(파주: 한울, 2017), 174쪽.

은 묵자의 사상을 따르는 마을살이를 강조하기 위한 조어(造語)이다. 조어造語이어서 사상적 토양이 빈약할 수 있으므로, 『묵자墨子』라는 저서를 중심으로 '천하무인天下無人-겸애兼愛-안생생安生生'의 담론을 아래와 같이 소개하면서 필자의 견해를 약간 붙인다.

'천하무인天下無人–겸애兼愛–안생생安生生'

'안생생(安生生)'의 '생생(生生)'은 『주역』「계사전繫辭傳(上)」 제4장 <生生之謂易; 생명살림(生生)을 일러 역易이라 한다>에 나온다.[29] '안생생安生生'은 '평안・안락하고 평화로운 생명살림'을 뜻한다. '안생생 사회'는 '평화로운 생명살림이 보장되는 천하무인天下無人의 이상적인 사회'이다.

이런 의미에서 '평화로운 생명살림이 보장되는 천하무인天下無人의 삶의 방식이 지배적인 마을 공동체'를 '겸애촌(兼愛村)'이라고 부를 수 있겠다. 그리고 '천읍天邑(하늘이 내려준 邑・마을)'[30]인 겸애촌兼愛村들이 모여 '묵자 방식의 마을 민주 공화국'을 이룰 수 있다고 본다.

29) '生生之謂易'은 "낳고 또 낳아 부단히 변화하는 것을 '역'이라고 한다"는 말이다. 「계사전(하)」 제2장에는 "천지의 큰 덕을 생이라 한다(天地之大德曰生)"라고 하였으나, 『역』은 천지와 더불어 표준이 되기 때문에 『역』이 말한 것도 '생(生)'이다. <김경방・여소강 지음, 안유경 역주, 『周易全解(下)』(서울: 심산출판사, 2013), 444~445쪽>. '天地之大德曰生(천지의 큰 덕을 생이라 한다)', 이 구절의 뜻은 천지의 가장 큰 공덕이 만물을 생장시키는 것이라는 말이다. <김경방・여소강 지음, 안유경 역주, 『周易全解(下)』, 527쪽>

30) 천하 대소 국가는 모두 하느님의 고을이며(今天下無大小國 皆天之邑也), 사람은 어른 아이 귀와 천을 불문하고 모두 하느님의 백성이다(人無幼長貴賤 皆天之臣也). (『묵자(墨子)』「법의(法儀)」)

1) 묵자의 대동大同-안생생安生生 사회

묵자가 살았던 춘추시대는 인민이 전쟁과 굶주림으로 죽어가는 난세였다. 그의 이상사회는 전쟁이 없고 생명이 안락하게 살아가는 '천하에 남이 없는(天下無人)' 안생생 대동사회였다. '천하무인의 안생생 대동사회'[31]는 묵자의 '지속 가능한 평화를 통한 사회 구성체' 였으며, 『예기(禮記)』「예운(禮運)」편이 묵자의 안생생 대동사회를 잘 표현하고 있다.

묵자의 안생생 사회론은 『예기禮記』의 '대동(大同) 사회론'과 일치한다. '대동사회'라는 사회 구성체 논의는 『예기禮記』「예운禮運」편에 처음으로 보인다. 즉, 대동사회의 대도가 쇠미했으므로 성현들이 소강(小康)사회를 열었다는 내용이다. 대동의 일반적인 뜻은 대동소이(大同小異), 대동단결(大同團結), 태평성세(太平盛世)라는 의미로 쓰인다. 이 중에서 태평성세라는 의미의 어원은 『예기禮記』「예운禮運」편에 최초로 보이는 이상사회로서의 '대동'이다. 이때의 동(同)은 평(平)과 화(和)의 뜻이므로 대동사회는 평등·평화 사회를 의미한다.[32]

---

31) 『묵자(墨子)』「尙賢(下)」에 "어질게 되는 길(賢之道)은 무엇인가? 그것은 힘이 있으면 부지런히 인민을 돕고 재물이 있으면 힘써 인민에게 나누어주고 도리가 있으면 권면하여 가르치는 것이다. 이렇게 되면 배고픈 자는 먹을 것을 얻을 것이요, 헐벗은 자는 옷을 얻을 것이요, 피로한 자는 쉴 것이요, 어지러운 것(亂)은 다스려질 것이다. 이것을 安生生(안락한 생명 살림 또는 자유로운 살림살이)이라고 한다"는 문구가 있다. '안생생(安生生)'에서 '안(安)'을 평안하고 자유로운 또는 편안하고 자연적이라는 뜻으로 읽어 '자유로운 생명 살림'으로 해석할 수 있다. '생(生)'은 인간의 자연적인 성품, 인간 본래의 자유로움을 말한다. 즉, 대동세계 또는 공동체적 삶을 뜻한다. <기세춘 역저, 『묵자』(서울: 바이북스, 2009), 451쪽>

32) 기세춘, [평화 만들기(http://peacemaking.kr)] 236호(2006.6.13.).

2) 『예기』의 '대동'과 『묵자』의 '안생생'

『예기禮記』「예운禮運」편의 대동사회에 대한 기록과 묵자의 천하무인의 안생생 사회에 관한 어록을 비교해보면 너무도 같다. 「예운」편의 '천하는 만민의 것(天下爲公)'이란 말은 묵자의 '천하에 남은 없다(天下無人)' '백성이 주권자(百姓爲主)'라는 주장과 일치한다.

첫째, 도덕적으로 '겸애의 공동체 사회'라는 점에서 같다.

① 『예기』의 대동 사회

- '故人不獨親其親 不獨子其子'(그러므로 사람들은 자기 부모만 사랑하지 않고 자기 자식만 자애하지 않고 모두가 한 가족같이 사랑하였다).

② 『묵자』의 안생생 사회

- 천하 만민은 하느님의 평등한 신민(臣民)이다.
- 하느님은 사람들이 서로 사랑하고 이롭게 하기를 바라고 서로 미워하고 해치는 것을 싫어하신다. (『묵자』「법의(法儀)」편)
- 남의 나라를 내 나라 보듯이 하고, 남의 집안 보기를 내 집같이 하고, 남의 몸을 내 몸같이 보라! (『묵자』「겸애(兼愛)」편)
- 천하에 남이란 없다(天下無人). (『묵자』「대취(大取)」편)
- 하느님의 뜻을 따르는 평등의 정치는 장님과 귀머거리가 서로 도와 장님도 볼 수 있고 귀머거리도 들을 수 있게 하는 정치다. 그렇게 함으로써 처자식이 없는 늙은이도 부양을 받아 제 수명을 다할 수 있고 부모 없는 고아들도 의지할 데가 있어 무럭무

력 자랄 수 있는 것이다. 그러므로 평등은 성왕의 도리인 것이다. (『묵자』 「겸애(兼愛)」 편)

- 어진 사람이 되려면 힘 있는 자는 서둘러 남을 돕고, 재물이 있는 자는 힘써 남에게 나누어 주고, 도리를 아는 사람은 열심히 남을 가르쳐주어라. 그러면 굶주린 자는 밥을 얻고, 헐벗은 자는 옷을 얻고, 피로한 자는 쉴 수 있고, 어지러운 것이 다스려지리라. 그것을 일러 편안하고 자연스러운 삶이 이루어지는 '안생생 사회'라고 말한다. (『묵자』 「상현(尙賢)」 편)

둘째, 도둑과 전란이 없는 '평화 사회'라는 점에서 같다.

하느님의 뜻을 순종하는 '의로운 정치'는 대국이 소국을 공격하지 않고, 강자가 약자를 겁탈하지 않고, 귀한 자가 천한 자를 무시하지 않고, 다수가 소수를 해치지 않고, 지혜 있는 자가 어리석은 자를 속이지 않고, 부자가 가난한 자에게 교만하지 않고, 장정이 노인을 약탈하지 않는다. 이로써 천하의 모든 나라들은 불과 물과 화약과 병기로써 서로 살상하지 않게 되었다. (『묵자』 「천지(天志)」 편)

'겸치별란(兼治別亂)'의 겸애촌(兼愛村)

겸애의 정치[兼治]가 주도하는 천하무인의 안생생 마을을 겸애촌兼愛村이라고 부를 수 있다. 묵자의 겸치兼治는 안민安民을 보장하는 데 비하여 공자(유학)의 '별別'은 혼란을 유발하는 차별 정치라는 점을 강조[33]하기 위하여 '겸치별란兼治別亂'이라는 사자성어를 애용한

다.[34]

묵자가 활약하던 때는 주대(周代) 노예제 사회가 해체 길에 직면한 시기였다. 그는 '별別'이 역사발전의 커다란 걸림돌이라고 파악하였다.

따라서 '겸치별란兼治別亂의 겸애촌兼愛村'은, 겸치兼治의 정당성을 강조하는 진정한 의미의 겸애촌兼愛村이다. 이러한 '겸치별란兼治別亂의 겸애촌兼愛村'에서 생활하는 '안생생 공동체 마을의 주인공'[35]을 '마을民'이라고 이름 지을 수 있고, 이들 마을民들이 모여 '겸애촌兼愛村에 기초한 마을 민주 공화국'을 이룩할 수 있을 것이다.

---

33) 묵자가 말하는 '겸애(兼愛)' 속에 '안민'이 내재해 있다. 겸애의 '겸(兼)'은 공자의 '별(別)'에 대항하는 개념이다. 공자의 별(別)에 계급사회의 논리가 반영되어 있으므로 별(別)에 따르면 안민(민중들 사이의 상호안전)을 보장하기 어렵다. 그러나 묵자의 겸(兼)은 천하에 남이란 없다(天下無人)는 사상을 반영하므로 안민(兼하는 민중들끼리의 안민)을 보장받을 수 있다. 겸애로 무장된 천하무인의 안생생 사회야말로 안민을 확실하게 보장할 수 있고, 이러한 상태가 지속되는 비공(非功)·비전(非戰)의 평화공동체를 통해 민중안보(민중의 평화적인 생존권을 최대한 확보하는 안보)를 보장받을 수 있다. <김승국, 『잘사는 평화를 위한 평화경제론』(파주: 한국학술정보, 2008), 318~319쪽>

34) 공자는 근친애(近親愛)를, 묵자는 이웃사랑(겸애)을 강조한다. 공자는 혈연공동체를 지향했으므로 상하 귀천의 분별(分別)이 중요했고 묵자는 인류 공동체를 지향했으므로 평등을 강조했다. 묵자의 가르침을 한마디로 말하면 '천하무인(天下無人)'이다. 이는 혈연을 초월한다;
하느님의 뜻을 순종하는 것은 두루평등이요(**順天意者兼也**), 하느님의 뜻을 거역하는 것은 차별이다(**反天意者別也**). 두루평등을 道로 삼는 정치는 의로운 정치며(**兼之爲道義政**), 차별을 道로 삼는 정치는 폭력의 정치다(**別之爲道力政**).(『묵자』 「겸애(兼愛)」)/ 삼대성왕들이 종사한 것은 別이 아니라 兼이었다(**三代聖王焉所從事 曰從事兼不從事別**). 삼대 폭군이 종사한 것은 兼이 아니라 別이었다(**三代暴王焉所從事 曰從事別不從事兼**. (『묵자(墨子)』 「천지중(天志中)」)

35) 묵자의 안생생 공동체의 주인공들은 가난하고, 천하고, 약하고, 어리석은 사람들이었으며, 도둑, 노예, 과부, 고아 등 예수가 말한 이른바 '지극히 보잘것없는 자'들이며 '고난 받는 자'들이었다. 묵자에게 이들은 천하 만민이 다 함께 한 가족과 같은 사회(天下無人), 평안한 삶을 살아가는(安生生) 공동체의 주인공들이었으며, 예수가 새로운 세상 하늘나라의 주인이라고 축복했던 바로 그들이었던 것이다. <기세춘, [평화 만들기(http://peacemaking.kr)] 169호(2005.2.11.)>

포(包)·접(接)·집강소

Dx 5 마을; 동학(東學)의 시천주(侍天主)36)

포접(包·接)

19세기 말 우리의 동학은 개인 내면의 무궁하고 신령한 우주적 생명의 공경과 개성적 자기실현, 곧 시천주(侍天主)로부터 출발해 인간과 사회와 자연에 있어서의 무궁하고 신령한 우주생명의 자각적인 실현운동이며 영적인 생명가치 존중과 그 실현운동이었다. 동학의 제1의 모토인 지상신선 (地上神仙)이 바로 그것이다. 이 지상신선이라는 사회적 생명운동과 당시 국가와의 관계는 어떠했을까? 그 관계는 보국안민(輔國安民)이라는 제2의 모토 안에 함축되어 있다. 보(輔)는 보(保)가 아니다. 국가를 '지킴'이 아니라 국가를 '도움'

---

36) 『동경대전(東經大全)』「논학문(論學文)」의 '시천주(侍天主)'에 대하여 윤석산 교수는 아래와 같이 해설한다;

"시(侍)는 안으로는 한울님[天主]의 신령(神靈)한 마음을 회복하고(內有神靈), 밖으로는 한울님의 무궁한 기운과 융화일체를 이루고(外有氣化), 이 세상 사람들이 이러한 경지를 깨달아 그 마음을 변치 않으며, 이를 실천해 나아가는 것(各知不移)을 말한다. '주(主)'는 한울님을 높여 부르는 말로서, 우리가 우리를 낳고 또 키우신 부모님을 섬기듯이 한울님 섬김을 의미한다. 한울님은 우주의 자율적인 원리로서의 '천(天)'이 아니라, 우리 인간을 비롯한 모든 존재의 근본이 되고, 나아가 우리를 낳은 부모와 같은 존재이다. 과거의 성인들은 '天'이라는 우주의 자율적인 원리로써 하늘을 이해하고 그 원리를 밝히려 했던 데 비하여, 수운 선생은 '天'을 다만 우주의 자율적인 존재로서가 아니라, 만유와 인사(人事)를 모두 간섭하는 인격적인 존재로서 천명했기 때문에, '존칭하여 부모와 같이 섬겨야 하는' 의미의 '主'를 붙여, 천주, 곧 한울님이라고 말씀한 것이다." <윤석산 역주, 『동경대전』(서울: 모시는 사람들, 2014), 36~37쪽>

이다. 근왕(勤王)과는 전혀 다르다. 지상신선(地上神仙)은 신령한 생명의 개인 및 사회적 실현이지 국가가 아니며 용화세계나 천년왕국과 같은 유토피아가 아니다. 지상신선과 포덕천하(布德天下), 보국안민의 민중적 도덕정치운동의 산 양식, 신령한 생명가치 실현의 대중적·지역적 사회운동 양식이 동학의 어디에 있을까? 바로 포접제(包接制)이다.37)

동학의 포접은 최치원의 옛 풍류도에 관한 글에서 나온 것이다. 그것은 '포함삼교 접화군생(包含三敎 接化群生)'이다. 삼교는 유(儒)의 강기(綱紀), 불(佛)의 견성(見性), 선(仙)의 연생(練生)의 세 가르침이다. 동학은 이 셋을 기독교의 섬기는 사랑과 함께 쌓은 도덕의 보따리다. 견성이 자기발견의 우주적 영성이라면 연생은 생명의 보전과 향상이요, 강기가 사회윤리라면 섬기는 사랑은 인간과 인간, 인간과 자연 간의 상호공경일 것이다. 동학의 포(包)는 다종교적 도덕의 공존을 개인 내면과 생명, 공동체, 사회 자연의 관계에서 가능하게 한다.38)

동학의 포덕(布德)의 역사에서 포(包)는 접(接)이 한 마을 등의 가족, 친척, 친지, 계, 두레 등의 생산·생활·혈연적 바탕을 가진 개방 확산적 영적인 공생 공동체였던 데 비해 숱한 이질적인 다양한 특성을 가진 접接들을 겹쳐 싸는 산 그물 보따리로서 당시의 마을 주민과 주민 사이의 생동하는 삶의 접촉관계인 상권(商圈), 즉 통혼권(通婚圈)을 따라 싸가면서 퍼져나갔다. 그래서 포包를 '처남·매부 포덕'의 보따리라고 부른다. 요즘 말로 하면 지역과 지역 사이의 지장

37) 김지하, 『김지하 전집 2』(서울: 실천문학, 2002), 175~178쪽.

38) 위의 책, 181쪽.

적(地場的)인 산 연관을 이미 함축한 자치 단위이다. 포包는 접接과 마찬가지로 완전한 주체성・독자성을 가지고 있었다. 다만 그것은 개방적 주체성이었고 도소(都所)의 경통(敬通)이나 다른 포包나 접接의 '사발통문', 즉 가르침이나 깨우침, 영적 정보라는 질(質) 또는 신령한 메시지에 대해서 자기 자신의 영성을 통해서지만 언제나 개방되어 있고 순명(順命)하는 영적인 소통그물이다. 즉, 분산・수평적・개성적인 정보・교양 네트워크이기도 하다. 그러면 접接은 무엇인가? 최치원은 '접화군생(接化群生)'이라 했다. 군생(群生)은 인간과 동식물・무기물 전체를 가리키는 중생(衆生)이다. 그러나 또한 인간의 갖가지 생산활동과 소비・문화・영적 생활 등 뭇 삶의 양태들을 가리킨다. 따라서 이러한 다양한 생명 과정의 삶에 동학의 영적 생명사상, 생명가치를 가르쳐 나름 나름으로 제 삶의 근원생명을 회복하며 서로 공경하고 친교하며 공생・공산하는 생산적 삶의 열린 관계망이다. 접接은 개방적인 소공동체이다. 정신문화적 친교와 생산의 나눔과 평등한 경제 관계, 인격적 관계 등이 모두 공경으로 보장되는 예컨대 우리의 '자주관리 생산 공동체'의 전형이라 할 수 있다. 주민자립 경제나 자치, 주민 생명문화운동의 소공동체를 '접接'으로 부르는 것이 좋을 것이다. 포와 포, 접과 접, 포와 접들 사이, 그리고 계속 움직이고 있는 도소(都所)와의 확산하는 그물 같은 소통망이 '사발통문'인데 이것은 구심보다 원심력 중심의 질적인 무궁확산 진화와 여러 쌍의 상호통신의 그 이중성의 무한 복잡화, 그리고 끝없이 확산하는 중층적 차원 변화의 탁월한 네트워크의 특징을 드러내고 있어 현대 정보소통망의 새로운 틀로서 매우 빼어나다.[39)]

집강소(執綱所)

집강소는, 우리 역사에서 처음으로 등장한 '농민을 위한, 농민에 의한, 농민의 권력기관・통치기관'이었다.

전봉준을 총대장, 김개남, 손화중을 장령(將領)으로 삼은 동학 농민군은 1894년 음력 3월 하순에 백산에 모여 궐기했다. 동학군은 고부의 황토현에서 감영 군대를 물리쳐 황토현 전투에서 관군을 모두 격파했다. 당시 조정에서는 전라도 병마절도사 홍계훈을 초토사로 임명하여 봉기를 진압하도록 하였다. 정읍, 흥덕, 고창, 무장 등을 점령한 농민군은 음력 4월 23일, 장성 황룡촌 전투에서 홍계훈이 이끄는 정부군을 상대로 승리하였다. 이어 음력 4월 27일에 농민군은 전주성으로 입성하였다. 전주성을 점령한 농민군은 청나라・일본에게 군사주둔 빌미를 주지 않기 위해 5월 8일에 전주화약(全州和約)을 맺고 해산했다.

전주화약에 따라 호남 전역 53개 군현郡縣에 집강소가 설치되어 동학군이 주체적으로 정치를 담당하여 민정民政을 실시하게 되었다. 따라서 집강소는 우리나라 역사상 처음으로 평민이 주도적으로 치안을 담당하여 행정과 사법권을 행사함으로써 우리 근대사에서 매우 특이하고 획기적인 사실로 평가되고 있다.[40]

집강소는 동학의 이념적 연대 기구인 포・접과 기존의 향촌조직인 두레 공동체를 기본으로 하여 구체적인 조직과 현실적인 무력을 바탕으로 민중들이 자신들의 이상을 실현해보려고 하였던 자치기구

39) 김지하, 『김지하 전집 2』, 182~185쪽.

40) 김응조, 「전주화약과 민정기관 집강소(상)」, 『新人間』 789호(2016.7.), 60쪽.

였다. 그런 점에서 본다면 집강소는 종교공동체면서 군사공동체였고 정치공동체면서 생산공동체인 만민평등의 생활공동체였다.[41)]

1894년 당시 지방행정의 핵심단위는 군郡이었기 때문에 동학군으로서는 군 집강을 임명해야만 전주화약에서 밝힌 폐정개혁을 효과적으로 수행할 수 있었다.

집강소는, 필자가 제기하는 마을 민주 공화국의 기초단위인 속(屬; 『도덕경』의 '소국과민小國寡民'이 실현될 공동체로서 군郡 정도의 규모)과 비슷하다. 따라서 동학 농민군이 설치한 집강소는 포包・접接[42)]과 더불어 '마을 민주 공화국의 오래된 미래'이다.

코뮌과 유사한 집강소[43)]는 농민들에게 '천국(天國)'이었으며 집강소 내의 마을民들은 '천민(天民)'이었다.[44)] 이러한 측면에서도 마을

41) 김교빈, 「동아시아 근대 민중운동에 나타난 유토피아 사상」, 『시대와 철학』 18(1999.6.) 27쪽.

42) 동학농민군은 읍마다 읍을 다스림에 접(接)을 설치하여 대도소(大都小)라 이르고 한 명의 접주(接主)를 차출하여 수령의 일을 하도록 하고 이를 집강(執綱)이라 불렀다. <김정기, 「파랑새의 꿈, 전봉준의 국가체제 구상」, 『녹색평론』 139호(2014년 11~12월호), 51쪽>

43) 서구와 조선은 그 역사와 문화, 사회경제 조건이 전혀 다르지만 동학혁명 당시 집강소는 자유를 얻은 인민의 자립・자치 공동체와 민주주의라는 측면에서 서구의 코뮌과 같았다고 볼 수 있다. 전주성 안에 설치한 농민군의 전라좌우도 대도소(大都所)와 군현 단위에 설치한 집강소는 마을의 농민 자치 공동체가 연대・연합하여 전면에 나서서 고을의 국가권력과 향권을 장악한 일종의 혁명정부나 마찬가지였다. 집강소는 자유를 얻은 농민들이 사법권과 행정권, 입법권을 스스로 행사하는 코뮌의 광장이었다. <박승옥, 「갑오년에 돌아보는 집강소 민주주의」, 『녹색 평론』 135호(2014년 3~4월), 39쪽>. 都所(都會所)는 농민군의 투쟁본부, 여러 포접(包接)이 모이는 장소이다.

44) 첫째 [동학에] 입도하면 사인여천이라는 주의하에서 상하귀천・남존여비 할 것 없이 꼭꼭 맞절을 하며 경어를 쓰고 존경하는 데서 모두 마음으로 감복되었고, 둘째로는 죽이고 밥이고 아침이고 저녁이고 도인이면 서로 도와주고 서로 먹으라는 데서 모두 집안 식구같이 일심단결이 되었다. 그때야말로 참말 천국(天國)・천민(天民)이었다. <김응조, 「전주화약과 민정기관 집강소(하)」, 『新人間』 790호(2016.7.), 67쪽>

민주 공화국의 '오래된 미래'이다. 오래전부터 내려온 민회民會·두레[45]가 동학 농민혁명을 주도한 과거의 역사가 '오래된' 것이라면, 집강소의 민중자치 경험(자치기구·자치경찰[46] 운영)이 역사의 지하수로 흘러내려와 언젠가 마을 민주 공화국이 수립될 때 재현된다면 '미래'에 해당된다. 이러한 이중의 시간(과거·미래)을 포괄하는 집강소가 바로 마을 민주 공화국의 '오래된 미래'이다.

45) 1894년 갑오 동학운동 전개과정에서 동학농민들이 철벽같은 결속력과 사기가 드높았던 것은 평소 두레 공동체를 통해 단련된 단체정신과 결속력, 그리고 두레에서 발생한 농악을 통한 전의(戰意)진작 방법을 터득했기 때문이라 하겠다. 그렇게 볼 수 있는 근거는 두레와 동학의 접(接)조직이 매우 유사하며 철저한 인적(人的) 조직으로 이뤄졌다는 데 있다. <박영학, 「東學運動의 公示構造」(서울: 나남, 1990), 258쪽>

46) 집강소는 집강(執綱), 서기(書記), 성찰(省察), 동몽(童蒙)의 직책이 하나의 관청을 이루어 운영하였는데, 먼저 집강은 집강소를 총괄하는 책임자로 대개 동학의 접주(接主)들 중에서 임명되었다. 성찰은 집강소가 개혁업무를 수행하는 데 있어 치안과 경비를 담당하고 군현의 순찰과 감찰을 담당하였다. 이는 집강소 내에 여러 명이 임명되어 활동하였는데, 그동안 민폐를 자행하였던 탐관오리나 횡포한 양반 등을 조사하거나 죄목에 의해 압송하는 업무를 맡아 실질적으로 집강소의 호위군(護衛軍)과 같은 역할을 함으로 인하여 도성찰(都省察), 도찰(都察)이라고 불렀다. 즉, 이들은 농민으로 구성된 자치경찰과 같은 존재이었다. <황묘희, 「집강소의 농민사회 신질서 수립을 위한 개혁활동」, 『동학학보』 12호, 373쪽>. 이러한 집강소의 자치경찰은, 간디가 생각한 마을 공화국의 자치경찰과 비슷한 점을 지니고 있는 듯하다.

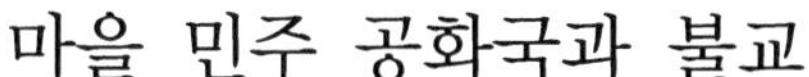

마을 민주 공화국과 불교

Dx 6 마을; '마을民 평화보살'을 중심으로

불교의 입장에서 마을 민주 공화국에 접근한다. 본래 불교의 경전에 '평화 · 통일 · 마을공화국 · 민주 · 마을 민주 공화국'이라는 용어가 없으므로, 평화 지향적인 불교 교리를 통하여 마을 민주 공화국과 불교의 관련성에 다가가는 수밖에 없다.

여기에서 몇 가지 질문을 할 수 있다.

① 마을 민주 공화국의 주인공(주권자)인 마을民이 '평화 지향적인 불교'를 실천하면서 마을 공화국을 만들어갈 때 어떠한 인간존재가 되어 어떠한 공동체 · 나라 · 사회를 만들어 가느냐?
② 마을民이 '평화보살(평화 · 평화통일을 서원誓願 · 실천하는 보살)이라는 인간존재로서 상구보리(上求菩提) · 하화중생(下化衆生)하며 이룬 해탈 마을'이 부처님 마음에 드는 마을 민주 공화국이 아닐까?
③ 해탈되려고 노력하는 마을民들이 모여 사는 '해탈 마을'을 중심으로 분단의 예토(穢土)를 통일의 정토(淨土), 통일의 불국토로 전환시킬 수 있지 않을까?
④ 미륵의 날에 해탈되는 마을民의 미륵정토가 마을 민주 공화국

이지 않을까?

⑤ 마을民들이 늘 평화의 염(念)을 지니며 해탈해가는 평화마을이 통일 지향적인 마을 민주 공화국의 기초단위가 아닐까?

⑥ 이러한 평화마을들이 모여 마을 민주 공화국이 되는 것이 아닐까?

⑦ 이러한 마을 민주 공화국들이 모여 통일된 한반도를 이루면 바로 그것이 불국토·정토이지 않을까?

질문 자체에 비약이 많아서 논리적인 답변이 불가능하지만 다음과 같은 몇 가지 단답(短答)은 가능할 것 같다.

① 화엄경 등에서 주요한 역할을 하는 보살은 평화의 담지자이다. 보살의 본래 뜻은 도道를 구하는 중생, 깨달음을 구하는 有情[존재]이 된다. 따라서 깨달음을 구하기 위해서 정진하며 게으르지 않는 자를 보살이라고 정의하고 있다. 그리하여 보살을 '구도의 보살' '오도悟道의 보살' '서원誓願의 보살' 세 가지로 나누어볼 수 있는데 구도의 보살과 오도悟道의 보살을 상구보리上求菩提라고 한다면 서원의 보살이 하화중생下化衆生의 보살이라고 할 수 있다.47)

여기에서 서원誓願의 보살이 중요한데, '평화통일'이라는 서원을 앞세워 선재동자와 같이 평화통일을 위해 구도(求道)하는 사람이 평화보살이다. '평화통일' 서원誓願을 이루기 위해 평화를 창출(peacemaking)하는 보살이 세상의 소금 역할을 한다.

세상의 소금 역할을 한 예수와 보살이 닮은꼴이 되어 '보살 예수'

47) 오형만, 「화엄보살의 願과 行에 관한 연구」(원광대학교대학원 박사학위 논문, 2013년), 63쪽.

가 된다.[48)]

이러한 보살 예수가 평화보살이며, 세상의 평화를 위해 활동하겠다고 마음먹기만 하면 평화보살이 된다. 마을民이 평화로운 마을 민주 공화국을 만들겠다고 발심發心・서원誓願하는 순간 평화보살이 된다. '사람이 곧 부처'라는 『법화경』의 '인불사상人佛思想'에 의하면, 마을民 누구나 겨자씨만한 불심佛心만 지녀도 평화보살이 될 수 있다.

이렇게 마을民이 평화보살이 될 수 있고, 평화로운 마음씨를 가지면 언제나 해탈・열반(평화로운 마음씨 자체가 열반임)[49)]할 수 있다.

집착을 끊은 상태 곧 '욕심의 불길이 꺼진' 상태, 이때 가능하게 되는 시원하고 고요하고 평화로운 자유의 경지가 바로 '니르바나(열반)'라는 것이다.[50)]

평범한 마을民들도 원효(元曉)의 십문화쟁(十門和諍)을 생활화하면 평화보살이 될 수 있다. 이 평화보살들이 한반도 통일을 위해 상구보리上求菩提・하화중생下化衆生하면 통일된 불국토를 세울 수 있다.

예를 들어, 평불협(조국평화통일불교협회)의 회장인 법타 스님이 바로 평화보살이다. 법타 스님은 북한 사리원의 배고픈 민중을 위해 국수공장을 지어 주는 보살행을 하신 분이다. 법타 스님의 말씀에 의하면 '평화통일이야말로 진정한 대승보살행이고 참다운 대승보살행이 통일을 이루는 길이다.' 통일되는 과정에서 법타 스님과 같은 평화보살들이 많이 등장할 것이기 때문에, 남북한의 '평화보살 마을民(평화보살이 된 마을民)'이 마을 민주 공화국을 이루어 통일로 나

48) 길희성, 『보살 예수』(서울: 현암사, 2004), 193~196쪽 참조.

49) 그리스도교 철학연구소 편, 『현대사회와 평화』(서울: 서광사, 1991), 162~165쪽 참조.

50) 노자 지음, 오강남 풀이, 『도덕경』(서울: 현암사, 2007), 163쪽.

아갈 수 있다.

② 불교 경전에 등장하는 평화의 전당이 바로 해탈 마을이다. 이러한 해탈 마을들이 모여 마을 민주 공화국을 이룰 수 있다.

『화엄경』「세주묘엄품」의 보리도량[51] · 『법화경』의 靈山淨土(영취산)가 불국토이자 평화의 전당이다. 이 평화의 전당(보리도량)이 삶의 현장 · 마을에 임하면 바로 그것이 해탈 마을이다.

『임제록』을 원용하면, 마을民이 생활의 현장을 불국토 · 평화전당으로 만들며 마을 민주 공화국을 이루기 위하여 '가는 곳마다 (마을 민주 공화국의) 주인공이요<隨處作主>, 지금 서 있는 곳(생활현장의 평화전당)이 모두 진리이다<立處皆眞>.'

③ 분단의 질곡이 심해질수록 '평화 · 통일의 염念이 사무치는 미륵불'의 강림이 더욱 강하게 예비된다.

『삼국유사』 설화 중 욱면(郁面)의 이야기(노비라는 현실상황을 부정하고 강렬한 수행으로 성불함)처럼 평화보살이 된 마을民들이 '통일의 미륵불'이 강림하길 강하게 기원하면 마을 민주 공화국을 통한 통일세상이 열릴 수도 있다.

『무량수경』의 법장 스님(옛날에 국왕이었는데 출가하여 법장이라는 이름의 비구승이 됨)이 48개의 원(願 · 誓願)을 세워 수행한 끝에

51) "석가모니께서 정각을 이루신 그곳의 땅이 견고하여 금강석으로 이뤄졌는데, 가장 오묘하여 불가사의한 보륜과, 수많은 구슬 목걸이의 보배 꽃과, 해맑고 영롱한 마니보배 구슬로 장엄하여 꾸미고, 수많은 색상이 바다처럼 끝없이 나타났다."

성불하여 아미타불(阿彌陀佛)이 되었듯이, 평화보살 마을民들이 평화통일의 서원을 세워 통일의 서방정토(불국토)를 이룰 수 있다.

이를 위해 마을民들은 평화통일 염불을 해야 하는데 '나무아미타불(南無阿彌陀佛; 아미타불에게 경배)' 앞에 '평화'나 '통일'을 붙여 '평화 나무아미타불' '통일 나무아미타불' '평화통일 나무아미타불'을 수없이 구송(口誦)하며 평화통일의 염念을 모으면, 마을 민주 공화국에 의한 한반도 통일의 그날을 앞당길 수 있다.

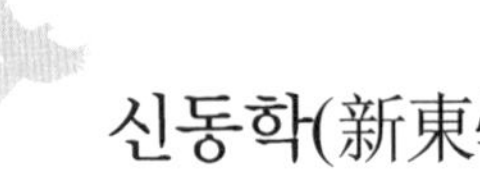

신동학(新東學)

Dx 7에 들어가기 전의 중간 점검

지금까지 서술한 Dx 1부터 Dx 6까지를 변증법적으로 통섭・합성한 '신동학(新東學)'을 마을 민주 공화국의 사상적인 지침으로 삼는다. Dx 1~Dx 6의 신동학(新東學)을 중심으로 문명의 전환・역사적인 변환을 도모하는 가운데 마을 민주 공화국을 점진적으로 이루어가면 좋을 듯하다. 이를 위해 신동학(新東學)이 '신서학新西學(신자유주의 등)'을 물리치고 마을 민주 공화국의 본령(本領)으로 들어가는 대장정(大長征)을 전개해야 한다.

본서에 실린 「마을 민주 공화국의 수렴도 (2)」의 '태극도 운동'에서 <신동학(新東學)이 Dx 7~Dx 12를 이끌고 태극도의 윗부분을 선제공격함으로써 근대 자본제 국가(B+C)를 잠식해가는 자리마다 마을 민주 공화국을 점진적으로 세우는> 대장정大長征이 역사(문명사)적으로 불가피하다.

한편 신동학新東學과 동행하는 Dx 7~Dx 12 중에서 Dx 7・Dx 8은 신동학新東學의 이웃사촌이며, Dx 9는 필자가 시도하고 있는 '평화마을'이다. Dx 10・Dx 11・Dx 12는 역사적으로 실현・외화된 적이 있는 사회 구성체이므로 우리에게 익숙하다. '익숙하다'는 말은, 마을 민주 공화국 발상이 뜬구름 잡는 공상이 아님을 증명해준다. Dx 10・Dx 11은 마을 민주 공화국의 효시로 삼을 만하고, Dx 12는 마을 민주 공화국의 평화헌법・한반도 통일헌법을 제정하는 데 도움을 준다.

간디의 마을 공화국

Dx 7 마을; 간디의 『마을 스와라지』

간디는 "마을 스와라지(Swaraj)에 대한 내 생각은 이렇다. 마을은 생존에 관한 문제에 있어서는 독립적이지만, 그러나 필요한 다른 많은 경우에 있어서는 상호의존적인 하나의 완전한 공화국"이라고 진술하고 있다. 간디에 의하면 마을은 협동체제로 이루어진다. 비폭력이 마을공동체의 구속력이 될 것이다. 마을 호적부에 등재된 사람들 중에서 돌아가며 마을 수비의 의무를 진다. 마을의 통치는 다섯 명으로 구성된 '평의회[판차야트]'에 의해 수행된다. 이들이 필요한 모든 권한과 사법권을 갖게 된다. 이 '평의회'는 그들의 1년 재임기간 동안 입법부, 사법부, 행정부가 결합된 일을 하게 된다. 간디는 어느 마을이든지 곧바로 그런 공화국이 될 수 있다고 확신했다.52)

간디는 인도에 대해 말할 때 항상 "인도에는 70만 개의 마을이 있다"고 했다. 즉, 그의 인도는 단적으로 70만 개의 마을이었다. 그러나 그 마을은 간디에게 향수의 고향 꽃동네가 아니라 하나의 독립된 자치의 '공화국'이라는 점에서 특이했다. 간디의 마을은 각각 주권을 갖는 공화국이었다. 그런 70만 개 공화국의 연방이 간디의 인도였다. 그의 인도는 70만 개의 '마을 공화국'으로 이루어진 연방이었

52) 배리 버크, 「간디의 자치 · 자립의 교육사상」, 『녹색평론』 103호(2008년 11~12월), 154~155쪽.

다. 간디는 과거의 인도처럼 미래의 인도도 70만 개의 마을 공화국의 연방이 되어야 한다고 생각했다. 간디가 바란 인도는 하나의 인도였지만 그것은 70만 개의 주권 공화국이 느슨한 연방을 이루는 것이었다.[53] 연방이 각 공화국을 연결하는 역할 외에 어떤 권한도 갖지 않는다면 사실상 국가로서의 모든 기능은 마을에 있다. 이는 국가 사무를 일부 지방에 위임하는 지방자치와는 원천적으로 다른 것으로, 국가는 존재하지 않거나(stateless) 존재한다고 해도 지극히 제한적인 기능을 갖는 것이다.[54]

간디의 자치 사상은 전근대적이라는 등의 비판을 받기도 했지만 독립 당시의 헌법 제정안에 포함되었고, 마침내 1993년의 헌법 개정 시에 채택되었다.[55]

필자가 제안하는 '마을 민주 공화국'은 간디의 마을 공화국을 기본 요소로 삼지만 전체는 아니다. 간디의 마을 공화국(Dx 7)과 노자老子의 '소국과민小國寡民'(Dx 2)을 두 개의 기본축基本軸으로 삼아 나머지의 Dx들을 수렴하는 마을 민주 공화국의 경로經路가 바람직하다. Dx 7(간디의 마을 공화국)이 중요한 것은, (Dx 1～Dx 6을 망라하는) '신동학新東學'과 Dx 8～Dx 12를 연결하는 고리이기 때문이다.

이렇게 조금 복잡한 구조를 지니고 있는 '마을 민주 공화국'은, 간

53) 간디의 느슨한 마을 공화국 연방처럼, 필자의 '마을 민주 공화국'들이 느슨한 연방을 형성하여 한반도 통일을 이룰 수도 있겠다.

54) 박홍규, 「간디의 자치 사상」, 『石堂論叢』 제59집(2014.7.), 36쪽.

55) 박홍규, 위의 논문, 35쪽. 국가가 존재하지 않는(stateless) 간디의 '마을 공화국' 발상이 (근대국가 인도의) 헌법에 포함된 점으로 미루어보면, 필자의 '마을 민주 공화국'이 진정한 민주 공화국 헌법에 포함될 수 있다. 인도 헌법에 들어간 간디의 '마을 공화국' 관련 내용을, 필자가 생각하는 '마을 민주 공화국 헌법'에 담으면 좋을 듯하다.

디의 마을 공화국에 '민주'를 단순하게 끼워 넣거나 촛불시위의 주요 구호인 '민주 공화국'에 '마을'을 얹어놓는 것이 아니다. '민주·민주 공화국'을 '마을<간디의 스와라지(Swaraj) 등>'에 복합·중층적으로 융합시켜 인드라망網과 같이 빛나는 새로운 패러다임·사회 구성체를 내오기 위한 '이념(Idea) 체계'[56]가, 필자의 '마을 민주 공화국'이다.

그러면 필자의 '마을 민주 공화국'의 기본축基本軸인 간디의 마을 공화국에 대하여 조금 더 자세하게 설명한다.

Hindu Swaraj(힌두 스와라지; 인도의 자치)

간디는 'Swaraj(스와라지)'를 영어로 번역하면서 'Home－Rule'과 'Self－Rule'을 동시에 사용하고 있다. Home－Rule이 자기 나라를 자신의 힘으로 다스리는 정치적 자치를 말한다면, Self－Rule은 개인이 자신의 삶을 스스로 결정해나가는 개인적 각성과 행동을 의미한다. 이 두 가지 모두 자치(自治)라고 번역할 수밖에 없는데, 간디는 정치적·민족적 자치를 이루기 위해서는 먼저 개인적 자치를 이루어야 한다는 점을 『힌두 스와라지(Hindu Swaraj)』에서 강조하고 있다.[57]

56) 먼 미래의 어떤 공간·영역에서 '마을 민주 공화국'이라는 이념체계가 구현되는 데 필자의 관심이 있지, 가까운 시일 안에 '마을 민주 공화국'의 발상이 현실태로 나타나는 데 관심이 없다. 필자가 죽기 전에는 '마을 민주 공화국'의 현실태가 전 지구 상에서 한 군데도 구현되지 않을 것임을 잘 알기 때문이다. 필자의 사후(死後)에 빠르면 몇십 년, 늦으면 몇백 년 뒤에 현실태로 드러나길 원하는 '마을 민주 공화국'이므로, 필자가 살아 있는 동안은 한갓 이념체계일 뿐이다.

57) 마하트마 간디 지음, 안찬수 옮김, 『힌두 스와라지』(서울: 강, 2002), 20～21쪽.

간디의 『힌두 스와라지』(1909)는 그가 아직 남아프리카에서 활동 중이던 때에 쓴 소책자이지만, 이 책은 생애 마지막까지 간디가 견지하였던 문명관과 사회경제사상을 압축적으로 담고 있는 기념할 만한 문서라고 할 수 있다. 간디는 1945년에 보낸 편지에서 이렇게 말했다. "만약 인도가 그리고 세계가, 진정한 자유에 도달하려면, 조만간 우리들이 마을, 궁전이 아니라 오두막으로 가서 살아야 한다고 믿습니다. …… 우리들은 마을생활의 단순 소박성에서만 진리와 비폭력의 비전을 가질 수 있습니다. …… 내가 말하고자 하는 것의 요지는 각자가 생명의 유지에 필요한 것들을 스스로 통제할 수 있어야 한다는 것입니다."[58]

간디에게 '자유 인도'의 핵심은 자기들의 삶의 운영 방식을 결정할 힘을 갖고 있는 마을 자치(스와라지)였다. 『힌두 스와라지』를 통하여 간디가 시종일관 강조하고 있는 것은 농촌마을 중심의 자치, 자급, 자립적 민주주의야말로 인도뿐만 아니라 인류사회의 보편적인 생활 방식으로서 영구적으로 지속 가능하고, 만인이 평등하게 살아갈 수 있는 시스템을 보장한다는 것이었다.[59]

Village Swaraj(마을 스와라지)

간디의 '마을 공화국' 구상이 가장 잘 나타난 저서가 『Village Swaraj(마을 스와라지)』 이다. 이 저서를 김태언이 번역한 『마을이 세계를 구한다』(대구: 녹색평론사, 2006)의 중요한 내용을 아래와

58) 김종철, 「민중의 자치와 평화」, 『녹색평론』(2003년 9~10월호), 15~16쪽.
59) 김종철, 「민중의 자치와 평화」, 『녹색평론』(2003년 9~10월호), 16쪽.

같이 소개한다;

> 마하트마 간디는 마을 판차야트(선출된 몇 명으로 구성되어 마을 일을 돌보는 마을회의) 조직을 통한 경제와 정치권력의 분산을 강하게 호소했다. 그는 인도의 판차야트 체계가 과학적으로 작용하면 시골의 사회적 · 경제적 힘을 구축할 수 있을 뿐만 아니라 외국의 침입에 맞서 국방력을 강화할 수도 있다고 굳게 믿었다. 인도의 시골에서 열의와 활기를 가지고 시작된 '판챠야트 라지'의 실험은 간디가 제시한 마을 스와라지의 목표를 향한 옳은 발걸음이다.(4~5쪽)
>
> 간디는 마을 스와라지를 국가 없는 민주주의라는 그의 이상에 접근하는 것으로 제시했다. 간디는 국가 없는 민주주의라는 이상의 실제적 유용성을 깨달았고 '국가가 시들어 없어지는 것'이 아니라 '국가를 분산시키는' 마을 스와라지를 제시하였다.(13쪽)
>
> 진정한 민주주의, 즉 스와라지는 진정한 정치 시스템의 궁극적인 원동력인 개인의 완전한 자유와 성장을 위해 일한다.(14쪽)
>
> 마을 스와라지는 많은 정치적 병폐들에 대해 강력한 치유책을 제공하는 진정하고 힘찬 민주주의이다. 간디는 판차야트 라지, 즉 완전한 정치권력을 가진 비폭력적이고 자족적인 경제 단위인 마을 스와라지의 모습과 프로그램을 구상하였다. 모든 마을은 하나의 공화국 혹은 전권을 가진 판차야트가 될 것이다. 당연히 모든 마을은 자립적이고 전 세계를 상대로 자신을 방어할 수 있을 정도로 자신의 일들을 관리할 능력이 있어야 한다. 따라서 궁극적으로는 개인이 단위이다. 마을 스와라지에서 궁극적인 권력은 개인에게 있을 것이다.(14~16쪽)
>
> 비폭력적인 경제를 구축하기 위하여 간디는 산업주의, 중앙 집중화된 산업체들 그리고 불필요한 기계들을 배제하였다. 그는 도시를 마을 착취의 매개체로 보았다. 그는 미래세계의 희망은, 아무런 강제와 무력이 없고 모든 활동은 자발적인 협력으로 이루어지는 작고 평화롭고 협력적인 마을에 있다고 말했다. 마을 스와라지에서는 전체가 사랑에 의해 다스려지므로 높은 사람도 낮은 사람도 없다. 모두가 평등하다.(19~20쪽)
>
> 스와라지를 진실과 아힘사(Ahimsa; 비폭력)만을 통해 얻고 구축하고 유

> 지해야 한다고 확고하게 믿게 되어야만 실현될 것이다.(31쪽)
> 마을 스와라지의 기본 원칙들: ① 사람 우위–완전 고용, ② 생계를 위한 노동, ③ 평등, ④ 신탁(trusteeship), ⑤ 탈중심화, ⑥ 스와데시(국산품 애용), ⑦ 자급자족, ⑧ 협동, ⑨ 불복종, ⑩ 종교의 평등, ⑪ 판차야트라지, ⑫ 나이탈림(수공업 일을 통한 국민교육).(64~75쪽)

마을 스와라지를 지키는 평화여단

간디는 마을 스와라지를 공화국으로 간주한다. 간디가 생각하는 스와라지는 단순한 마을이 아니다. 공화국의 역할을 겸하는 정치 공동체로서의 마을 공화국이다. 그러므로 스와라지라는 마을 공화국을 지킬 장치가 필요하다. 스와라지의 보호 장치로써 우선 군대를 떠올릴 수 있으나, 간디는 군대를 거부한다. 정규군이 아니면서도 경찰·군대를 대신하는 '비폭력 평화여단'이 마을 스와라지를 보호할 수 있다는 것이다. 무기를 소유하지 않은 평화여단이 스와라지의 평화 지킴이가 될 수 있다는 발상이다.

(마을의 평화를 지키는) 평화여단에 관한 간디의 구상이 실린 『마을이 세계를 구한다』의 제26장을 아래와 같이 요약한다.[60]

> 얼마 전에 나는 평화여단 구성을 제안했다. 폭동, 특히 종교적 대립으로 인한 폭동을 목숨을 걸고 막기 위한 것이다. 내 생각은 이 여단이 경찰이나 군대까지도 대신한다는 것이었다.

60) 마하트마 간디 지음, 김태언 옮김, 『마을이 세계를 구한다』(대구: 녹색평론사, 2006), 270~276쪽.

완성된 평화여단의 구성원은 어떤 자격을 가져야 하는지 생각해 보자.

① 그는[평화여단의 구성원은] 비폭력에 대한 살아 있는 신념을 가지고 있어야 한다. ② 이 평화의 사자(使者)는 지구상의 모든 주요 종교에 대해서 같은 관심을 가져야 한다. ③ 이 평화를 위한 일은 그 지역 사람이 그 지역에서만 할 수 있다. ④ 이 일은 혼자서도 할 수 있고, 무리를 이루어서도 할 수 있다. ⑤ 이 평화의 사자는 직접적인 봉사를 통해 그 지역이나 선택된 집단 안에서 사람들과 접촉을 갖고 있을 것이므로…… 이방인이 폭동을 진압하러 온 것과는 다를 것이다. ⑥ 평화를 가져오는 사람은 흠 잡을 데 없는 성품을 갖고 있어야 하고, 엄격하게 공정한 인물로 알려져 있어야 한다. ⑦ 다가오는 폭풍에 대한 전조를 감지하면 평화여단은 일이 터지기를 기다리지 않고, 일어나려고 하는 일을 조정하려 노력할 것이다. ⑧ 이 운동이 확산되면 늘 이 일을 하는 일꾼들이 있는 것이 좋을 테지만 그것이 반드시 필요하지는 않다. ⑨ 이 여단의 구성원들이 입는 특색 있는 복장이 있어서 시간이 가면 그들을 쉽게 알아볼 수 있어야 한다.

비폭력적인 국가에서도 경찰력은 필요한 것이다. 내가 생각하는 경찰은, 현재의 경찰과는 완전히 다른 형태일 것이다. 그 구성원들은 비폭력을 믿는 사람들로 이루어질 것이다. 경찰은 어떤 종류의 무기를 가지고 있겠지만, 그것을 사용하는 일은 아주 드물 것이다. 비폭력 부대가 효율적이 되려면 규모가 작아야 한다. 비폭력 부대의 구성원들에게 한 가지 공통점이 있어야 하는데, 그것은 신에 대한 절대적인 신앙이다. 신에 대한 신앙이 없이는 평화여단은 무기력할 것이다.

그러면 평화여단의 몇 가지 규칙을 제시하고자 한다: ① 자원자는 어떤 무기도 지니지 말아야 한다. ② 부대 구성원은 쉽게 알아볼 수 있어야 한다. ③ 자원자는 누구나 붕대, 가위, 바늘, 실, 외과용 칼 등의 응급처치 도구를 가지고 있어야 한다. ④ 그는 다친 사람을 운반할 줄 알아야 한다. ⑤ 그는 불을 끄는 법, 화재지역에 안전하게 들어가는 법, 조난구조를 위하여 높은 곳에 올라가는 법, 또 짐을 지고서나 혼자서나 안전하게 내려오는 법을 알아야 한다. ⑥ 그는 자기 지역의 모든 주민을 잘 알고 있어야 한다. 이것은 그 자체가 봉사이다. ⑦ 그는 마음속에서 끊임없이 '라마나마'를 암송해야 하며, 믿음을 갖고 있는 다른 사람에게도 그렇게 하도록 설득해야 한다.

간디는 위와 같이 '스와라지'라는 마을 공화국의 자치·자위(自衛)를 위하여 평화여단이 필요하다고 강조했다. 아힘사(비폭력)의 힘으로 무장한 평화여단이 스와라지(마을 공화국)의 평화를 보장하지, 국가권력의 힘이 반영되는 군대나 경찰이 스와라지의 평화를 보장하지 않는다는 것이다. 이러한 간디의 생각은, 종교분쟁이 심각한 인도와 같은 나라의 풀뿌리 평화 공동체를 이룩하는 사상적 지침이 될 수 있을 것이다.

마을 공화국의 경제적 기반-비폭력 경제

간디는 『마을이 세계를 구한다』에서 마을 스와라지(Village Swaraj)의 비폭력 경제에 관하여 역설한다.

그는 비폭력적인 경제를 구축하기 위하여 산업주의·중앙 집중화된 산업체들 그리고 불필요한 기계들을 배제하였다. 그는 산업주의의 온상인 도시를 마을 착취의 매개체로 보았다. 그는 강제와 무력이 없고 모든 활동이 자발적인 협력으로 이루어지는 작고 평화롭고 협력적인 '마을 스와라지(마을 자치)'를 꿈꿨다.

그는 판차야트(선출된 몇 명으로 구성되어 마을 일을 돌보는 마을 회의) 라지, 즉 완전한 정치권력을 가진 비폭력적이고 자족적인 경제 단위인 마을 스와라지의 프로그램을 구상했다. 마을 스와라지는 재산 중심인 서양 경제와 달리 인간 중심이다. 그것은 생명의 경제이다. 인도의 70만 개의 마을들은 하나의 공화국(마을 공화국) 혹은 전권을 가진 판차야트로서 농업·수공업(마을 산업)을 통해 독립적이고 자급자족하는 비폭력(Ahimsa) 경제 공동체를 이룬다.

위와 같이 마을 스와라지의 비폭력 경제가 마을 공화국의 경제적 기반임을 강조한다. 그는 마을 공화국의 경제적 기반을 다지기 위한 무소유의 경제학을 설파한다. 간디의 경제관을 기술한 아지뜨 다스굽따의 『무소유의 경제학』의 주요 부분을 다음과 같이 요약한다:

① 간디는 스와라지에서 자립·자존의 경제관을 정립했다. ② 경제와 윤리의 관계는 양방통행으로 같은 것이다. 경제적 개념들에 윤리적 의미가 부가되어야 하며, 윤리 역시 고상한 곳에서 내려와 '좋은(善) 경제학'이 되어야 한다. ③ 이웃의 원리(principle of neighbourhood)에 입각한 스와데시, ④ 참다운 인도적(humane) 경제학, ⑤ 참된 경제(true economics), ⑥ 농촌 실업을 해소하기 위한 물레 잣기, ⑦ 다르마와 아르카(富)의 합일, ⑧ '인간은 이마에 땀을 흘리고 나서야 자신의 빵을 가질 수 있다'는 '빵－노동설(the doctrine of bread－labour)', ⑨ '내 것이란 내가 잠시 맡아둔 것일 뿐이다'는 보관인 정신론(the theory of trustship), ⑩ 노동자와 자본가는 동반자이다. ⑪

토지는 모두의 것이다. ⑫ 촌락 산업의 진흥.

필자는 위와 같은 간디의 발상이 노자(老子)의 '소국과민(小國寡民)'과 비슷하다고 생각하면서 다음과 같이 문제를 제기한다:

① 소유 중심의 자본주의를 넘어서는 무소유 경제학의 과제가, 한국사회에도 적용될 수 있는가? ② 무소유 경제학의 기반이 되는 마을 스와라지를 한국에서도 이룰 수 있는가? ③ 신자유주의–한미 FTA의 재앙이 몰아치고 있는 한국의 농촌·농업·농민이 삶의 평화를 지키기 위하여 마을 스와라지를 도입할 필요는 없을까? ④ 마을 스와라지를 통해 마을(지역 자치체)의 평화를 보장할 길은 없을까? ⑤ 간디의 비폭력적인 인간관계(비폭력관계)를 통하여 한국사회 구성체가 변혁의 길로 나아가고, 더 나아가 한반도가 평화통일의 길로 나아갈 방도는 없을까?

마을 공화국의 경제적 지침(指針)인 간디의 무소유 경제학이, (불평등한 소유체계로 짜인) 근대국가 한국의 자본주의를 지양한 뒤 마을 민주 공화국의 경제적 기반을 닦는 데 밑거름이 되길 바란다. 이러한 희망을 실현하는 데 근대 자본제 국가(한국 등)의 소유체계·생산관계의 변혁이 선결 과제이다.

琉球[오키나와] 공화사회

Dx 8 마을; 가와미츠 신이치(川滿信一)

오키나와의 시인 · 언론인 · 평론가인 가와미츠 신이치(川滿信一)가 『新沖繩文學』(1981년 6호)에 발표한 「琉球共和社會憲法C私(試)案」은, 필자가 생각하는 '마을 민주 공화국 헌법'의 발상을 가다듬는 데 도움을 준다.[61] 발상력을 높이기 위하여 아래의 자료를 인용한다.

「琉球共和社會憲法C私(試)案」 해설[62]

류큐 열도 안에서도 오키나와 본섬이 아닌 미야코섬, 또 그 안에서도 해안가 마을에서 자라나 일본 제국주의의 말기를 경험하고 '삼중사중'의 언어의 벽을 넘어 류큐대학에서 수학하며 사회운동에 참여한 후, 오키나와 타임스 기자로 근무하며 문필활동을 하던 가와미츠 신이치가 1981년에 발표한 '류큐 공화사회 헌법 C사(시)안'은 그 내용에 앞서 제목만으로도 기이함을 불러일으킨다. 헌법 초안(草案)이나 시안(試案)도 아닌 '사(시)안'[私(試)案]이란 표현이 그러하며,

---

61) 「琉球共和社會憲法C私(試)案」의 우리말 번역문을 보려면 다음 문헌을 참고할 것; 가와미츠 신이치 지음, 이지원 옮김, 『오키나와에서 말한다』, 125~143쪽.

62) 이지원, 「오키나와 자립론의 한 사례」, 『한림 일본학』 27집(2015.12.), 239~242쪽 요약.

C라는 알파벳 글자까지 더해진 것 또한 그러하다.

'헌법 C사(시)안'이라는 표현 외에도 또 한 가지 눈에 선 것은 '공화사회'라는 표현이다. 처음 접하는 이들은 '공화국'의 오타(誤打)가 아닌가 의심하기도 한다. 오타가 아니라 국가가 아닌 사회임을 강조하고 있는 것이다. 내용을 보면 이 점은 더욱 확연해진다. 시적(詩的)인 문장과 일본의 행로를 통렬히 비판하는 마무리 문구로 강렬한 인상을 주는 전문(前文)에 이어, 제1장 <기본 이념>의 제1조부터 "우리 류큐 공화사회의 인민은, 역사적 반성과 비원(悲願)을 딛고서, 인류 발생의 역사 이래 권력집중 기능에 의한 일체의 악업(惡業)의 근거를 지양하고, 여기서 **국가를 폐절**(廢絶)할 것을 소리 높여 선언"하고 있고, 제2조에서는 "……**군대, 경찰, 고정적인 국가적 관리기관, 관료체제, 사법기관 등 권력을 집중하는 조직체제는 철폐**하고, 이를 창설하지 않는다. 공화사회 인민은 **개개인의 마음속의 권력의 싹을 억누르고, 주의를 기울여 솎아내어야 한다**"고 요구하고 있다. 단지 제도나 기관으로서의 국가 부정이 아니라, '자기 안의 국가성(國家性)'을 넘어서는 "**개개인의 혼의 혁명**"도 추구하는 것이다.

또 '합법화된 폭력기관으로서의 국가'에 철저히 반대하는 한, 전쟁도 역시 포기한다. 제2장의 <부전(不戰)> 제13조를 통해 "공화사회의 센터 영역에 대해서, **무력 및 기타 수단으로 침략행위가 이루어진 경우라도 무력으로 대항하거나 해결하려 해서는 안 된다**"고 못 박는다. '평화헌법'으로 불린 전후 일본국 헌법의 '전수(專守)'방위 원칙조차 포기하는 '절대 평화주의'를 고수하는 것이다. 무력을 포기한 상태에서 방위의 방법은 "상징기를 내걸고, 적의(敵意)가 없음을 과시하면서, 해결방법은 임기응변으로 총의를 결집하여 결정하도록 한다"고 이야기된다. 여기에 불교의 사상에 바탕하여 "어떠한 이유로도 인간을 살상해서는 안 된다(제3조)", "먹거리를 넘어서는 살상은 자비의 계율에 반한다(제4조)"는 내용이 더해진다. 이렇듯 국가를 완전 부정하는 대체물이, 탐욕으로부터 스스로를 제어할 줄 아는 개개인이 이상적으로 협력하며 조화를 이루는 '공화사회'이다.

일단 국가를 부정했기 때문에 '영토' 개념도 거부하고, '센터 영역'이라는 개념을 도입하면서 '공화사회'가 존립하는 상징적인 지리적·공간적 범위로서 "지리학상의 류큐호에 포괄되는 섬들과 해역(국제법상의 관례에 따른 범위)(제8조)"으로 정하며, "센터 영역 내에 아마미주(奄美州), 오키나와주(沖縄州), 미야코주(宮古州), 야에야마주(八重山州) 등 4개 주를 설정한다. 각 주는 적절한 규모의 자치체로 구성(제9조)"되며, "자치체는 직접민주주의를 철저히 하는 것을 목적으로, 중의(衆議)에 지장을 주지 않는 규모로 만든다. 자치체의 구성은 민의와 자연조건 및 생산조건에 의해 정해진다(제10조)."

이런 식으로 구성된 공화사회의 운영은 "……직접민주주의의 이념에서 벗어나서는 안 된다. 중의를 기초로 각각의 조직 규모에 적합한 대표제 중의기관을 설치한다……(제42조)." 또한, "공직에 해당하는 사람은 전문위원을 제외하고 각 지자체 및 주의 중의에 기초하여 추천한다. 공직은 교대제로 한다……(제45조)."

이처럼 정치적·행정적으로 완전한 직접민주주의와 협의(deliberation), 자치제의 연합, 호선제(互選制)를 추구하는 공화사회 헌법은, 경제적으로도 이상적인 공동체(commune)를 상정한다.

이러한 정치적·경제적 골격을 갖는 공화사회의 구성원이 될 자격은 다음과 같다. "류큐 공화사회의 인민은 정해진 센터 영역 내의 거주자에 국한하지 않고, **이 헌법의 기본이념에 찬동하며, 준수할 의지가 있는 자는 인종, 민족, 성별, 국적 여하를 묻지 않고, 그 소재지에서 자격을 인정받을 수 있다**. 다만 류큐 공화사회 헌법을 승인한다는 것을 센터영역 내의 연락조정 기구에 보고하고, 서명지를 송부할 필요가 있다(제11조).”

또한 이상적인 직접민주주의의 공동 생활체인 류큐 공화사회는 그 자체 안에 복지기능이 내재되어 있다. 이때 복지란 물질적인 것일 뿐 아니라 정신을 포함한 삶의 모든 영역이며, 욕구의 무한 확대를 의미하지 않는다(제6조 및 7조).

이러한 헌법 私案의 내용은 맑스의 사상< “자유로운 개인의 자유로운 결합[Assoziation/Association]”, 『독일 이데올로기』>을 떠올리게 하는 면도 있지만, 시적인 전문과 함께 제시되는 이미지는 마치 존 레논이 ‘이매진(Imagine)’에서 그렸던 세계와도 흡사하다. 그리고 이런 내용이 헌법안이라는 형태로 제시된다는 것은 매우 드문 일이다.

가와미츠 신이치의 관점

1) 국가관

가와미츠 신이치의 국가관은, 국가를 폭력기관으로 보고, 특히 근대 국민국가는 자본의 이익 극대화를 위한 시스템이라고 본다는 점에서 고전적 맑스주의의 국가관과 흡사하다. 단지 제도나 기관으로서의 국가를 철폐한다는 것이 아니라 개개인들이 국가로부터 벗어나는 것을 필요로 한다. 국가로서의 독립이 아닌 국가로부터의 자립을 주장하는데, 이는 단지 사상적 차원의 요구가 아니라 오키나와가 처한 지정학적 현실을 고려한 이야기이기도 하다.

오키나와와 같이 작은 섬나라가 대만, 한국, 일본, 중국, 심지어는 미국에 맞서서 군사적인 자위체제를 갖춘다는 것이 과연 얼마나 현실적으로 가능한 것인가? 혹은 강대국과 군사동맹을 맺어 그 '보호'를 받는 식으로 된다면, 미일 안보조약 체제하의 현 상태와 별반 차이도 없을 것이니, 그러한 '독립국가'가 얼마나 의미가 있느냐는 문제제기이다. 따라서 '탈일본적 반복귀[오키나와가 일본에 복귀한 것에 반대함]'가 아니라 '탈국가적 자립'을 지향해야 한다는 것이다. 그 형태가 공화사회이다.[63]

가와미츠는 소박하면서도 근본적인 성격을 지닌 일련의 규정들을 기초로 하여 류큐 공화국 및 사회의 조직 형태를 구상하였다. 그리고 그것은 바로 국가 기구가 없는 사회이다. 그것은 구성원이 유동적인 대표제 중의(衆議) 기구를 지니며, 산하에 연락 및 조정기구를 갖고 있다. 전문가 위원회와 집행 위원회로 구성된 연락 및 조정기구는 중의 기구에 대해 상이한 자치체 간의 협조와 자치체 내부 각 항목의 대비책을 제공하는 책임을 맡으며, 또한 승인 후의 집행을 책임진다. 공직은 일률적으로 교체제를 실행한다. 대표제 중의 기구에서 해결이 불가능한 의견차이가 발생하였을 때는, 자치체 구성원의 협의를 통해 결재를 진행해야 한다.

63) '류큐 사회헌법'의 형태를 구상할 경우에는, 농작물, 생선 거래 등 국경을 넘어서 자신들의 **사회적 영토**를 만들어갈 수 있습니다. 현재의 국민국가의 국경이라는 영토의 울타리를 사회적 교류를 통해 허물어가는 지표를 세우고, 우리 자신의 입장을 지켜나가자는 것이 '공화사회 헌법'의 기본인 셈입니다. <가와미츠 신이치 지음, 이지원 옮김, 『오키나와에서 말한다』, 195쪽>

만약 좁은 의미의 정치학 개념에서부터 출발한다면, 가와미츠 「헌법」은 정치를 소거한 헌법이라고도 할 수 있겠다.[64]

2) 헌법에 대한 관점

(1) 풀뿌리 자주헌법 제정

"현재 일본의 헌법개정 문제가 제기되는데, 지금의 대의제 국가에 자신을 위임하여 의회에서 개헌을 한다는 것에는 절대 반대한다. 다만, 하나의 방법으로서 47개 도도부현 전체에 헌법안 기초를 의뢰하여, 각 현이 대표자를 모아 헌법 초안을 만들고, 그 헌법 초안을 고시엔의 고교 야구대회처럼…… 지역에서부터 대표를 각각 보냅니다. 그 초안을 심의회가 심의하여 가장 이상적인 헌법안을 채택하여 개정하는 식으로 한다면, 이것은 좋은 기회…… 이렇게 **풀뿌리 차원의 밑으로부터의 자주헌법**을 만들자(고) 제안하고 싶습니다. 체제가 다음 단계로 진전한 다음에야, 뒷북치듯이 반대, 반대만을 외치는…… 의제(擬制) 반체제 운동을 넘어서려면, 체제 측의 책모에 대해 선수(先手)를 치는 방식이 반드시 필요하다. 그러나 정당도 시민운동도 방어적인 입장을 취할 뿐이다. …… 체제 측에 선수를 치는 창헌[創憲]운동(이)…… 요망된다."[65]

64) 쑨거, 「리얼리즘의 유토피아: 가와미츠 신이치의 류큐 공화사회 헌법 C사(시)안 읽기」, 『통일과 평화』 6집 2호(2014), 119쪽.

65) <이지원, 「오키나와 자립론의 한 사례」, 『한림 일본학』 27집(2015.12.), 250~251쪽>. 지금의 대의제 국가에 자신을 위임하여 의회에서 개헌을 한다는 것에는 절대 반대한다고. 다만, 하나의 방법으로서 47개 도도부현 전체에 헌법안 기초를 의뢰하여, 각 현의 대표자를 모아 헌법 초안을 만들고, 그 헌법 초안을 고시엔(甲子園)의 고교 야구대회처럼 한 곳에 모으는, '우리의 헌법(「おらが憲法」)'과 같은 형태로 지역에서부터 대표를 각각 보냅니다. 그 초안을 심의회가 심의하여, 가장

⑵ 우리 동네 헌법

각 현에서 활약하는 '헌법학자'나 '시민헌법의 기초'를 꿈꾸는 사람들을 총동원해서 만든 '우리 동네 헌법 초안'을 고시엔(甲子園; 고교 야구대회가 열리는 도쿄의 야구장)으로 보내 '신헌법 초안 콩쿠르'를 연다.[66]

⑶ 초국경 헌법(越境 憲法)

애초의 '헌법 사안私案'에는 공화사회와 절대 평화주의의 이념은 있지만 동아시아 차원의 구상은 들어 있지 않았다. 그러나 21세기 이후 가와미츠는 되풀이하여 '쿠로시오 로드 비무장지대' 방안 및 '동아시아 공동체' 구상을 제안한다. 그리고 이는 오키나와의 '비무장 자립'이라는 '헌법 사안私案'의 발상의 연장선상에 위치하되, 군사적 역학관계에 기반을 둔 '에어 포켓'을 노린다는 방식으로 좀 더 구체성을 띤다.

군사적 에어 포켓으로 가장 적합한 곳은 동아시아에서는 육지의 실크로드에 대응하는, '쿠로시오 로드'에 위치한 제주도로부터 아마미를 포함한 류큐 제도, 대만 등이다. 일본, 중국, 한국, 미국, 동아시아 제도의 군사력이 3자 견제, 4자 견제가 되어 아무도 전쟁을 벌일 수 없는 지세적(地勢的) 교차로를 균형지대로 만드는 것이다.

단지 오키나와의 '비무장 평화지대'化만이 아닌, 말 그대로 쿠로

이상적인 헌법안을 채택하여 개정하는 식으로 한다면, 이것은 좋은 기회가 될 수 있습니다. 나는 이렇게, 풀뿌리 차원의 밑으로부터의 자주헌법을 만들자는 문제 설정을 제안하고 싶습니다. <가와미츠 신이치 지음, 이지원 옮김, 『오키나와에서 말한다』, 210쪽>

66) 가와미츠 신이치 지음, 이지원 옮김, 『오키나와에서 말한다』, 120쪽.

시오 해류가 관통하는 해역의 섬들, 제주도로부터 아마미, 류큐, 대만이 비무장화의 가능성이 있는 곳으로 꼽히고, 해남도까지도 언급된다. 이 구상은 다시 '헌법 사안私案'의 최신 확대판으로 발전한다.

그러기 위해서는 현재 일본에서 벌어지는 헌법 개정의 움직임에 편승하여 '초국경 헌법안(越境 憲法案)'을 구상하는 것이 좋다. '초국경 헌법'은 '쿠로시오 로드' 비무장 지대의 헌법이다.[67]

(4) 문자화되지 않은 헌법

오키나와에서는 이미 독자적인 헌법이 존재하고 있음을 분명히 할 필요가 있습니다. 문자화된 헌법, 대일본 제국 헌법 및 일본국 헌법은, 문자화되지 않은 헌법의 일부라고 생각합니다. 헌법은 구축(構築)하는 것이 아니라, 우리들의 전통 속에서 '발견'하고, 이를 그 시대의 언어로 표현해가는 작업이라고 생각됩니다. 궁극적으로는 영국이나 이스라엘처럼 성문헌법을 갖지 않은 국가 쪽이, 헌법에 대한 국민의 준수의식이 강하다고 생각됩니다. 헌법을 불립문자(不立文字)로서, 관습법으로 위치 지우는 발상은 한번 생각해볼 만한 가치가 있습니다. 언어도 이념도 시대성을 띠는 것이기 때문에, 사람들의 마음의 법정(法廷)에서 법으로서의 규범성을 갖지 못한다면 의미가 없다고 생각되기 때문입니다.[68]

67) 이지원, 「오키나와 자립론의 한 사례」, 『한림 일본학』 27집(2015.12.), 251~253쪽.
68) 가와미츠 신이치 지음, 이지원 옮김, 『오키나와에서 말한다』, 147~148 · 153쪽.

평화마을

Dx 9 마을; 김승국의 구상

마을 민주 공화국의 맹아 마을 12개(Dx 1~Dx 12)가 모두 '평화마을'이다. '평화마을'은 평화를 지향하는 마을이다. 현재 전 세계에서 진행 중인 마을 만들기에 '평화'라는 모자를 씌우면 '평화마을 만들기'가 된다. 평화 지향적인 마을民이 마을 만들기에 나서면 '평화마을 만들기'이다.

이렇게 쉬운 일이어서 누구나 나설 수 있는데도 어느 곳에서도 평화마을 만들기의 사례를 발견하기 어렵다. 그 이유는 ① 마을民이 사는 국가(국가를 에워싼 국제정세)가 반反평화적이거나,[69] ② 마을民이 사는 지역에 구조적인 폭력이 난무하거나,[70] ③ 평화 지향적인 마을民이 존재하지 않거나, ④ 존재해도 사회적인 영향력 · 힘이 약하거나, ⑤ 사회적인 영향력 · 힘이 있어도 평화마을에 대한 관심이 없기 때문이다.

이 밖에 더 많은 이유가 있겠지만 이유가 늘어날수록 평화마을 만들기는 난망이다. 그러므로 이유가 계속 늘어나기 전에 평화마을의 모범사례를 만든 뒤, 많은 마을民들에게 모범사례를 보여주며 따라

---

69) 필자가 사는 한국의 경우 분단 때문에 한반도 안팎에 反평화적인 국제정세가 형성되어 있다.

70) 최근에 신자유주의의 강화로 구조적인 폭력이 증가하고 있다.

오도록 유도할 필요가 있다.

이를 위해 우선 평화마을에 대한 이론적인 정립을 하면서 평화마을 만들기의 방법론을 개발하는 것이 중요하다. 필자의 경우에도 경기도의 고양시를 평화도시-평화통일특별시로 발전시키기 위한 연구용역에 임하면서, '고양이라는 평화도시 안에 있는 평화마을(평화마을 만들기 포함)'에 관하여 여러 가지 의견을 내놓았다.

필자가 내놓은 평화마을에 관한 의견의 이론적인 심도가 떨어짐에도 불구하고, 마을 민주 공화국 관련 논의의 원활한 진행을 위하여 몇 가지 연구 성과물을 그림 중심으로 소개하면서 필자의 '평화마을 상(像)'을 제시한다.

필자의 '평화마을 상像'
고양 평화통일특별시와 관련하여

1) 왜 고양시인가?

앞에서 평화마을 만들기가 안 되는 5가지 이유를 들었는데, 그중 첫 번째인 '반反평화적인 분단'이 최대의 이유이다. 한반도의 분단을 극복하기 위한 '평화통일' 노력 없이 평화마을은 언감생심이다.

한반도에 거주하는 마을民이 평화마을을 이루기 위해서라도 평화통일이 되지 않으면 안 된다. 그래서 평화마을·평화도시(평화마을의 확대판으로서의 평화도시; 고양시의 경우 '평화통일특별시')와 한반도 평화통일은 동전의 양면이다. 평화통일 운동과 평화마을·평화도시 운동은 동시 진행되어야 한다. 평화통일 관련 연구와 평화마을·평화도시 관련 연구도 동시 진행되어야 한다. 내가 사는 마을·

도시가 평화롭지 못하면 한반도 평화통일이 무의미하다. 내가 사는 마을이 반反평화적이지만 한반도는 평화적인 경우는 논리적으로 모순이지만 그런 모순조차 현실적으로 발생할 수 없다.

평화통일 운동-평화마을·평화도시 운동, 평화통일 연구-평화마을·평화도시 연구의 동시진행을 가장 효율적으로 할 수 있는 곳이 바로 DMZ 접경지역(경기도·강원도 북부지역)이며, DMZ 접경지역 중에서도 가장 인구밀도가 높고 지정학적으로 중요한 고양시가 최적의 장소이다.

고양시가 평화도시(평화도시의 특화된 이름이 '평화통일특별시'임)로 발전하는 가운데 고양시의 요지<김대중 사저(김대중 전직 대통령이 대통령이 되기 전에 살았던 사저) 등>를 중심으로 평화마을을 조성하는 일 자체가 평화통일을 앞당기는 일이다.

이와 같이 고양시를 무대로 엮이는 3자 관계(평화마을-평화도시-한반도 평화통일)를 마을 민주 공화국 관련 논의로 이끌어 들이기 위하여, 아래와 같은 필자의 평화마을 像(필자가 생각하는 평화마을의 모습)을 선보인다. 두 개의 논문<2014년 고양시 연구용역 보고서「평화통일특별시를 위한 고양시 위상 추진 전략 연구」와 2015년 고양시 연구용역 보고서「김대중 사저 활용방안 연구」>에, 아래의 그림들에 대한 설명이 자세하게 되어 있으므로 장황한 해설을 붙일 필요는 없다. 다만 그림을 해독하는 데 도움이 되거나 마을 민주 공화국과 관련된 논의를 위하여 필요한 내용만 해설로 덧붙인다.

2) 평화마을 像 1[71]

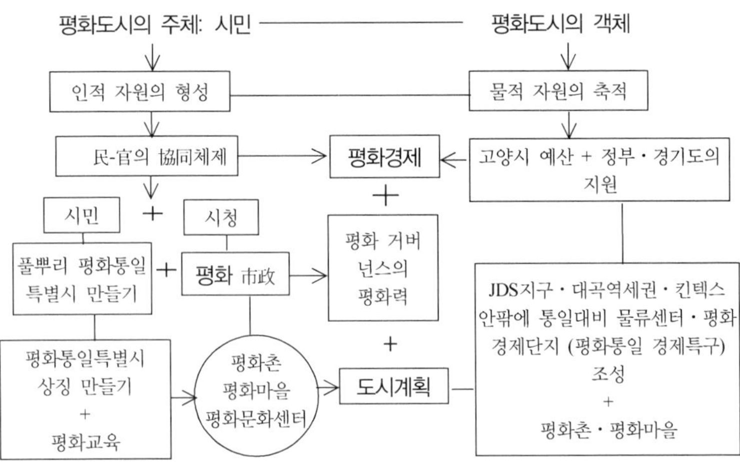

〈그림 1〉 고양 평화통일특별시 구도

<그림 1>은 평화도시의 주체(시민)와 객체로 나누어 고양 평화통일특별시의 구도를 집약한 그림이다. 이 그림의 아래쪽 둥근 그림 안에 '평화촌'[72] '평화마을'이 있다. 이 평화촌·평화마을의 주체는 마을民이다. 고양시 거주 마을民일 경우 고양시민이자 마을民이다.

---

71) 2014년 고양시 연구용역 보고서 「평화통일특별시를 위한 고양시 위상 추진 전략 연구」에서 인용.

72) 평화촌(平和村)은 평화마을의 일종이지만, 이 논문에서는 평화마을보다 규모가 큰 것을 지칭한다. 평화마을과 비슷한 기능을 수행하지만 규모가 다르다. 평화마을이 한국의 행정구역상 동(洞)에 해당된다면, 평화촌은 큰 도시의 동(洞)과 구(區) 사이의 규모로서 한국의 군(郡; Dx 2의 屬과 비슷한 규모) 또는 일본의 정(町)에 가깝다.

인적자원 형성의 측면에서 본
고양 평화통일특별시 구도

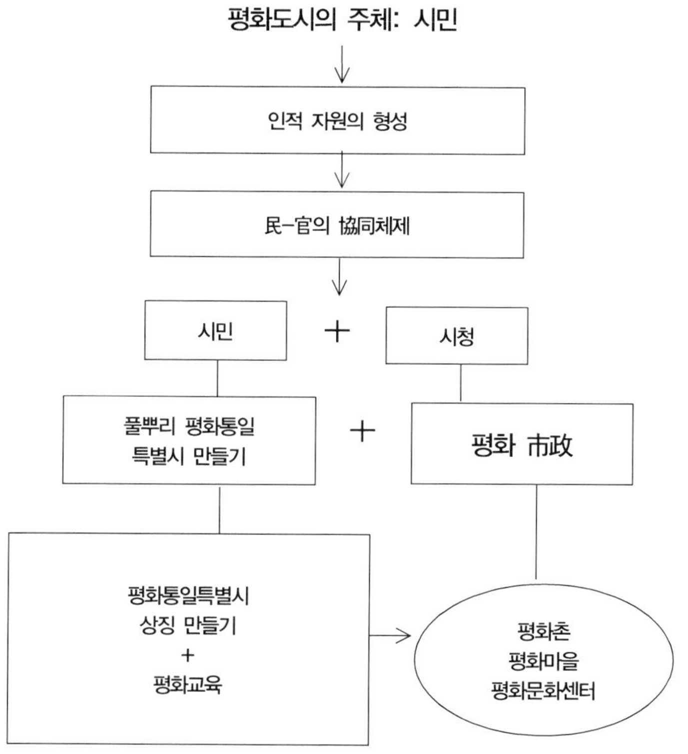

〈그림 2〉 인적자원 형성의 측면에서 본 고양 평화통일특별시 구도

<그림 2>는 맨 아래의 타원 그림 안에 '평화촌' '평화마을'이 있다. 이 평화촌 · 평화마을의 주체는 마을民이다. 고양시 거주 마을民일 경우 고양시민이자 마을民이다.

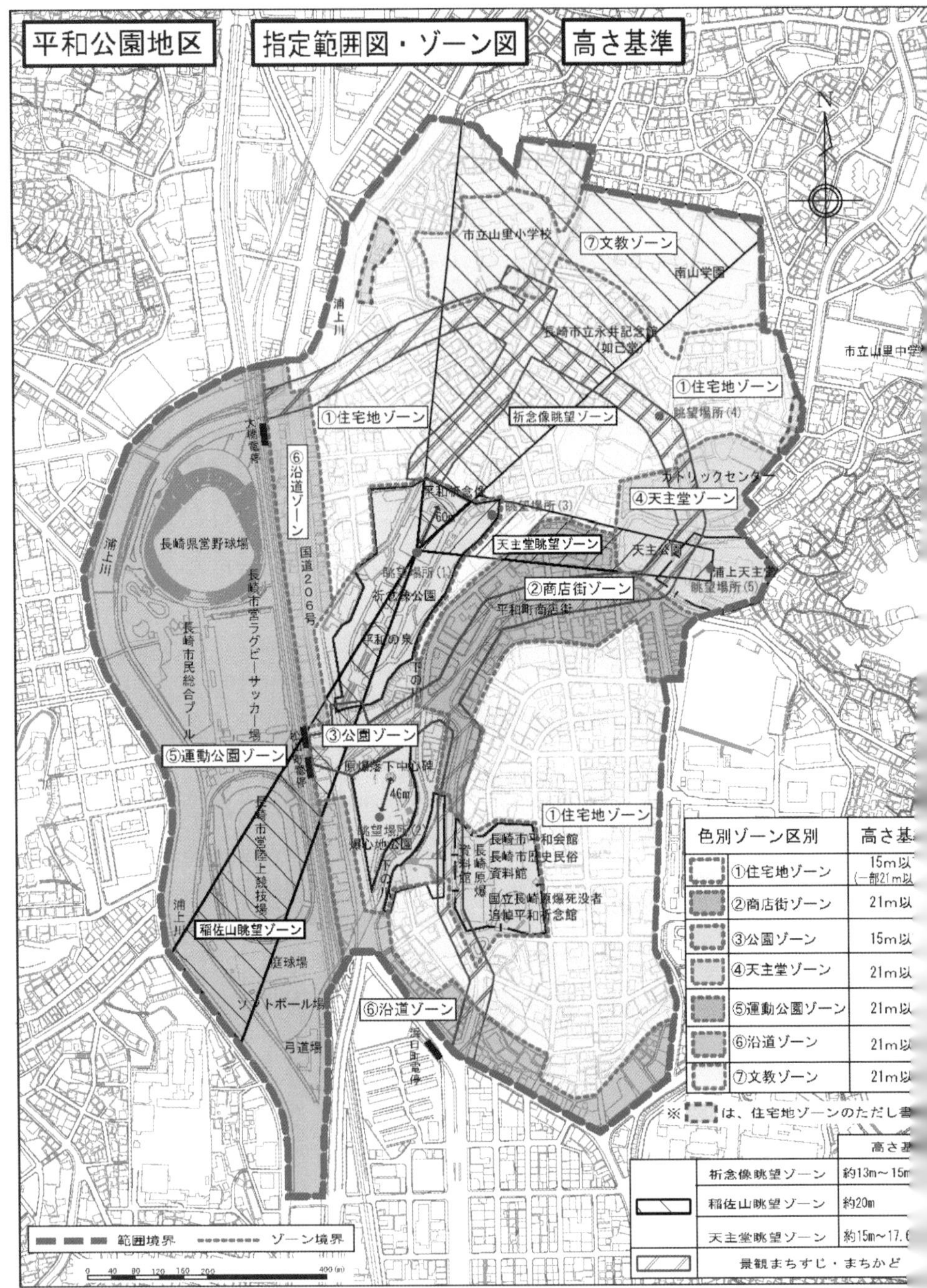

〈그림 3〉 나가사키의 평화촌

나가사키가 평화도시임을 증명하는 <그림 3>의 ③(옅은 녹색 바탕의 평화공원 지구; 원자폭탄자료관 등의 평화관련 시설들이 밀집해 있는 지역)이 돋보이는 시가도(市街圖)이다. 이 시가도는, 평화공원 지구를 중심축으로 삼는 나가사키의 평화촌 구도를 잘 묘사하고 있다.

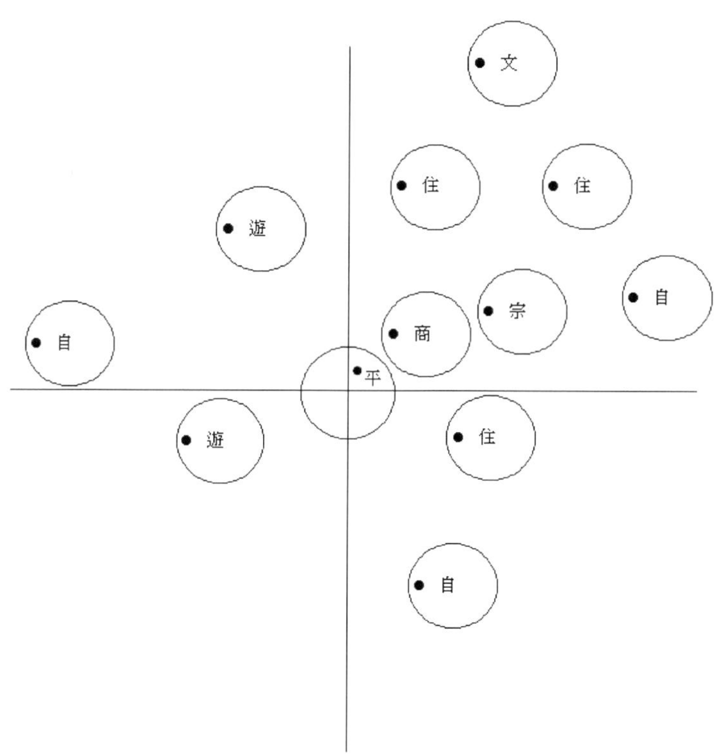

〈그림 4〉 재구성한 나가사키의 평화촌

<그림 4>는 <그림 3>의 시가도 위에 좌표를 그리며 재구성한 나가사키 평화촌의 그림이다. 좌표의 한가운데가 평화공원 지구(<그림 3>의

③)이며 평화공원 지구가 평화를 상징하므로, ‘平’이라는 약칭을 붙여 ‘平’이라는 조그마한 평화촌을 그려 넣었다. ‘平=평화공원 지구’ 주변의 마을 특성에 맞게 ‘商(상가)’ ‘住(주택가)’ ‘宗(종교시설)’ ‘遊(운동공원)’ ‘文(학교 · 문화시설)’ ‘自(산 · 하천 · 바다 등의 자연환경)’을 표기하면서 나가사키 시내 전체의 평화촌이 한눈에 들어오게 했다.

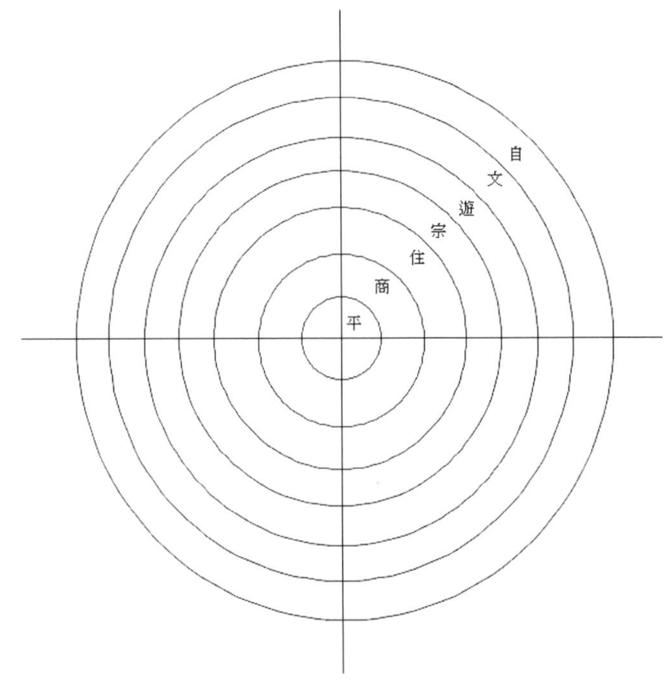

〈그림 5〉 평화촌의 개념적인 구성도

위의 <그림 5>는 ‘平=평화공원 지구’가 평화도시의 구심력으로 작용하면서 自(자연환경)에까지 미치는 원심력을 드러내기 위하여, <그림 4>의 각 마을 특성별로 여러 개의 원을 겹쳐서 그렸다.

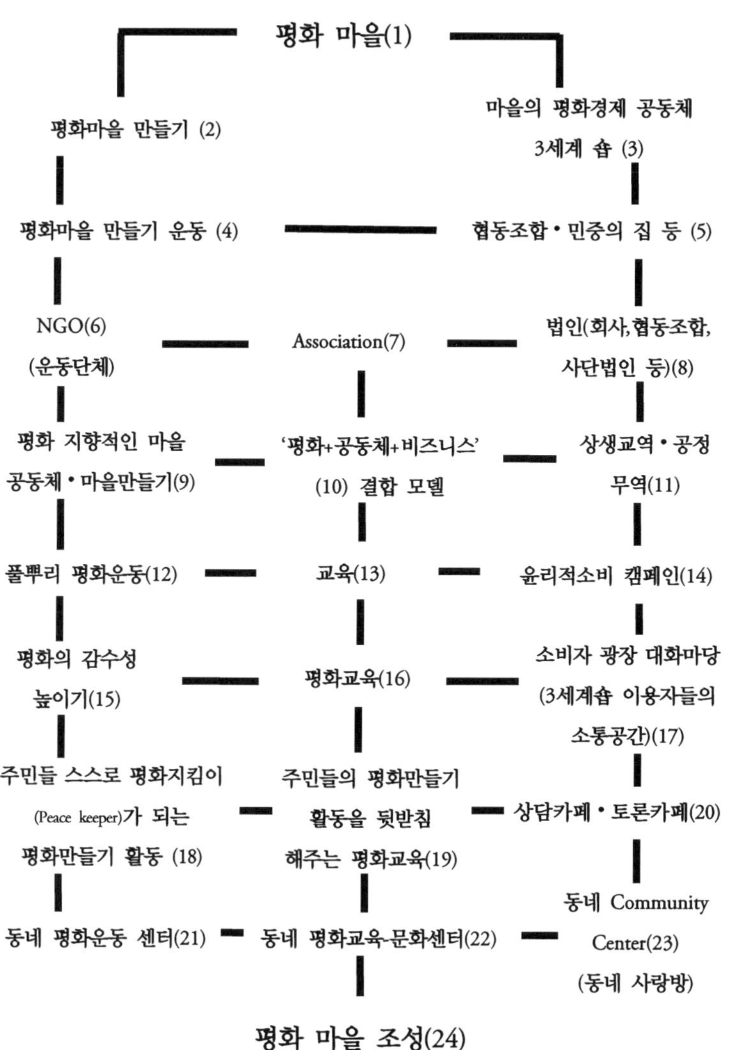
평화 마을(1)
평화마을 만들기 (2)
마을의 평화경제 공동체
3세계 숍 (3)
평화마을 만들기 운동 (4)
협동조합 • 민중의 집 등 (5)
NGO(6)
(운동단체)
Association(7)
법인(회사,협동조합,
사단법인 등)(8)
평화 지향적인 마을
공동체 • 마을만들기(9)
'평화+공동체+비즈니스'
(10) 결합 모델
상생교역 • 공정
무역(11)
풀뿌리 평화운동(12)
교육(13)
윤리적소비 캠페인(14)
평화의 감수성
높이기(15)
평화교육(16)
소비자 광장 대화마당
(3세계숍 이용자들의
소통공간)(17)
주민들 스스로 평화지킴이
(Peace keeper)가 되는
평화만들기 활동 (18)
주민들의 평화만들기
활동을 뒷받침
해주는 평화교육(19)
상담카페 • 토론카페(20)
동네 평화운동 센터(21)
동네 평화교육-문화센터(22)
동네 Community
Center(23)
(동네 사랑방)
평화 마을 조성(24)

〈그림 6〉 평화마을 만들기의 밑그림

<그림 6>은 평화마을 만들기 활동(왼쪽 부분)과 (아름다운 가게 · 한살림 · 협동조합 카페 · 민중의 집 · 생활공예 공방 · 작은 도서관 · 마을 지향적인 협동조합 · 지역 community 센터 등의 요소를 집약한 '3세계 숍'이 매개하는 평화마을의) 경제공동체(오른쪽 부분)가 잘 합성되면 평화마을을 조성할 수 있음을 도식화한 것이다. 번호순으로 그림의 해설을 읽어 내려가면 평화마을의 像이 머릿속에 떠오를 것이다(번호순의 그림 해설이, 2014년 고양시 연구용역 보고서 「평화통일특별시를 위한 고양시 위상 추진 전략 연구」 54~56쪽에 수록되어 있음).

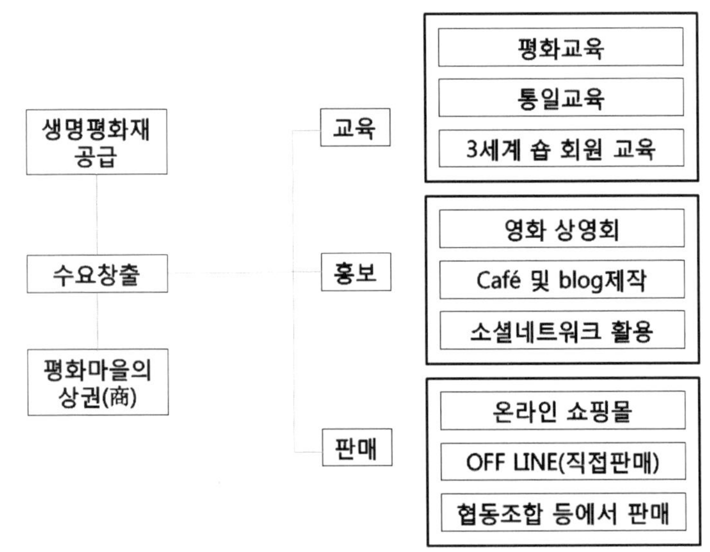

〈그림 7〉 생명평화재를 통한 평화마을 만들기

<그림 7>은 평화마을의 경제공동체를 순환하는 생명평화재(근대 자본제 국가의 구조적 폭력을 증진시키는 상품과 달리 생명 · 평화를 증진하는 재화)를 통한 평화마을 만들기 구도를 표현한 것이다

3) 평화마을 像 73)

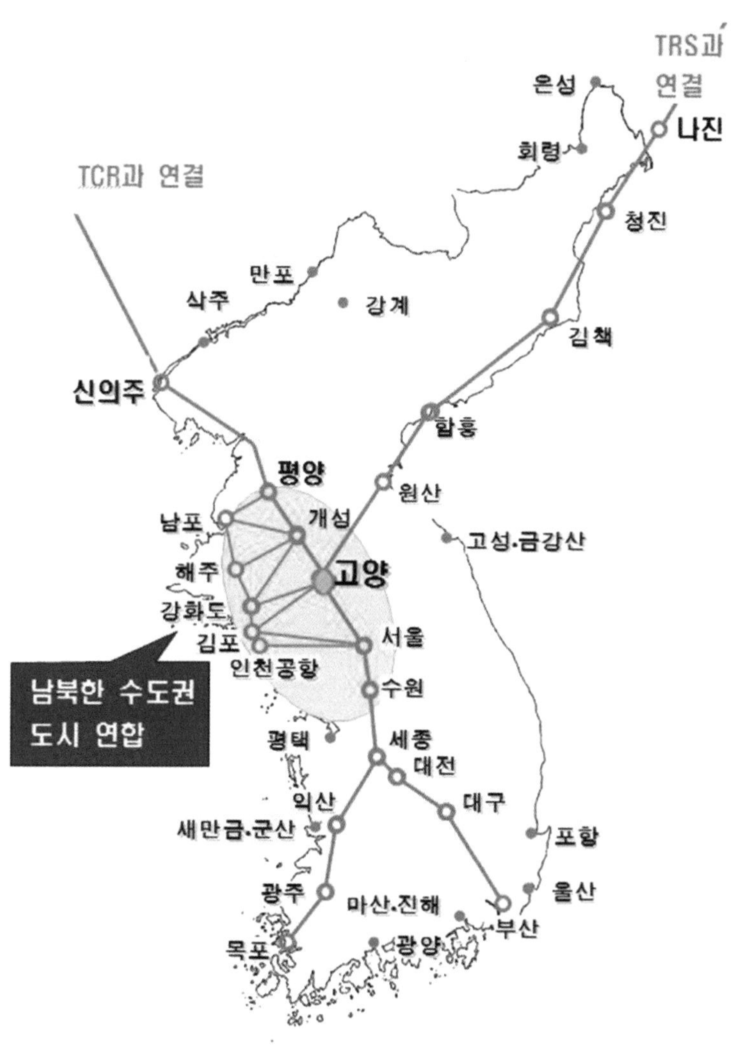

〈그림 8〉 남북한 수도권 도시연합

<그림 8>과 같은 남북한 수도권 도시연합-마을 민주 공화국 연합에 의한 평화통일은 남북한의 국가연합과 다른 길을 걷는다. 남한의 근대자본제 국가와 북한의 국가자본주의가 연합하는 국가 중심의 통일이 아닌 '마을-평화마을-평화도시(평화마을의 확대판으로서의 평화도시)-마을 공화국-마을 민주 공화국끼리의 연합에 의한 통일'이 관심사이다.

후자의 통일을 현실적으로 앞당기는 방편으로 (한반도의 국력이 집결되어 있고 DMZ에 가까운) 남북한 수도권의 도시 연합이 선행되어야 한다. <그림 8>에 명기된 각 도시가 평화도시로 전환하고 각 평화도시 안에 평화마을이 우후죽순처럼 생겨나면 후자 방식의 통일이 불가능하지 않다.

남북한 수도권 도시연합에 거주하는 마을民들이 6·15 선언을 실천하는 '평화마을 속의 통일살이'를 하면, 후자 방식의 통일이 더욱 촉진될 것이다(뒤의 <그림 13>참조).

후자 방식의 통일운동이 활력을 얻을 경우, 남북한의 수도권에 산재한 평화마을들이 구름처럼 모여 '남북한 수도권 마을공화국 연합'을 형성할 수 있으며 이 연합이 지렛대 작용을 하면서 '남북한의 마을 민주 공화국 연합에 의한 통일'을 이룩할 수 있다.

'남북한 수도권 도시연합'이든 '남북한 수도권 마을공화국 연합'이든 한가운데를 가로지르는 DMZ 장벽이 무너져야 하는데, 장벽 붕괴의 시간이 크게 소요된다면 생활권 단위로 '남한 마을 민주 공화국 연합'과 '북한 마을 민주 공화국 연합'을 각자 형성하여 양자를 크게 묶어내면서 장벽을 무너뜨리는 방식도 있다.

---

73) 2015년 고양시 연구용역 보고서 「김대중 사저 활용방안 연구」에서 인용.

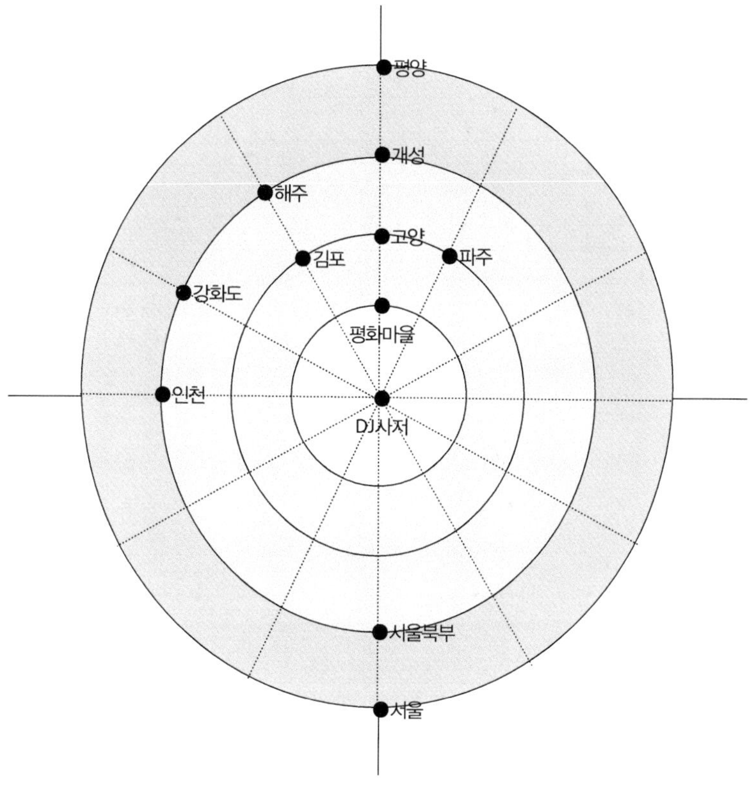

〈그림 9〉 아래로부터의 구도; DJ 사저를 중심으로 한 '점(点)–선(線)–면(面) 전략'

<그림 9> 이하는 김대중 사저 활용방안 연구와 관련된 그림이다.

<그림 8>과 <그림 9>는, 본서에 게재된 「마을 민주 공화국과 한반도 통일」이라는 글을 그림으로 보충하며 '평화마을-마을 민주 공화국의 像'을 정립하는 데 도움을 준다.

<그림 9>는 고양시의 정발산동에 있는 김대중 사저를 중심으로 '점点-선線-면面 전략'에 따라 평화마을(정발산동 평화마을)을 만들고, 이 평화마을이 평화통일의 발신처가 되어 남북한 수도권 도시연합

을 넘나들며 통일로 나아가는 아래로부터의 구도이다.

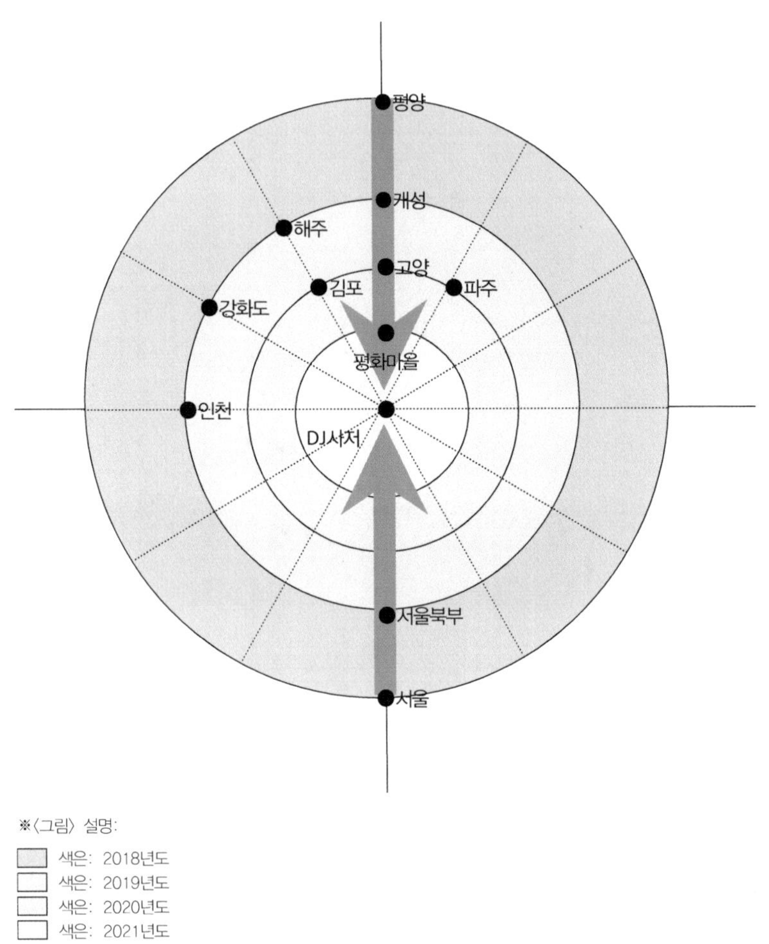

〈그림 10〉 수렴도; 김대중 사저로 수렴되는 평화마을의 구도

<그림 10>은, 남북한 수도권 도시연합으로 메아리친 정발산동 평화마을의 전파력이 남북한 수도권 도시연합의 극점(極點)인 서울·평양에서 다시 정발산동 평화마을로 수렴되어 힘이 배가되는 구도이다.

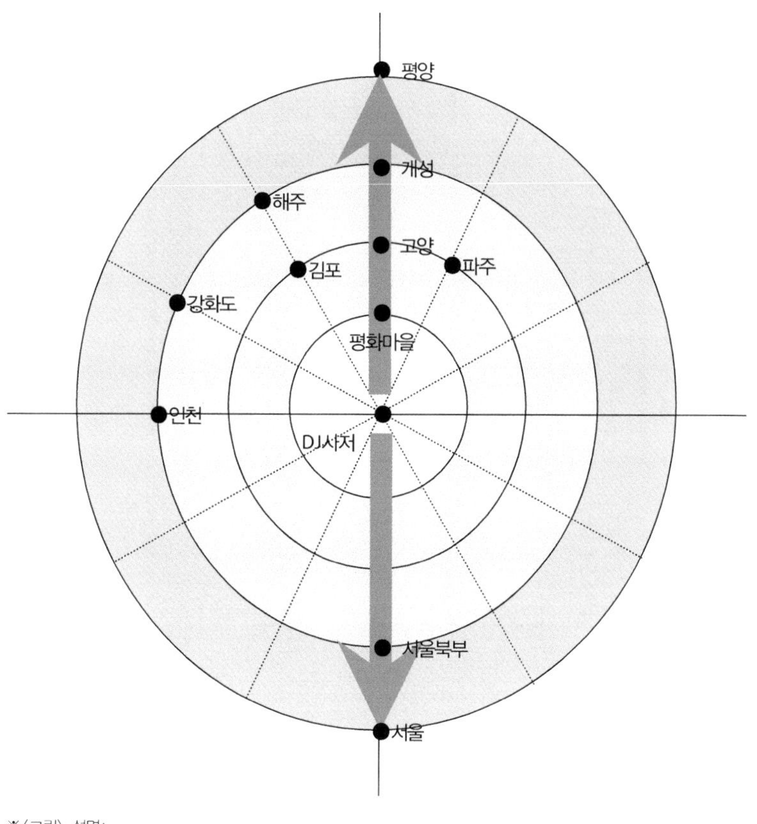

※〈그림〉 설명:

색은: 2022년도
색은: 2023년도
색은: 2024년도
색은: 2025년도

〈그림 11〉 확산도; 김대중 사저 부근의 평화마을에서 평화통일로 확산되는 구도

<그림 11>은, <그림 9> · <그림 10>의 연장선상에서 김대중 사저 · 정발산동 평화마을의 평화통일 인력(引力)이 다시 남북한 수도권 도시연합까지(수도권 도시연합의 극점極點인 서울 · 평양까지) 확산되는 그림이다.

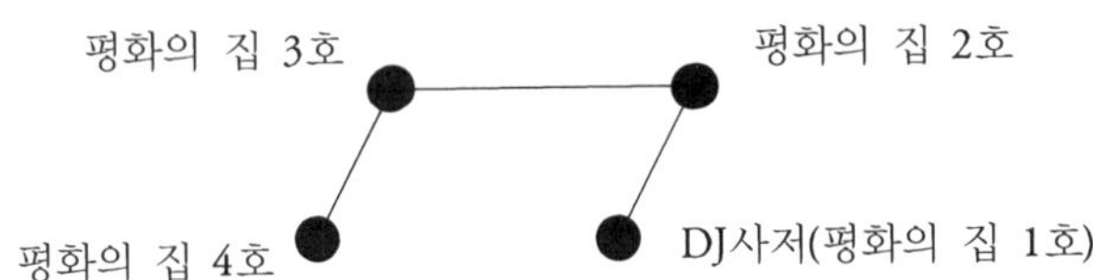

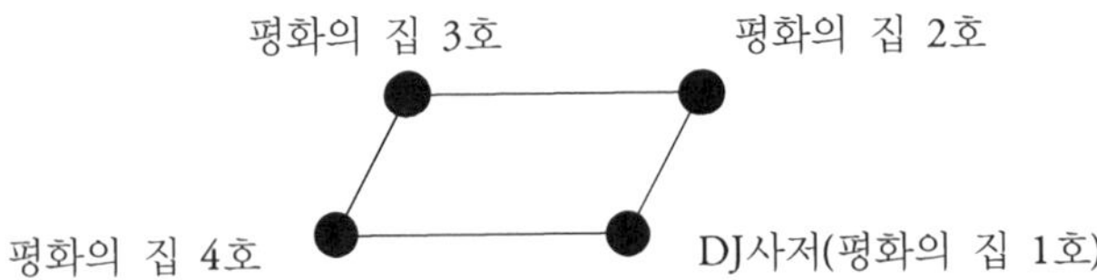

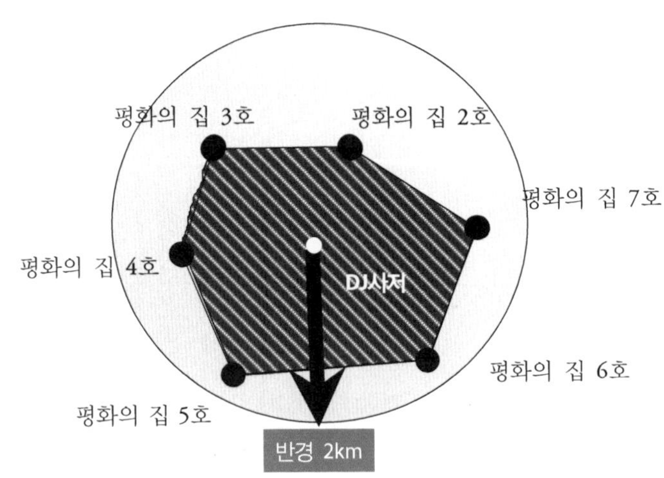

〈그림 12〉 '점-선-면'전략에 따라 김대중 사저 주변에 평화마을 만들기

위는, '점点-선線-면面 전략'에 따라 고양시의 정발산동에 있는 김대중 사저의 반경 2km 안에 정발산동 평화마을을 만드는 구체적인 방법을 설명한 그림이다. 처음에 김대중(DJ) 사저라는 '평화의 집 1호' 하나의 점만 존재한다. 다음으로 DJ 사저 주변에 평화의 집 2호 · 3호 · 4호가 생기면서 선으로 연결된다. 이를 더욱 확장하면 평화마을을 조성하기 위한 첫번째 면이 생긴다. 마지막으로 이 면을 계속 확장하여 DJ 사저 주변의 2km 반경에 평화마을을 조성한다.

다음 페이지의 <그림 13>은 김대중 대통령의 유작(遺作)인 6 · 15 공동선언을 실천하는 마을民(평화마을의 주민)이 주체가 되어 '정발산동 평화마을~남북한 평화마을 연대~남북한 수도권 도시연합~6 · 15 선언에 의한 통일'로 나아가자는 제안이 담긴 그림이다.

이 제안의 마을 민주 공화국판版도 가능한데, '6 · 15 선언을 실천하는 평화마을 속의 통일살이'가 '마을 민주 공화국 연합에 의한 통일'로 이어지는 그림(<그림 13>을 마을 민주 공화국 연합에 의한 통일 쪽으로 끌어들여 수정한 그림)을 그릴 수 있다.

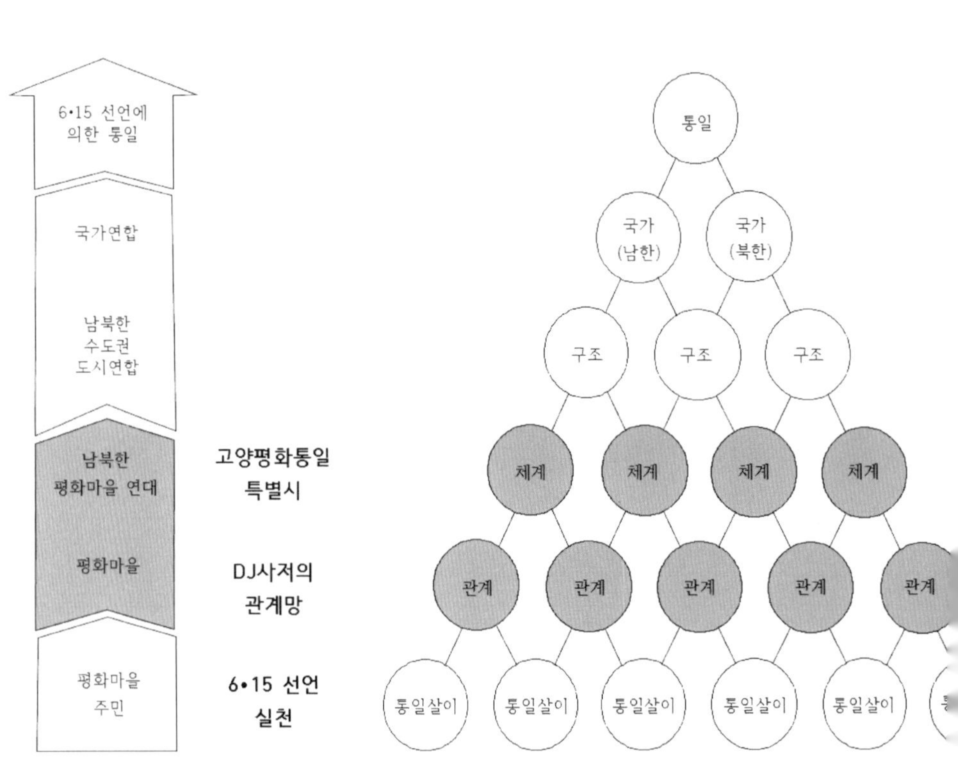

<그림 13> 6 · 15 선언을 실천하는 '평화마을 속의 통일살이'

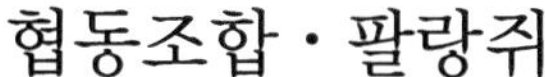

협동조합 · 팔랑쥐

Dx 10 마을; 로버트 오언 · 푸리에 · 마르크스

로버트 오언(Robert Owen)의 협동조합과 푸리에의 팔랑쥐(phalange; '팔랑주'로 표기하기도 함)는 마을 민주 공화국의 맹아 마을의 선례라고 볼 수 있다.

로버트 오언의 협동조합과 푸리에의 팔랑쥐에 관하여 기술한 논문의 일부분을 아래와 같이 요약하면서, 마르크스의 협동조합론을 덧붙인다.

로버트 오언의 협동조합

1) 새로운 사회[74]

오언[로버트 오언]은 영국의회의 요청에 따라 「Lanark州에 대한 보고서(Report to the County of Lanark, 1820)」를 작성하여 제출하였다. 이 계획안은 그의 경험과 이론에 충실한 <새로운 사회>를 지향하는 '모델 공동체사회'를 그려주고 있다.

오언이 제시한 모델 공동체사회는 우선 그 구상동기에 걸맞게 빈곤 없는 자급자족 사회를 추구한다. 따라서 그 공동체사회는 하나의

74) 박양식, 「Robert Owen의 <새로운 사회>」, 『西洋史論』 제27호(1986.11.), 55~62쪽 요약.

독립된 경제단위라는 가정하에서 설계되고 있다.

오언이 '경제적' 기능에 관심을 두었다는 사실은 주목할 만한 것이다. 경제적 기능에 초점을 맞추고 있는 오언이 직면하게 되는 첫 번째 문제는 주민의 수數이다. 그것은 본질적으로 가치 있는 생산품을 최소한의 노동력을 들이고도 생산자와 사회에 가장 유리하게 산출해내야 한다는 것이다. 오언이 이 원리에 입각하여 계산해낸 주민의 수數는 800명에서 1,200명 사이이다.

주민의 수數가 정定해짐에 따라 다음으로 그 주민들의 생활에 필요한 땅의 크기가 결정되어야 한다. 그 크기를 결정하는 조건은 생계에 충분한 식량 및 생필품을 전달할 수 있어야 한다는 것이다. 오언의 주장에 의하면, 1,200명 정도의 주민이 공동생활을 한 경우 그 크기는 1,200에이커 정도가 알맞다.

1에이커당 1명이라는 인구밀도의 공동체사회에서 공동생활을 해나가는 주민들에게 필요한 물품 및 서비스의 생산을 위한 자급자족의 생산체제는 어떤 것이어야 하는가? 오언은 농경을 주로 하고 공장 노동을 부업으로 하는 농경-산업의 이중적 체제를 택하고 있다.

오언은 그의 공동체사회 실험에서 실제로 <5시간의 노동 시간과 동등한 가격>이라고 쓴 노동권勞動券(labour note)을 창안하여 통용시켰고, 이 새로운 형식의 교환체계를 전국적 규모로 촉진시키기 위해서 후에 <전국 노동권 환전소勞動券換錢所(the National Equitable Labour Exchange)>를 창설하여 운영하였다.

오언이 그의 또 다른 공동체사회 실험인 New Harmony에서의 실험 목적을 말하는 가운데 밝힌 바와 같이 그의 사회개혁의 목표는 <개별적 체제(individual system)>를 <사회적 체제(social system)>로 바꾸는 것이었다. 오언은 주민 모두가 공동생활 및 작업을 할 때만이 훌륭한 생산활동을 성취할 수 있다고 확신하고, 자신의 공동체사회를 <협동촌協同村(the Village of Co-operation)>이라고 불렀다.

오언이 그의 <협동촌>에서 실현하기를 간절히 희망한 삶의 원리는 협동의 원리였다.

오언은 협동을 절대적인 신조로 삼는 <협동촌>을 건설하기 위해서는 먼저 그 주민들의 생활에 알맞은 마을 구조로 설계되어야 한다고 생각하였다. 그가 제시한 바에 의하면 첫째, 마을 전체의 윤곽은 <평행사변형平行四邊形(parallel-ogram)>의 형태를 취한다. 그것은 안락한 공동생활을 하기에 최고로 적합한 형태이다. 둘째, 건물 배치는 그 형태 위에 능률적 측면이 고려되어 다음과 같이 이루어진다. 마을 중심 가까이에는 우선 물, 평평한 정도, 가뭄의 상황 등등이 감안되어 주민들의 집터가 선정된다. 모든 사람들의 안락함과 건강을 해치는 공터, 샛길, 도로는 일소一掃되고, 그리고 훨씬 더 경제적인 건물 배치가 이루어진다.

평행사변형平行四邊形으로 되어 있는 마을의 각 변(邊)에 해당하는 곳에는 성인成人이 잠을 자거나 앉아 쉴 방들이 있는 건물, 어린아이가 교육을 받거나 잠을 잘 수 있는 건물, 여러 생산품들을 쌓아놓는 저장실貯藏室 내지 창고, 방문객들을 위한 숙박시설, 진료소 등이 위치한다.

그리고 평행사변형의 중심을 가로지르는 선상線上에는 공기, 햇빛 그리고 손쉬운 왕래를 위한 공간이 마련되는 한편, 교회나 작업장, 학교, 공동으로 조리하고 식사할 수 있는 부엌과 식당, 그리고 주민을 위한 각종 편의시설 등이 세워진다. 이곳에서 이루어지는 대부분의 주민 생활은 공동으로 하게 되어 있다. 그것은 어떤 부류에게도 걱정, 손실 또는 불편을 끼치지 않는 행복한 생활이다.

2) 협동조합·공동체 마을의 공간배치[75)]

로버트 오언의 커뮤니티 이론의 실제적 적용이라는 측면은 뉴 라나크(New Lanark)에서의 실험 이후 커뮤니티 실험의 전형적 모델로 정착하게 된 사변형(四邊形) 계획 플랜의 원형으로서의 '조화와 협동의 마을(the Village of unity and mutual co-operation)'을 통하여 그곳에 나타나는 배치적 사실과 그 특징을 정리한다.

로버트 오언의 행적을 살펴보면 알 수 있듯이, 그가 주창한 사회적 이론에 입각한 커뮤니티에 대한 실험은 영국의 뉴 라나크에서의 성공 이후 1817년의 조화와 협동의 마을이라는 커뮤니티 계획 등의 이론적인 검증단계를 거쳐 1825년 오언과 그 추종자들에 의한 오비스톤(Orbiston)부터 1845년 퀸우드(Queenwood) 및 아메리카 신대륙에서의 뉴 하머니(New Harmony)에 이르는 실제적 건설로 이어지고 있다.

로버트 오언 스스로가 규정하고 있는 조화와 협동의 마을에 대한 개략적인 배치적 설명(김영훈의 논문 78~82쪽)은 생략한다.

마르크스의 협동조합

로버트 오언·푸리에를 '유토피아적 사회주의자'로 폄하한 '과학적 사회주의자'인 마르크스 자신도 협동조합론을 제기한다.

---

75) 김영훈, 「'조화와 협동의 마을'에 나타나는 로버트 오언의 사회사상 및 공간 배치의 특징에 관한 연구」, 『大韓建築學會論文集 計劃系』 159호(2002.1.) 요약.

마르크스는 협동조합을 '자유로운 개인들의 연합=Association'과 결부시킴으로써 로버트 오언의 협동조합과 결별한다. 로버트 오언의 협동조합과 마르크스의 '자유로운 개인들의 연합=Association으로서의 협동조합'을 구분하려면 아래의 글을 읽어보면 된다;

마르크스는 자본주의 이후의 새로운 사회에 대해 때때로 '협동조합적'이라는 단어로 표현한 바 있습니다. 생산 내지 생산양식에 대해 '협동조합적 생산'과 '협동조합적 생산양식'이라고 부르고, 또 새로운 사회 그것에 대해 '생산수단의 공유에 의거한 협동조합적 사회'라고도 말했습니다.

1864년 9월 28일 『국제노동자협회』(제1인터내셔널)가 창립되었을 때, 마르크스는 이 협회의 『창립선언』에서 영국과 대륙에서 전개되고 있는 협동조합 운동을 매우 높이 평가했습니다.

그리고 마르크스는 『자본론』 제3권에서도 협동조합 공장의 의의를 높게 평가하고 있습니다.

여기에서 주목해야 할 것은 다음과 같은 점입니다. 첫째로 협동조합 공장은 자본주의적 생산양식의 내부에서 '자연적으로 형성'된 '새로운 생산방식'이라는 점입니다. 이것이 '새로운 생산방식'인 것은 '자본과 노동 사이의 대립이 적극적으로 철폐'되고 있기 때문입니다. 둘째로 협동조합 공장은 신용제도를 이용하여 특히 주식을 발행하여 '다소간 국민적 규모로 점차로 확장'하리라고 전망되고 있다는 점입니다.

그러나 마르크스는 협동조합 운동이 근로대중을 구출하기 위해서는 국민의 자금으로 전국 규모로 발전해야 하는데, 이렇게 되기 위해서는 정치권력을 획득해야 한다고 말합니다.

'전국의 생산을 조정·계획하는' 업무를 협동조합적 조직들이 담당하고, 새로운 사회는 '자유로운 생산자들의 연합들로 구성'된다고 말하고 있습니다. 다시 말해 새로운 사회는 결코 단일의 중앙기관이 지령을 내리는 일원적 시스템이 아니라, 개인들의 각종 연합들이 편성하는 유기적 조직체라는 것입니다.

마르크스는 자본주의사회 안에서 일어나는 협동조합 운동을 높이 평가했으며, 협동조합 공장은 노동자의 의식적·자발적 결합이므로 장래의 '자유로운 개인들의 연합'의 토대로 될 수 있다고 인정하고 있습니다.[76]

푸리에의 팔랑쥐(phalange)[77]

오언[Robert Owen]이 쓴 『사회에 관한 새로운 견해』(1813~1814)가 1818년 프랑스에 소개되자 푸리에는 이를 비판하는 『가정적 농업적 협동체 개론』을 1822년에 썼다. 푸리에는 오언의 공동체를 기본적으로 인정하면서도 그 구성원 수가 3천 명에 이르는 것을 과잉이라고 비판하고, 재산의 평등성을 인정한 것도 조직의 역동성을 해치는 것이라고 비판했으며, 농업이 없다고도 비판했다. 나아가 오언의 공동체가 수도원처럼 엄격하고, 자본, 노동, 재능이라는 세 가지 능력에 따라 보수를 비례적으로 배분해야 가능한 협동체를 불가능하게 한다고 비판했다.

76) 김수행, 『마르크스가 예측한 미래사회』, 89~94쪽 요약.

77) 박홍규, 「욕망의 해방과 공생의 연대-지금 왜 푸리에인가?」, 『石堂論叢』(동아대학교 석당학술원 발행) 제49집(2011.3.) 39~42쪽 요약.

푸리에는 『가정적 농업적 협동체 개론』 2부에서 팔랑주(phalange)에 대한 상세한 설명을 했다. 팔랑주란 고대 마케도니아 군대의 진용인 팔랑크스(phalanx)에서 따온 말이다. 그러나 팔랑주에서는 어떤 형태의 국가 조직도 없다. 푸리에에 의하면 국가는 인간의 자율적 의지는 물론 그 의지에 근거해 발휘돼야 할 열정을 억압하는 권력에 불과하기 때문이다. 오언과 마찬가지로 그는 작은 공동체를 단위로 한 연방주의를 구상한 듯이 보인다.

팔랑주의 핵심은 구성원이 최소 800명, 복합형태인 경우 1,500명에서 1,600명으로 구성되는 하나의 집단이다. 그곳에는 그 토양의 성질과 산업적 요구에 따라 밭, 과수원, 포도밭 등을 배치한다. 팔랑주의 중요 산업은 농업이지만, 모든 기술은 공동 숙사에서 행해진다. 그렇지 않다면 그 협동체는 불완전한 것이기 때문이다.

푸리에는 1829년의 『산업적 협동사회적 신세계』에서 팔랑주의 원리를 지역의 중심에 있는 '협동체 주민들의 거주지인, 모든 설비가 갖추어진 궁전'인 팔랑스테르(phalanstère)에서 구체적으로 실현하고자 했다. 팔랑스테르는 중앙 대로를 사이에 두고 거주 지역과 작업 지역으로 구분된다. 거주 지역의 중앙 정원 앞은 거주 공간이고, 그 양쪽에 식당과 마차고가 있고, 그 밑에 외인용 숙소와 공작장 및 학교가 있다. 그리고 각 옆에는 일정한 거리를 두고 교회와 극장이 있다.

이러한 공간 배치는 쾌적한 주거 환경의 확보를 목표로 한다.

팔랑주 주민은 조합주의자들이지만 푸리에의 '열정적 인력引力[공동체를 연결시키는 것은 인력引力이고, 제도를 기능시키는 것은 열정이다]'이라는 개념에 의하면 그들은 공익만이 아니라 사익에도 관심을 가진다는 점도 주목된다. 그러한 사익은 사회 연대를 저해하지 않는 한 충분히 허용된다.

팔랑주의 모든 사람들은 최소한의 의식주를 보장받고, 노동과 무관한 오락도 제공받는다. 동시에 사유 재산도 인정되고 주민은 각각 협동체 안에서 갖는 주식 수에 따라 공유 재산으로부터 배당을 받는다.

경제적으로 물품을 제조하기 위해 가능한 모든 분야에 대량 생산제가 도입되고, 분업은 철저히 행해진다. 노동은 하루 두 시간으로 충분하다. 푸리에는 분업의 결과 생길 단조로움을 고려하여 업무와 직종을 바꾸어 단조로움을 극복할 수 있다고 제안한다. 모든 사람은 최소 30개의 직업을 가질 수 있는데 이는 똑같은 일을 반복하기 싫어하는 인간의 나비 같은 열정에 의거한 것이다.

팔랑주는 상거래의 경우 하나의 단위로 행동한다. 즉, 거대한 자치체를 설립하여 중개자를 통하지 않고 잉여 제품을 유사한 협동체와 교역한다. 이는 현대의 판매 협동조합과 같은 것이라고 할 수 있다.

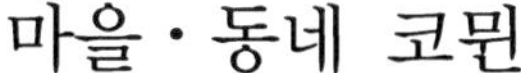

마을·동네 코뮌

Dx 11 마을; 마르크스의 '자유인의 연합=Association'

마을 민주 공화국의 형태 중 하나로 '코뮌'[78]을 거론한다. 이 '코뮌'은 마을 민주 공화국 속의 코뮌, 마을民이 주도하는 코뮌이므로 '마을 코뮌'이다. 베네수엘라처럼 동네 단위로 코뮌이 형성되어 있으면 '동네 코뮌'이 된다. 마을 코뮌과 동네 코뮌이 성격상의 차이가 없으므로 양자를 합하여 '마을·동네 코뮌'이라고 부른다.

필자가 생각하는 코뮌은 '마을·동네 코뮌'이므로 파리 코뮌과 다르다. 특히 무장봉기 형식의 파리 코뮌이 비폭력적이지 않은 점에서, 비폭력 지향적인 마을·동네 코뮌과 거리가 멀지만 파리 코뮌으로부터의 시사점이 있으면 수용한다. 그러면 파리 코뮌부터 화제로 다룬다.

---

78) 코뮌은 본래 12세기 북프랑스를 중심으로 성립된 주민 자치제에서 시작된 용어로 '함께', '묶음' 등을 뜻하는 'com'과 선물을 뜻하는 'munis'가 결합된 말이다. 코뮌의 어원인 'communis'와 비슷한 'community'도 있다. 각각 '공동체'와 '소통'을 뜻하는 영어 community와 communication은 어원이 같은데, 모두 라틴어 코뮤니스communis에서 비롯되었다. '공동의 것을 함께 만들고 나눈다'는 의미다. 두 단어가 이렇게 같은 뿌리를 갖고 있다는 사실은, 사람들의 모임과 소통이 불가분의 관계임을 시사한다. <박승오·홍승완, 『위대한 멈춤』, 452·462쪽>

파리 코뮌[79)]

마르크스에 의하면 코뮌은 본질적으로 노동자 계급의 정부였으며 횡령자 계급에 대항한 생산자 계급의 투쟁의 산물이고, 노동의 경제적 해방을 완수하기 위하여 마지막으로 발견된 정치형태였다. '인간이 계급지배로부터 영원히 해방될 위대한 사회혁명의 아침노을'인 파리 코뮌은 그 '직접적 결과가 무엇이건 간에 세계사적 중요성을 지닌 새로운 출발점이 획득된 것'으로서, 파리 노동자들 '스스로 자기 운명의 주인이 되어 정치권력을 장악해야 하는 최고의 의무와 절대적 권리를 자각'하게 되는 역사적 계기였다고 마르크스는 평가했다. 마르크스는 또한 '제정(帝政)에 대한 직접적 대항물은 코뮌이었으며' '코뮌은 사회공화국(社會共和國; die soziale Republik)의 확고한 형태였다'고 평가했다.[80)]

여기에서 '사회공화국의 형태로서의 코뮌'이 관심사인데, '마을 민주 공화국'의 '공화국'은 사실상 '마을 민주 공화사회(공화共和의 사회사상이 널리 통용되는 사회)'이므로 마을 민주 공화국도 '사회공화국으로서의 코뮌'을 받아들일 수 있겠다. 더 나아가 마을 민주 공화국의 주권자인 마을民들이 '사회공화국으로서의 코뮌'을 수용한다면 '마을·동네 코뮌'으로 확정된다.

79) 사람들은 파리 코뮌을 중세 코뮌의 재현이라고 생각할지 모르지만 그렇지 않다. 그것은 '완전히 새로운 역사상의 창조물'이라고 마르크스는 말합니다. 그렇지만 그것이 중세 코뮌의 회복이라는 점은 부정할 수 없습니다. 요컨대 마르크스가 말하려고 하는 것은 파리 코뮌은 중세 코뮌의 '고차원적 회복'이라는 것입니다. 그것은 중세의 코뮌과 닮으면서도 다른 것입니다. <가라타니 고진 지음, 조영일 옮김, 『제국의 구조』, 50쪽>

80) 김승국, 『마르크스의 「전쟁·평화」론』, 164~165쪽.

마을民들이 '사회공화국으로서의 코뮌'을 수용한 '마을·동네 코뮌'과 유사한 형태를 베네수엘라의 주민자치회(주민평의회; Consejos Comunales)에서 발견할 수 있다.

베네수엘라의 주민자치회

1) 코뮌과 주민자치회의 관계

주민자치회는 처음에는 동네 빈민촌의 각종 문제들을 해결하기 위한 프로젝트를 계획·수립하고 정부로부터 예산을 배정받아 완성하는 것이 주된 사업이었는데, 점차로 몇몇 주민자치회들이 결합하여 코뮌(Commune)을 창설하게 되었습니다.[81)]

이처럼 베네수엘라의 코뮌은 주민자치회의 연대체이다.[82)] 주민자치회들이 모여 코뮌을 형성한다. 코뮌이 '사회공화국으로서의 코뮌'이라면 주민자치회는 마을·동네 코뮌(마을·동네 단위로 운영되는 코뮌)이라고 볼 수 있다. 주민자치회라는 마을·동네 코뮌이 전국 차원의 '사회공화국으로서의 코뮌'의 기초단위가 되는 셈이다.

그러면 주민자치회에 관하여 조금 더 자세하게 설명한다.

---

81) 김수행, 『마르크스가 예측한 미래사회』, 186쪽.

82) 코뮌이라는 개념이 처음으로 제안된 것은 지난 2007년에 실패한 헌법 개정 때였다. 그러다가 지난 2008년 8월에 코뮌의 성장을 촉진하기 위해 '4월 13일' 미션이 창립되면서 시행에 옮겨지게 되었다. 엄밀히 말하면, 코뮌은 공동체협의회[주민평의회, 주민자치회]보다 상위의 기층 의사결정 기구다. 이웃한 여러 공동체 평의회들이 모여 하나의 코뮌을 형성하는 식이다. 코뮌은 코뮌 및 사회보호부MPCyPS 관할하에 있는데, 이 부서는 이전에는 코뮌 경제부MINEC였다. 그보다 전인 2006년에는 코뮌이 인민경제부MINEP 산하에 있었다. 현재 베네수엘라는 코뮌법 제정을 논의 중이다. <카를로스 마르티네스 외 지음, 임승수 외 옮김, 『사회주의는 가능하다』(서울: 시대의 창, 2012), 430쪽>

2) 베네수엘라의 주민자치회

차베스는 2001년 12월에 전국적으로 볼리바르 서클(Bolivarian Circle)을 조직해 빈민들을 정치에 참여하게 만들었습니다. 서클의 회원들은 빈민촌인 바리오(barrio)에서 활동하면서 바리오의 상하수도・주택・의료・전기・노인복지・환경・취업・교육・범죄・질서유지・운동장・문화시설 등의 문제를 지역 주민들과 토론하여 각종 프로젝트를 만들고, 그 프로젝트를 실행할 자금을 정부의 '플랜 볼리바르 2000'으로부터 받아 주면서 지역 주민들이 스스로 그 프로젝트를 완성하게 도와준 것입니다. 그러나 볼리바르 서클은 법적 근거가 없었기 때문에 2006년 4월에는 법적 근거를 가진 주민자치회(Communal Council)가 새로 설치되어 빈민촌의 공동사업을 볼리바르 서클로부터 물려받았습니다.

주민자치회는 도시에서는 200~400가구, 그리고 농촌에서는 20가구가 모여 결성하는데, 현재 3만 개가 활동하고 있습니다. 주민자치회는 각종 위원회로 구성되어 있으며 위원회의 대변인(대표)은 임기 2년의 선출직이고 소환할 수 있습니다. 주민자치회는 자기 동네의 문제를 스스로 해결하기 위해 필요할 때마다 주민들을 모아서 자기 동네에 무엇이 필요한가를 결정하고, 각각의 프로젝트에는 얼마만큼의 예산이 필요한가를 문서로 만들어 정부 부처에 제출하면, 정부의 전문가가 그 동네에 와서 주민들과 상의한 뒤 프로젝트를 결정하고 그 예산을 주민자치회의 은행계좌에 입금시켜 줍니다.[83)]

83) 김수행, 『마르크스가 예측한 미래사회』, 179쪽.

3) 베네수엘라의 주민자치회(주민평의회)= '동네 코뮌'

주민평의회[주민자치회]가 중요한 것은 지금 현재는 불가능해 보일지라도 장기적으로 코뮌주의 혁명을 추구하는 것이다. 1998년 대선에서 승리하고 1999년에 새로운 헌법제정을 위한 국민투표로 가는 과정에서 많은 동네에서 새로운 헌법에 대한 독서모임[동네 코뮌의 성격을 지닌 모임]이 만들어진다. 이 그룹들이 나중에 혁명적 동네조직[동네 코뮌]인 "볼리바리안 서클[볼리바르 서클]"이 된다. 이 모임이 또한 나중에 주민평의회가 생기는 씨앗이다.

4) 주민자치회(마을·동네 코뮌)를 통한 로컬의 대안권력 발전

주민평의회의 출현은 베네수엘라 혁명이 기존의 국가기구의 권력과 기층대중이 형성하는 권력의 '이중권력' 모델을 추구함을 보여준다. 이중권력 모델은 베네수엘라 혁명보다 훨씬 작은 규모로 1994년에 시작된 멕시코의 사파티스타 운동에서도 찾아볼 수 있다. 왜 이와 같은 '이중권력' 모델이 필요한가? 이 같은 '이중권력'이 지향하는 바는 오랜 전통의 억압적 국가기구를 혁명적으로 변혁시키려는 것이다. 또한 국가를 동질적 총체로 보는 근대적 상식을 버려야 한다. 그리고 대의민주주의만이 민주주의라는 상식도 버려야 한다. 그리고 국가를 변혁시키기 위해서는 권력을 쟁취해야만 한다는 인식도 버려야 한다. 이중권력을 통해 평범한 대중도 중요한 정책변화를 실천할 수 있게 된다. 두 개의 권력 채널을 구성하려는 혁명이다. 기존의 국가구조의 권력에 병행하는 대안적·자율적 권력-주민평의회의 구성이다. 그런데 베네수엘라 혁명이 매우 흥미로운 것은 공식

국가 부문이 아주 열심히 로컬의 대안권력을 발전시킴으로써 기존의 국가 기구들을 점진적으로 해체하고 있는 점이다.[84]

이처럼 주민자치회(마을·동네 코뮌)를 통해 로컬의 대안권력을 발전시키면서 국가기구를 점진적으로 해체해가는 베네수엘라의 모델은, 마을 민주 공화국의 국가기구 해소의 선구자로서 손색이 없다. 따라서 '12개의 Dx 맹아 마을을 총화하면서 근대 자본제 국가를 횡단한 끝에 마을 민주 공화국으로 진입한다'는 필자의 구상과 베네수엘라의 모델은 가까운 거리에 있다.

84) 안태환, 『차베스와 베네수엘라 혁명』(파주: 한국학술정보, 2012), 172~173쪽.

칸트 평화촌

Dx 12 마을; 칸트의 『영구 평화론』

'칸트(Kant) 평화촌平和村'은, 칸트의 『영구 평화론(Zum ewigen Frieden)』이 구현되는 평화마을이다. 평화마을의 한 형태이므로 Dx 9의 구상이 적용된다. 여러 형태의 평화마을 가운데 칸트의 평화사상을 집중적으로 실현하는 마을이라고 볼 수 있다.

『영구 평화론』의 평화의식으로 계몽된 마을民들이 칸트 평화촌平和村의 주인공이므로 그들에게 평화는 도덕적 의무이다.[85] 평화를 도덕적 의무로 삼는 칸트 평화촌平和村의 마을民들이 바로 마을 민주 공화국의 주권자이다.

이 주권자는 평화를 도덕적 의무로 삼지만 자신과 마을 민주 공화국을 지키기 위한 최소한의 방어를 해야 하는데, 이 일을 상비군이 없는 상태에서 해야 한다. 칸트 『영구 평화론』의 영구평화를 위한 6개 예비조항 중 하나가 '상비군 전폐'이므로, 칸트 『영구 평화론』을 실현하는 칸트 평화촌平和村에 상비군은 존재할 수 없다.

이러한 방위의 무중력 상태(최소한의 방어에 도움을 주는 상비군도 없는 상태)를 극복하기 위하여 다음과 같은 '칸트 평화촌平和村의 방어지침'이 요구된다;

상비군은 결국 전폐되어야 하지만, 마을民이 외적에 대항할 자구

85) 칸트 지음, 이한구 옮김, 『영원한 평화를 위하여』(서울: 서광사, 1992), 95쪽.

책으로 자발적인 훈련을 하고 이 훈련에 대비한 방어체계를 인정할 수 있다. 이 방어체계를 일상적으로 마을 민주 공화국의 자치경찰이 대행할 수 있다.[86)]

마을 민주 공화국의 '공화국'은, 칸트 『영구 평화론』의 공화제<제 1·2 확정조항("모든 국가의 시민적 정치 체제는 공화적이어야 한다. 공화국이란 그 본성에 있어서 영구평화를 희구하는 경향을 가지고 있어야 한다")>[87)]를 수용한다.

칸트 『영구 평화론』에 따라 '영구평화를 희구하는 경향을 가진 마을 민주 공화국을 이루는 맹아 마을'은 당연히 칸트 평화촌平和村이 된다.

칸트의 『영구 평화론』이 일본국 헌법 9조로 외화되었듯이,[88)] 마을 민주 공화국도 칸트 평화촌平和村으로 외화되기를 바란다. 본서에 실린 「마을 민주 공화국의 수렴도 (1)」의 <그림 1>을 통하여 원활하게 외화되면 좋을 것 같다. 「마을 민주 공화국의 수렴도 (1)」의 <그림 1>이 기본적으로 가라타니 고진의 '교환양식'을 변용한 것이므로, 가라타니 고진의 사유방식에 따라 외화하는 작업을 하면 된다.

칸트 『영구 평화론』을 집중 분석하는 가라타니 고진은 『영구 평화론(Zum ewigen Frieden)』의 'ewige Friede(가라타니 고진은 '영원 평화'로 번역한다)'는 국가 간의 적대성을 무화시키는 연합(Association)에 의해

86) 이 지침은 마을 민주 공화국의 12개 맹아 마을에도 적용되며, 간디의 마을 공화국을 지키기 위한 자치경찰과도 상통한다.

87) 영구평화를 실현하는 유일한 정치체제가 공화제이다. 공화제 아래에서만 전쟁이 방지될 수 있다. 공화제는 영구평화에 대한 바람직한 전망을 제시한다.

88) 가라타니 고진 지음, 조영일 옮김, 『헌법의 무의식』, 92~101쪽.

서만 가능하다고 말한다.[89] 이는 'Association에 의한 평화마을'의 한 형태로 칸트 평화촌平和村을 건설할 수 있음을 암시해주는 말이다.

가라타니 고진은 칸트 『영구 평화론』과 마르크스의 연결지점을 찾으려고 노력하므로,[90] 마르크스의 Association론에 따른 Dx 11의 마을·동네 코뮌과 칸트 평화촌平和村이 잘 어울릴 수 있다.

마르크스가 『고타강령 비판』에서 강조하듯이 (Association에 힘입어) 고한노동(苦汗勞動; labour)으로부터 해방되어 영구평화永久平和 상태에 있는(in ewigem Friedenszustand) 인류의 본사本史가 도래한다. 각인各人의 자유로운 발전이 만인의 자유로운 발전의 조건이 되는 Association(자유로운 개인들의 자유로운 연합)이 형성된다.[91]

위의 '영구평화永久平和 상태에 있는(in ewigem Friedenszustand)'의 ewige Friede와 칸트 『영구 평화론(Zum ewigen Frieden)』의 ewige Friede가 잘 어울리는 'Association으로서의 평화마을인 칸트 평화촌平和村'이 성립될 수 있다.

「마을 민주 공화국의 수렴도 (1)」의 <그림 1>에 있는 교환양식 D의 Association 역시 칸트 『영구 평화론』의 Association과 마르크스의 Association을 수렴하므로, 마르크스의 Association에 따른 Dx 11의 마을·동네 코뮌과 칸트 평화촌平和村이 잘 어울리게 된다.

89) 가라타니 고진 지음, 조영일 옮김, 『헌법의 무의식』, 101~102쪽.

90) 위의 책 112~113쪽.

91) 마르크스는 자본가와 노동자가 영구전쟁(永久戰爭) 상태에 있는(in ewigem Kriegszustand) 인류의 전사(前史)가 막을 내리고, 프롤레타리아트가 고한노동(苦汗勞動; labour)으로부터 해방되어 영구평화(永久平和) 상태에 있는(in ewigem Friedenszustand) 인류의 本史(공산주의)가 도래할 것이라고 믿었다.

제3부

마을 민주 공화국으로 나아가는 길

〈실행〉

마을 민주 공화국의 발전 단계

제1단계(초창기)

마을民의 네트워크를 확장하면서 『도덕경』 80장의 소국과민小國寡民 공동체인 속屬의 맹아를 키운다. 이 맹아는, 근대 자본제 국가와 병존하면서 '마을 민주 공화의 바이러스(virus)'를 근대 자본제 국가 안에 유포하는 데 주력한다. 근대 자본제 국가를 숙주로 삼아 발전한다. 특히 이 단계에서 마을 민주 공화국의 안보·경제의 대안을 제시할 수 없으므로 근대 자본제 국가의 안보·경제 틀에 의존할 수밖에 없다.

제2단계; 근대 자본제 국가와 공존단계

근대 자본제 국가의 틀이 무너지는 기미가 보이면(이미 세월호 사고·최순실 게이트·탄핵 국면 등을 통하여 박근혜 국가의 붕괴현상이 드러남), 이 국가와 공존하면서 마을 민주 공화국이 발전하는 양상을 나타낸다. 근대 자본제 국가의 안보체계·군사체계의 동요가 동시 진행될 것이므로, 마을 민주 공화국의 안보(마을民의 평화적 생존권·인간안보 포함)틀을 짜야 한다. 특히 4차 산업혁명으로 근대 자본제 국가의 중앙(국가중앙·중앙집권 구조·재벌 등 가진 자 중심의 경제구조)에 지각변동이 일어나므로, 이에 맞춰 근대 자본제를 초극超克하는 속도를 높인다.

제3단계

'마을民의 Association인 마을 민주 공화국'의 일주문이 열리고 근대 자본제 국가의 붕괴가 가시권에 들어온다. 마을民들이 능력에 따라 일하고 필요에 따라 생활세계를 꾸려나가는 평화로운 세상·새로운 세계의 문이 열리기 시작한다.

제4단계

근대 자본제 국가가 드디어 무너지고, 무너진 자리에 마을 민주 공화국이 들어선다.

보론補論

- 근대 자본제 국가에서 마을 민주 공화국으로 이행하는 과정을 대강 4단계로 설정했을 뿐이다. 역사발전 과정에서 반드시 4단계를 거쳐야 한다는 철칙은 없다.
- 위의 4단계가 몇십 년 또는 몇백 년에 걸쳐 점진적으로 아주 느린 속도로 일어날 것으로 예상되므로, 오히려 느긋한 마음으로 마을 민주 공화국 만들기에 임해야할 것이다.

근대 자본제 국가를 초극하기 위한 '두꺼비 전략'

근대 자본제 국가를 횡단하는 Association 운동체

마을 민주 공화국은 근대 자본제 국가를 횡단하는 '마을民의 Association 운동체'이다. 이 운동체가 근대 자본제 국가 내부에 잠재하면서 마을 민주 공화국 만들기의 역량을 확산한다. 마을 민주 공화국 이념의 바이러스(virus)를 근대 자본제 국가 안에 유포하여 근대 자본제 국가의 신경망·세포가 자연스럽게 줄어들어 끝내는 기능마비 되도록 유도한다.

먼저 근대 자본제 국가 안에 마을 공화국 바이러스를 유포시킨다. 바이러스를 퍼뜨려 근대 자본제 국가의 사망을 앞당긴다. 광화문의 촛불 하나에 민주 공화국 하나의 불씨가 살아나는데, 이 촛불이 마을 민주 공화국의 바이러스가 되도록 유도해야 한다. '민주 공화국 주제가'를 부르는 촛불의 불씨가 근대 자본제 국가의 체내에 들어가 마을 민주 공화국의 바이러스가 되도록 해야 한다.

두꺼비 전략

1970·1980년대에 민주화 운동의 선봉장이었던 민청련(민주화운동 청년 연합)이 내건 '두꺼비 전략(독사에 먹힌 두꺼비의 毒이 독사의 체내

에 침투하여 끝내 독사를 죽이는 두꺼비의 전략)'을 구사하면 좋을 듯하다. 두꺼비의 독소毒素와 유사한 마을 민주 공화국 바이러스를 근대국가의 체내에 주입하면서 근대 자본제 국가의 오장육부를 마을 민주 공화국의 바이러스로 덮으면 근대국가는 자멸自滅할 수밖에 없다.

이는 프롤레타리아트의 혁명(혁명의 근거지 중의 하나가 코뮌임)에 의한 근대국가 사멸론과 결이 다른 방법이다. 프롤레타리아트가 아닌 마을民이 동학의 접接·포包와 유사한 마을코뮌-Association을 만들어 두꺼비처럼 독사(근대 자본제 국가)를 서서히 죽이는 방법이다.

이러한 방법을 구사하는 근거지가 마을民 중심의 '마을 코뮌'이라는 점에서 마르크스가 주목한 파리 코뮌의 프롤레타리아트 진지와 다르다. 마르크스는 파리 코뮌과 같은 프롤레타리아트의 진지를 만들면 근대국가를 예상보다 빨리 사멸시킬 수 있다는 믿음을 갖고 있었는데, 마르크스 당대의 국가보다 독성이 말할 수 없이 강해진 요즘의 자본제 국가를 사멸시키는 데는 아주 긴 시간이 필요하다. 긴 호흡으로 오히려 느긋하게 마을 민주 공화국 운동을 전개하면서 두꺼비 전략을 거듭거듭 구사하면 언젠가 먼 훗날에 근대 자본제 국가는 자멸할 것이다.

마을 민주 공화국의 바이러스를 투입하는 두꺼비 전략은, 근대국가를 총·칼로 무너뜨리려는 무력혁명·국가권력의 전복과 무관하다. 국가권력의 사망을 점진적으로 앞당기려는 바이러스는, 새로운 형태의 '마을 공화국 리좀'[1]·'마을 공화국 모나드(windowless

1) '리좀(Rhizome)'은 들뢰즈와 가타리(Gilles Deleuze et Felix Guattari)가 그들의 명저 『천의 고원(Mille Plateaux)』(1980)의 입문적 표제어로서 사용하면서 널리 알려지기

Monad)'로 움직이므로 무력혁명용 지하벙커도 혁명본부도 (파리 코뮌 때와 같은)바리케이드도 필요 없다.

두꺼비 전략에 따라 근대 자본제 국가를 될 수 있는 한限 작은 단위로 잘라낸다. 잘라진 근대 자본제 국가의 정치·경제·사회적 공간 안에 마을 민주 공화국의 바이러스·리좀·모나드(Monad)가 자리 잡게 하면서, 마을 민주 공화국의 인드라망網(중층적인 네트워크의 교차)을 형성한다. 근대국가의 기능을 되도록 최소화·방치·무력화하면서 근대 자본제 국가의 자생력을 상실하게 한다.

이 두꺼비 전략이 한반도 영역 안에서만 구사되는 것이 아니므로 (마을 민주 공화국에는 국경 의식이 없다), 동아시아(중국·일본·대

에 이르렀다. 이들은 이 말을 '수목형(樹木型)'과 대비적으로 사용한다. 리좀형과 수목형은 '관계 맺기'의 두 방식을 가리킨다. 더 정확히 말해, 리좀형과 수목형이 따로 존재하는 것이 아니라 리좀형에 좀 더 많은 규정들이 들어갈 경우 수목형으로 화하고 반대의 경우(규정성은 줄어들 경우) 리좀형으로 화한다. 즉, 리좀형과 수목형은 상관적 정도(correlative degree)를 형성한다. 리좀은 관계를 맺는 방식이 보다 자유로운 쪽으로 갈 때 성립하고, 수목형은 관계 맺는 방식이 이항대립적(binary) 방식으로 화할 때 성립한다. 리좀형은 수목형의 잠재성의 방향이고, 수목형은 리좀형의 현실성의 방향이다. 리좀형의 관계 맺기에서 일정한 규정들이 더해져 감에 따라 수목형으로 화한다. 반대로 수목형의 관계 맺기에서 일정한 규정들이 완화됨에 따라 리좀형으로 화한다. 수목형으로부터 리좀형으로 가는 것은 곧 현실적 이항대립을 극복하고서 잠재적인 보다 자유로운 접속 가능성으로 감을 뜻한다. 역으로 리좀형에서 수목형으로 가는 것은 곧 리좀형에 보다 까다로운 규정(예컨대 "한 항은 다른 세 항과만 접속할 수 있다" 등등)이 가해질 때 성립한다. 리좀형과 수목형을 대립하는 두 형이 아니라 하나의 과정에 있어서의 역방향을 뜻하는 것으로 이해할 필요가 있다. 우리가 살아가고 있는 현실은 대개 수목형의 구조를 하고 있다. 예컨대 대학은 크게 이과 학문과 문과 학문으로 나뉘고, 문과 학문은 인문대학과 사회대학으로 나뉘고, 인문대학은 어문계와 역사철학계로, 역사철학계는 역사학부와 철학부로, 철학부는 서양철학부와 동양철학부로……, 이런 식의 수목형 구조를 하고 있다. 리좀을 사유한다는 것은 이렇게 실선으로 굳어진 수목형으로부터 보다 자유로운(점선으로 그려진) 접속 가능성이 유동하는 잠재성의 차원으로 내려가는 것을 뜻한다. 그리고 다시 현실성으로 올라와 이전과는 다른 형태의 접속들을 실험하는 것이 들뢰즈-가타리가 제안하는 실천철학이다.
(http://m.blog.daum.net/tigon/16133300)

만 · 극동 러시아)-유라시아-전 세계로 마을 민주 공화국의 바이러스를 침투시킬 수 있다. '마을 민주 공화국의 세계화'라는 '새로운 인터내셔널의 인드라망網'을 조밀하게 짤 수 있다는 말이다.

근대 자본제 국가의 자멸을 유도한다

다른 길을 찾아

근대국가 사멸론을 주창한 마르크스의 본뜻을 곡해하거나 왜곡시킨 계승자들(레닌 등)이 또 다른 근대국가(사회주의국가)를 만드는 모순을 일으킨 지점에서 사회주의는 실패할 수밖에 없었다.[2] 마르크스가 사멸시키려고 한 자본제 국가보다 먼저 사멸하는 비운(소비

2) 레닌은 1916년에 쓴 『국가와 혁명』에서 프롤레타리아트가 기존의 국가기관을 장악하여 그대로 사용할 수 없다는 맑스[마르크스]의 생각을 발전시켜 혁명은 기존 국가기관의 분쇄를 필요로 한다고 썼다. 하지만 그는 1917년에 있었던 실제의 혁명과정에 이 생각을 적용하지는 않았다. 즉, 기존의 국가기관을 장악하여 그것을 분쇄함이 없이 사용했다. <조정환, 『절대 민주주의』, 129쪽>
애초에 프롤레타리아 독재는 과도기 국가의 방법론으로 설정된 것이었다. 레닌은 프롤레타리아 독재를 반(半)국가이자 반(反)국가의 행정장치에 국한시켜 생각했고, 준-국가가 소멸할 때 함께 작동을 멈출 것이라 예상했다. 하지만 내전과 기근, 외세의 개입 그리고 내부 반란의 여러 급박한 요인들로 인해 이 과도기적 장치는 수명의 한도를 계속 연장시켜 나갔고, 권력을 집중시키는 방식으로 더욱 강화되었다. 칼 슈미트(Carl Schmitt)식으로 말해 프롤레타리아 독재는 예외상태의 무한지속이나 마찬가지였으며, 이는 예외상태를 결정짓는 주권의 문제를 부각시켰다. 1921년부터 시작된 신경제정책 시대는 계속되는 정책혼선과 정치적 불안정으로 표징된다. 그런 절박한 상황에도 불구하고 소비에트-러시아가 더욱 강화된 관료제 조직을 구축할 수 있었던 원인은 당이 소비에트를 대신하여 주권의 중심으로서 결정화(結晶化)되었기 때문이 아니었을까? 1924년 레닌이 사망한 후 가속화된 스탈린의 당권장악이 연방을 근대주의적 국가 체제로 완성시키고 말았다는 지적은 십분 타당하지만, 여기에는 스탈린 개인의 문제로 환원시킬 수 없는 국가장치의 근대적 타성과 관성의 요소가 깊숙이 개입해 있다. 우리는 프롤레타리아 독재라는 장치가 관료제 국가 장치의 씨앗이라는 일반적 통설을 뒤집어, 관료제 국가장치에 의해 프롤레타리아 독재가 견인되었고, 그 추력으로 인해 소비에트 민주주의가 압살되었다고 말하고 싶다. <최진석, 「소비에트 민주주의와 프롤레타리아 독재」, 『진보평론』 71호(2017년 봄), 130~131쪽>

에트의 붕괴)을 맞이한 것은 우연이 아니라 어쩌면 필연이다.

레닌처럼 국가(사회주의국가)로 국가(자본제 국가)를 사멸시킬 수 없음이 역사적으로 증명되었기 때문에, 다른 길을 통하여 근대 자본제 국가의 자멸을 유도해야 한다. 이러한 길[道] 중의 하나가 '마을 민주 공화국'이다. 근대 자본제 국가를 횡단하는 가운데 근대 자본제 국가에 사망선고를 내리는 마을 민주 공화국이다.

이러한 길에 접근하지 않는 한국의 시민·민중운동의 한계를 지적하지 않을 수 없다. 시민운동에게 국가는 멀리할 수도 가까이할 수도 없는 '불가근不可近 불가원不可遠'의 존재이다. 이 불가근不可近과 불가원不可遠의 중간지점에서 '거버넌스(governance)'라는 미명 아래 시민운동의 상당부분이 펼쳐지고 있는데, 사실상은 거버넌스라는 미명 아래 시민운동이 국가에 포섭되어 있다. 일부 시민운동은, 포식성이 강한 국가의 먹잇감이 되어가고 있다. 이미 먹잇감이 된 시민운동 단체도 부지기수로 많다. 국가의 먹잇감이 되면 운동의 자생력이 떨어져 풀뿌리 운동이 불가능해지므로, 풀뿌리 운동의 일환인 민회(民會) 운동도 활력을 배가시킬 수 없다. 따라서 현재와 같은 시민운동과 다른 길을 통하여 마을 민주 공화국 운동을 전개해야 할 것 같다.

미세 담론

시민사회에 필요악(必要惡)인 국가는 악성을 품고 있지만, 자본가·지배계급에게 필수적인 존재이므로 근대 자본제 국가가 아직도 생존 중이다. 생존력이 강한 국가를 지양하기 위하여 국가 전체를 절단할 수 없으므로(거대담론으로 국가를 지양할 수 없음), 국가를 마디마디 미세하게 잘라내는(촌충 마디처럼 잘라내는) 미세 담론이 중요하다.

마을이라는 미세(微細) 단위로 국가를 지양해야 한다. 마을 공화국으로 국가의 신경망을 약화시켜야 한다. 국가 신경망의 마디마디에 마을 공화국이 들어서서 국가의 자멸을 재촉해야 한다.

그런데 촛불집회 이후에 제기되는 국가 개조론(박근혜 대통령의 탄핵·구속으로 일단 목적을 달성한 촛불집회의 후속타를 촉구하는 국가 개조론)은 거대한 국가 전체를 덮을 망원경을 들이대는 거대담론을 동원하므로 실패할 수밖에 없다. 국가 전체를 덮는 망원경이 아니라, 마을 단위로 국가의 체내(마을 민주 공화국의 바이러스를 주입할 근대 자본제 국가의 오장육부)를 면밀하게 들여다보는 현미경을 준비해야 한다.

자멸을 유도한다

더 이상 거대담론으로 국가를 향하여 '줌 아웃(zoom out)'하지 말고, 미세 담론으로 마을[屬]을 향하여 '줌 인(zoom in)'하는 자세가 바람직하다. 촛불집회 이후의 국가 개조론이 대부분 zoom out하자는 것이어서 우려된다. 이러한 우려를 해소하기 위하여, 마을[屬]을 향하여 '줌 인(zoom in)'하는 방식으로 근대 자본제 국가의 자멸을 유도하면 좋을 듯하다. 국가의 해체를 강제하지 않고 스스로 자멸하도록 유도하자는 뜻이다. 근대 자본제 국가를 무력혁명으로 타도하지 않고 자멸을 유도할 수 있는 비폭력의 길을 찾아보자는 말이다. 이것이 근대 자본제 국가에서 마을 민주 공화국에로의 이행을 평화롭게 진행하는 방법이다.

한편 근대 자본제 국가가 스스로 무너지도록 방치하는 방편도 생각할 수 있다. 붕괴되어 가는 근대국가[3]를 방치하는 것도 유인책이 (소극적이지만) 될 수 있으므로 '방치'라는 용어를 삽입한다. 마을民의 평화적인 생존권을 지켜내기 위해 비非평화적이며 구조적 폭력을 양산하는 국가기구의 온상을 방치하자는 이야기이다. 마을 민주 공화국에로의 이행단계에서 근대국가가 사용하다가 방치한 경제·사회적 인프라를 재활용하는 뜻으로 '방치'를 이해하면 될 것 같다. 도심에 방치된 빈집이나 국가기구가 사용하지 않고 비워둔 빈 공간에 쳐들어가 민중운동의 거점으로 활용하거나 예술촌으로 만드는 'Occupy 운동'의 발상과 비슷하다.

이러한 Occupy 운동을 마을 민주 공화국의 준비단계에서 받아들인다면, 국가와의 평화적 공존이 당분간 필요하다. 국가가 사멸될 조짐이 거의 없는 현재의 상황에서 국가와 평화공존하면서, 마을 공화국 방식의 Occupy 운동을 '두꺼비 전략에 따라 펼치는 지혜'가 요망된다.

국가와 평화 공존하지만 국가의 우산 아래에 들어가지 않는 가운

3) 신자유주의 세계화에서는…… 어떤 국가라도 갑자기 붕괴하여 가난의 땅으로 전락할 수 있다. 세계 제2의 강대국이었던 소련의 해체에서 우리는 이미 이것을 목격했다. …… 아시아의 용 한국이 붕괴한 것은 1997년이었고 남미의 급속하게 발전하던 국가 아르헨티나가 붕괴된 것은 2000년이었다. 미국이라고 해서 예외일까? 아마 그렇지 않을 것이다. 미국은 무역적자와 재정적자로, 세계에서 가장 큰 부채를 짊어지고 있는 나라다. 상상하기 어려울 정도의 부채를 짊어지고서 미국이 하루하루 돌아가는 것이 경제학적으로는 풀기 어려운 신비일 정도다. 세계를 뒤덮고 있는 미국의 군사력이 달러기축 체제를 지키지 못한다면, 달러기축 체제 덕분에 세계의 잉여자본이 달러화되어 미국으로 유입되지 않는다면, 미국은 순식간에 붕괴할 수 있다. <조정환, 『절대 민주주의』, 104~105쪽>

데 운동력을 배가시키며 탈국가(脫國家)를 가속화한다.

'탈국가의 가속화'는, 국가와 평화 공존하는 마을 공화국들이 연대하여 다시 새로운 국가를 수립(레닌이 새로운 사회주의국가를 세웠듯이)하자는 뜻이 아니다.

이 점에서 간디의 마을 공화국과 갈라지는데, 간디는 수천 개의 마을 공화국이 연합하여 새로운 인도(인도라는 새로운 나라)를 세우자고 주창했다. '마을 공화국의 합성이 국가'라고 보는 간디와 '마을 공화국의 합성이 국가건설과 무관하다'고 보는 필자의 견해가 이 지점에서 갈라진다.

아주 불행한 미래 예측이지만 앞으로 먼 장래에 근대 자본제 국가 '한국호韓國號'가 세월호처럼 침몰한다면, 침몰한 배의 선상에 '마을 민주 공화국의 이름으로 새로운 한국호韓國號를 세우는 것(간디와 같이)'이 아니라 '한국호韓國號를 완전히 버리고 새로운 세계로서의 마을 민주 공화국을 준비하자는 것'이다. '근대 자본제 국가와 결별하는 새로운 평화로운 세상을 마을 민주 공화국의 이름으로 만들어보자는 것'이다.

간디의 마을 공화국과 결이 다른 마을 민주 공화국을 작명(作名)할 때가 되지 않았으므로, 새로운 세계로 떠오를 마을 민주 공화국들의 이름을 총괄하여 '마을 민주 공화국군群'이라고 잠정적으로 호명한다.

만약 한반도 전역에 단일한 '마을 민주 공화국群'이 이루어진다면, 이것이 진정한 의미의 한반도 통일이다. 한반도 전역의 단일한 '마을 민주 공화국群'은 한반도 안의 여러 마을 민주 공화국들이 연합한 결과이다(마을 민주 공화국들의 연합으로서의 한반도 통일).

진정한 의미의 한반도 통일을 위해서라도 남북한의 근대국가를 해체한 뒤, 단일한 '마을 민주 공화국群'을 이뤄야한다. 남북한의 두 개의 근대국가가 연합・연방하여 통일하자는 기존의 통일방안은 마을 민주 공화국群 앞에서 무력감(無力感)을 드러낼 수밖에 없다.

한반도 통일 · glocal peace

① 마을 민주 공화국 사이의 연대 · 연합으로 한반도 통일을 이루어낸다.

② 마을 민주 공화국 사이의 연대 · 연합으로 동아시아의 평화체제를 구축한다.

③ 마을 민주 공화국 사이의 연대 · 연합으로 전 세계의 평화를 이룩한다.

④ 위와 같은 과업을 수행할 때의 장애물인 국경 · 경계선을 인정하지 않는다.

⑤ '민족(nation) · 국가(nation) · 국민 · 시민'이 위와 같은 과업을 수행할 때 방해가 된다면 민족 · 국가 · 국민 · 시민을 초월하도록 노력한다.

⑥ 마을에서 국가(근대 자본제 국가)를 건너뛰어(transnational) 동아시아 · 세계의 평화(global peace)를 이룩한다.

⑦ 마을에서 국가를 건너뛰기(국가 횡단)하여 세계평화로 나아가는 'glocal peace'를 이룬다.

마을 민주 공화국의 연대 방안

마을 민주 공화국들의 연대를 통한 한반도 통일

필자가 마을 민주 공화국들의 연대를 통한 한반도 통일을 강조했는데, 연대 방안에 관한 구체적인 언급을 하지 않았다.

'점-선-면' 연대

마을 민주 공화국 운동이 성공하면 우리 삶의 현장 주변에 마을 민주 공화국이 점(點)처럼 곳곳에 박혀 있는 '점재點在 상태'를 이루는 초반의 모습을 보일 것이다.

이 상태에서 마을 민주 공화국끼리 평화교류하면 '점재 상태'를 벗어나 점點들을 이어보고 싶은 욕구가 생길 것이다. 이러한 욕구에 따라 점재點在 상태의 점을 이으면 마을 민주 공화국의 윤곽이 더욱 잘 드러나는 선(線)이 될 것이다.

이 선(線)으로, 근대 자본제 국가의 모순이 집결되어 있는 사각지대를 줄기차게 감으면(포박하면) 面(공간; 마을 민주 공화국의 터전)이 확보될 것이다.

근대 자본제 국가의 힘이 강한 지금은 마을 민주 공화국 운동이 파고들어 갈 점點조차 보이지 않지만, 위의 점-선-면 전략을 긴 호흡으로 구사하면 반드시 '점재 상태'를 이룰 것이다.

그 때에 대비하여, 마을 민주 공화국의 아메바가 내재되어 있는 (현행) 지자체들 사이의 교류, 특히 DMZ 부근에 있는 남북한 지자체 간 교류에 주력해야 한다.

<남북한 수도권의 지자체 간 교류-남북한 수도권 도시연합>이 '마을 민주 공화국들의 연합에 의한 한반도 통일'로 이어지는 경로에 관하여, 본서에 게재된 「평화마을」의 <그림 8>~<그림 13>(이들 6개 그림에 대한 해설 포함)을 참고하기 바란다.

안보 · 방위 정책

"마을 민주 공화국을 어떻게 지킬 것인가?" "마을 민주 공화국 인근의 국가가 마을 민주 공화국을 공격 · 침략하지 않을까?" "이웃 국가의 정치 · 경제적 공세, 흡수통합, 군사적 공격, 침략을 물리칠 안보 · 방위 대책이 있느냐?"

대다수의 사람들이 마을 민주 공화국과 관련하여 이러한 반문을 할 것 같다.

이는 근대국가의 방위론에 익숙한 반문이지만 현실적인 문제제기이므로 대안을 제시해야 설득력이 있다.

안보 · 방위에 대한 대안

전쟁을 체제유지의 수단으로 삼거나 타국을 공격하려는 성향을 지닌 '반(反)평화적인 근대국가'는 사라져야 한다. 반(反)평화적인 근대국가의 유지를 위한 전쟁체제(공격 지향적인 국방체제 · 안보전략 · 외교정책) 역시 제거의 대상이다.

그러므로 반(反)평화적인 근대국가의 안보전략을 부정하는 '비전(非戰) · 반전(反戰)'에서 마을 민주 공화국의 방위론이 출발한다.

'비전非戰 · 반전反戰'을 안보 · 방위 정책으로 도입하는 마을 민주 공화국이 현실적으로 존재하지 않으므로, '비전非戰 · 반전反戰'을 강조하는 국가제도에서 찾을 수밖에 없는데 일본의 평화헌법과 코스타리카(비무장 영세중립국)의 평화관련 헌법조항이 관심을 끈다.

일본·코스타리카의 평화헌법에 간디의 마을 공화국 방위론과 필자의 언병(偃兵)론을 추가하여 마을 민주 공화국의 안보·방위 정책을 제시한다.

안보·방위 정책을 구성하는 요소

안보·방위 정책을 구성하는 요소를 명기하면 다음과 같다; ① 일본국 헌법 제9조, ② 코스타리카 헌법의 비무장 중립 관련 조항,[4] ③ 간디의 '(마을 스와라지를 지키는) 비폭력 평화여단'에 의한 마을 공화국 방어,[5] ④ 필자의 언병론.[6]

이 네 가지 요소를 절묘하게 합성하면 마을 민주 공화국에 안성맞춤인 방어정책을 내올 수 있을 것 같다. 합성비율을 절묘하게 조절해가며 방위정책을 강구할 수 있다.

마을 민주 공화국이 비무장 중립에 관심이 있다면 ②를 중심으로 ①을 보조 장치로 배치한다. 자치경찰에 의한 방위에 관심이 있다면 ③을 중심으로 ④의 요소를 적절하게 섞으면 좋다.

①을 마을 민주 공화국의 기본적인 안보 정책으로 삼아 ④의 '언병의 전수방위'를 실시할 수 있다. '상비군 폐지'를 강조하는 칸트의

4) 김승국, 「코스타리카의 비무장 영세중립」, 『한반도 중립화 통일의 길』(파주: 한국학술정보, 2010), 357~387쪽을 참조할 것.

5) 본서에 실린 글 「간디의 마을 공화국」을 참조할 것.

6) 김승국, 「언병의 전수방위로 전환을」, 『잘사는 평화를 위한 평화 경제론』(파주: 한국학술정보, 2008), 345~373쪽을 참조할 것.

『영구평화론』과 일본국 헌법 9조가 만나는 지점[7]에서 '언병의 전수방위' 정책을 실현하는 것도 좋다.

②의 경우 속屬<노자 『도덕경』의 '소국과민(小國寡民)'을 구현하는 자치 공동체인 속(屬)>에 어울리는 비무장 중립 지역이 바람직한데, 핀란드의 발트해역에 있는 올란드 제도(비무장・중립・자치의 섬)를 모범사례로 받아들여 안보정책을 수립한다.[8]

②가 방어정책의 근간이라면 과도기의 정책이 중요하다. 마을 민주 공화국이 코스타리카처럼 비무장 영세 중립국으로 국제공인을 받은 상태이지만, 마을 민주 공화국들의 연대에 의하여 한반도가 통일되기 이전이 '과도기'이다. 만약 과도기에 이웃 국가들의 (마을 민주 공화국의 비무장 영세중립과 관련된) 국제공인 취소에 이은 공격・침략이 있으면 ②의 방어정책이 실패하는 데 그치지 않고 마을 민주 공화국의 유지조차 불투명해진다. 이러한 경우에 대비한 이웃 국가들과의 중립 지향적인 외교정책을 실시해야 한다.

한반도 통일 관련 안보정책

가장 위험한 것은 과도기에 일어날 한반도 전쟁이다. 마을 민주 공화국의 가장 가까운 이웃 국가인 남한(대한민국)과 북한(조선인민민주주의공화국) 사이의 전쟁이 발생하면, 마을 민주 공화국이 성장할 발판 자체가 사라진다. 이러한 사태를 예방하기 위하여, 근대국

7) 가라타니 고진 지음, 조영일 옮김, 『헌법의 무의식』, 92~101쪽.

8) http://blog.naver.com/kseung815/220177751431을 참조할 것.

가인 남북한의 재래식 무장은 인정하되(핵무장 절대 반대) 군축의 의무를 지우는 외교안보 정책을 마을 민주 공화국이 가다듬어 남북한에 내리먹여야 한다.

이와 관련하여 '무장 정도에 따른 한반도 통일의 모습'에 대한 견해를 피력한다;

- 중무장 통일: 중무장한 근대국가의 등장을 예고하므로 반대한다.
- 핵무장 통일: 위의 중무장 통일의 극단적인 형태이므로 절대로 반대한다.
- 경무장 통일: 현재의 북한 핵문제가 해결되지 않고 한반도 평화협정 체결이 어려운 상태에서 경무장 통일을 예상할 수 없으므로 고려의 대상이 아니다.
- 비무장 중립화 통일: 마을 민주 공화국의 방위 정책에 가장 잘 어울리는 통일이다.

현재의 남북한의 곳곳에 마을 민주 공화국을 세운 뒤 남북한에 산재하는 마을 민주 공화국들이 연합하여 중립화 통일을 이룩하는 방안을 생각할 수 있다. 이러한 '마을 민주 공화국 연합에 의한 중립화 통일'의 무장 정도가 비무장이라는 것이다.

한반도 통일을 이룬 마을 민주 공화국의 비무장 정도에도 미묘한 차이가 있을 수 있다. 옛날 류큐 왕조의 절대적인 비무장(일체의 살상무기 폐기; 소총까지 없앰)이 지나치다면, ① 간디의 마을 공화국 경찰이 지닌 방어도구(병기) 허용, ② 일본국 헌법 9조에 따라 상비군은 폐지하지만 경찰력은 보유하는 정도, ③ 코스타리카처럼 국경

수비대와 치안경찰을 두는 정도를 생각할 수 있다.

마을民의 평화적 생존권 확보

무엇보다도 마을民(마을 민주 공화국의 주권자)의 '평화적 생존권' 확보를 안보 정책의 최우선 과제로 삼아야 한다. 이를 위해 마을 민주 공화국 헌법에 평화적 생존권 관련 조항을 두어야 한다.

실제로 평화적 생존권이 위협받았을 때 마을民이 어떠한 태도를 취해야 하는가를 중심으로 사고해야 한다. 여기에서 다음과 같은 질문을 할 수 있다; "이웃 국가가 마을 민주 공화국을 침략했을 때, 마을民이 평화적 생존권을 지키기 위해 무기를 들고 저항해야 하나? 아니면 비폭력 저항을 해야 하나?"

마을民의 평화적 생존권을 비폭력으로 지키려는 절대평화주의 對 근대국가의 국민개병(國民皆兵)에 의한 군사시스템의 대결이 예상된다. 마을民과 근대국가 국민의 평화를 에워싼 생존을 건 투쟁이 예상된다. 마을 민주 공화국의 평화주의(비전非戰·반전反戰·비핵非核·반핵反核·비폭력非暴力)가 (폭력의 집적체인) 근대국가에 의해 위협받는다면, 이를 막아내며 마을民의 평화적 생존권을 확보할 장치가 있어야 한다. 이러한 장치를 마련하지 않는 안보·방위론은 공론(空論)일 뿐이다.

평화헌법 · 헌장

마을 민주 공화국 헌장과 마을 민주 공화국 평화헌법을 먼저 만들고 마을 민주 공화국이 출범하면, 양자를 수렴하여 마을 민주 공화국 헌법을 정식으로 제정하는 순서를 밟으면 좋을 듯하다.

평화헌법

마을 민주 공화국 헌법에 앞서 마을 공화국 평화헌법을 시범적으로(마을 민주 공화국 헌법의 예비용으로) 만들 수 있다. 마을 공화국 평화헌법에는, 평화통일에 대비하여 DMZ 접경의 평화지대화, 평화도시, 평화마을의 강령 · 운용지침을 담는다. 일본국 헌법 제9조와 코스타리카의 영세중립 관련 헌법 조항이 마을 공화국 평화헌법에 반영되면 좋다.

헌장

초반단계에 만들어질 마을 민주 공화국 헌장은 마을 민주 공화국 운동을 위한 강령이며, 미래의 마을 민주 공화국 헌법의 예고편이다. 마을 민주 공화국 헌법의 필수적인 내용을 마을 민주 공화국 헌장에 담는다.

마을 민주 공화국 헌장 초안과 마을 공화국 평화헌법 초안을 인터넷에 올려 네티즌의 검증을 받으면 좋다(네티즌의 집단지성에 힘입는 Wikipedia 방식 도입).

평화헌법의 취지

마을 민주 공화국은, 동·서양의 성현·학자들의 평화담론을 집약하여 평화헌법을 제정한다.

① 마을 민주 공화국은, 평화국가를 이루기 위하여 제시된 평화헌법(서독 기본법 제26조 제1항, 이탈리아 헌법 제11조, 브라질 헌법 제7조, 덴마크 헌법 제19조 제2항, 일본국 헌법 제9조, 코스타리카·오스트리아·스위스 헌법의 '영세 중립' 조항)의 정신에 따라 마을 공화국의 평화헌법 체계를 수립한다.

② 일본국 헌법 제9조를 약간 수정한 아래의 내용을 마을 민주 공화국 평화헌법 조항으로 삼는다; "마을 민주 공화국의 주권자인 마을民은 정의와 질서를 바탕으로 하는 마을 민주 공화국 안팎의 평화체제를 성실하게 희구하고 전쟁과 무력에 의한 위협 또는 무력행사를 영구히 포기한다. 이러한 목적을 달성하기 위하여 상비군을 보유하지 않고 교전권을 인정하지 않는다. 상비군은 두지 않지만 마을民의 평화적 생존권을 보장하는 방어수단(자치경찰 등)을 갖출 수 있다."

③ 칸트(Immanuel Kant)의 『영구 평화론(Zum ewigen Frieden)』의 '영구 평화를 위한 예비 조항'을 수정한 아래의 내용을 마을 민주 공화국 평화헌법 조항으로 삼는다; "㉠ 장차 전쟁의 화근

이 될 수 있는 내용을 암암리에 유보한 채로 평화 조약을 체결하지 않는다. ㉡ 마을 민주 공화국은 전쟁·침략 등의 폭거에 의해, 다른 근대국가의 소유로 전락할 수 없다. ㉢ 상비군은 결국 전폐되어야 한다. ㉣ 대외적 분쟁과 관련하여 어떠한 채권(국채)도 발행되어서는 안 된다. ㉤ 어떠한 국가(근대국가)도 마을 민주 공화국의 체제에 폭력으로 간섭해서는 안 된다." 칸트 『영구 평화론』의 '평화연맹(foedus pacificum)'[9]에 따라 마을 민주 공화국 간의 평화연대를 이룬다. 이 평화연대의 바탕 위에서 한반도 평화통일로 나아간다.

④ 마을 민주 공화국은, 비무장 영세 중립국가인 코스타리카의 평화헌법을 수용한다. 코스타리카는 일본 평화헌법 제9조보다 더욱 강력한 평화헌법 제12조를 지니고 있다. 코스타리카의 평화헌법 제12조는, 교전권을 부인한 일본의 평화헌법 9조보다 더욱 강력한 평화의 의지를 지니고 있다. 코스타리카 헌법 제12조는 "항구적인 제도로서의 군대를 금지한다. 다만 공공질서의 감시·유지를 위해 필요한 경찰력은 보유한다. 대륙 간 협정에 의하거나 국가방위를 위해서만 군대를 조직할 수 있다. 군대·경찰력은 어느 경우이든 문민권력에 언제나 종속해야 하며, 단독 또는 집단적으로 심의하는 것도 성명·선언을 내는 것도 할 수 없다"고 규정하고 있다.

'항구적인 제도로서의 군대를 금지한다'는 코스타리카 헌법 제

9) 칸트에 의하면 '국가 간의 계약 없이는 어떠한 평화도 보장 받을 수 없는 평화조약이 그때그때의 전쟁을 단지 종식시킬 뿐이라면, 평화연맹은 모든 종류의 전쟁종식을 영구히 추구한다.'

12조가, '육·해·공군 그 밖의 전력을 보유하지 않는다. 국가의 교전권은 인정하지 아니한다'는 일본국 헌법 제9조보다 강력하다. '전력(戰力)을 보유하지 않고 국가의 교전권을 인정하지 않는다'는 것보다 '군대를 금지한다'는 쪽이 강하다. 일본국 헌법 제9조가 군대를 금지한다는 조항이 없었기 때문에 자위대라는 전력을 보유할 틈을 제공했다. 그런데 코스타리카는 군대 금지의 조항이 있으므로 손쉽게 비무장 중립국가가 되었다. 일본은 막강한 전력을 지닌 자위대가 있었기 때문에 비무장 중립국가가 될 자격을 상실했다. 코스타리카는 자국의 평화를 유지하기 위해 주변 국가들도 평화롭지 않으면 안 된다는 판단에 따라 '적극적 비무장 중립'을 내걸고 주변 국가들의 분쟁해결까지 도맡았다. 코스타리카가 평화를 위해 적극적으로 행동하는 점에서, 일본과 결정적으로 다르다.

코스타리카의 경우는 칸트 『영구 평화론』의 '상비군 폐지'를 현실세계의 국가권력이 실행한 것으로, 마을 민주 공화국 평화헌법의 핵심으로 삼아야 한다.

⑤ 마을 민주 공화국은 『도덕경』 30·31장의 비전非戰·비무非武 정신, 『묵자墨子』의 반전反戰 의식에 따른 '언병(偃兵)의 전수(專守) 방위(http://peacemaking.tistory.com/176)'를 방위정책의 근간으로 삼는다.

⑥ 마을 민주 공화국은 결국 상비군을 전폐하지만, 언병의 전수방위를 위한 자치경찰은 둔다. 상비군은 결국 전폐되어야 하지만, 마을民이 외적(外敵)에 대항할 자구책으로 자발적인 훈련을 하고 이 훈련과 관련된 방어체계가 불가피하다. 이러한 방

어체계를 일상적으로 자치경찰이 대행한다. 자치경찰의 규모는, 간디가 강조한 '마을 공화국을 지키기 위한 자치경찰'의 수준을 넘지 않는다.

헌법

주요 내용

마을 민주 공화국 헌법의 주요 내용은 다음과 같다;

① 마을 민주 공화국을 통하여 비평화적非平和的인 근대국가(근대 자본제 국가)를 지양止揚한 뒤, 평화 지향적인 정체政體를 세운다.
② 마을 민주 공화국은 근대국가의 모순을 지양한 체제이다. 근대 자본제 국가를 대체한 체제이다.
③ 이 헌법은, 평화 지향적인 정체(政體)를 창출하기 위하여 '마을 민회를 중심으로 움직이는 마을 민주 공화국의 최고 강령'이다.
④ 마을 민회에서 선출한 대표들을 무작위 추첨하여 마을民 의회를 구성한다. 마을民 의회가 근대국가의 의회(국회)를 대체한다.
⑤ 마을民 의회가 마을 민주 공화국의 대표(근대국가의 대통령이나 수상과 다른 직책)를 선출한다. 마을民 의회가 선출한 대표는 마을 민주 공화국의 국정을 수행하기 위한 집행기구(근대국가의 정부를 대신할 마을 민주 공화국의 집행기구)를 운영한다.
⑥ 마을民 의회는 마을 민주 공화국의 대표와 상의하여 집행기구의 상층부 인사를 임명한다.
⑦ 각 마을 민회는 정치적 의사결정권·실행책임을 갖는다. 마을 민회 안에 마을 민주 공화국의 모든 것이 투영되도록 한다. 마을 민회가 마을 민주 공화국의 실체이다.

초국경 헌법

마을 민주 공화국 헌법은 초국경(超國境) 헌법이다. 마을 민주 공화국 헌법의 '마을'에 국적 개념이 없고, 마을 민주 공화국의 범위에 국경이 없기 때문이다. 특히 On line상의 마을 민주 공화국을 인정하므로,[10] 국경・경계・차별을 초월하는 헌법이 되어야 한다.

평화적 생존권 보장

마을民의 생활에 필요한 행정・사법・자연보호・환경(생태)보존・세금・교육・학문・노동・상거래・화폐사용・계약・가족관계・사유재산・공유재산・주택소유(거래)・토지・생산수단・여행・의료・종교(신앙)・복지・문화활동・취업 등의 문제는, 마을民의 평화적 생존권을 보장하는 헌장을 통하여 해결한다. 이 헌장의 법률적 보장을 위하여 헌법을 제정한다.

풀뿌리-동네 헌법

오키나와 공화사회 헌법초안을 제시한 가와미츠 신이치(川滿信一)가 말하는 풀뿌리-우리 동네 헌법을 제정하면 좋을 듯하다.

가와미츠 신이치의 발상에 따라 Wikipedia 기사 만드는 방식으로

10) 본서에 게재된 글 「마을 민주 공화국의 범위(1)」의 각주에서 <에스토니아(Estonia)라는 나라에 속하는 digital 국민이 현존하는데 앞으로 몇 십 년・몇 백 년 뒤에 등장할 마을 민주공화국에 digital 주권자가 존재할 수 있다>고 기술했다. 이와 같은 digital 주권자-digital 마을民이 주도하는 'On line상의 마을 민주 공화국'을, 마을 민주 공화국의 헌법에서 인정할 수 있다.

on line망에서 대중지성으로 마을 민주 공화국 헌법의 기초를 마련할 수 있다.

이렇게 인터넷을 통하여 마을 민주 공화국 헌법 만들기에 참여한 대중(네티즌)이 바로 'on line 마을民'이다.

현재 정치권에서 거론되는 개헌의 경우 정당의 이익·정치인(국회의원 등)의 정치욕구를 반영하는 데 무게가 실려 있으므로, 촛불민심에 의한 풀뿌리 헌법과 동떨어져 있다. 현재의 개헌론은 촛불민심이 반영되는 풀뿌리 개헌과도 무관하다.

필자가 마을 공화국 헌법 초안의 대강을 마련할 수 있지만 몇 가지 난점이 있어서 망설이고 있다. 마을 공화국이 실제로 운영될 때 예상되는 정치·외교·안보·국방·경제·사회 문제의 실상을 정확하게 파악할 수 없어서 매우 추상적인 마을 공화국 헌법 초안이 될 수밖에 없는 난점이 있다.

개인작품(필자 개인의 작품)인 마을 민주 공화국 헌법 초안의 난점을 극복하기 위하여, Wikipedia 방식의 대중지성 모으기를 시도할 수 있겠다.

또 다른 방식이 있는데, 가와미츠 신이치가 말하듯이 '우리 동네 헌법초안 경연대회'[11]를 열어 대중지성을 모으면, 개인이 해결하지 못하는 마을 민주 공화국 헌법초안 작성의 난점을 극복할 수 있을 것 같다.

11) 가와미츠 신이치 지음, 이지원 옮김, 『오키나와에서 말한다』, 120쪽 참조.

김승국(金承國)

철학박사(1995년 취득)
일본 메이지(明治)대학교 객원연구원(1996~98년)
일본 사가미하라(相模原) 여자대학교 객원연구원(1998~1999년)

전) 한국은행 은행원
대전일보 기자
전자신문 기자
한겨레신문 기자
월간 {말} 편집국장
숭실대학교 강사
유네스코(아시아 태평양 국제이해교육원) 선임연구원

현) 한국 YMCA 생명평화센터 운영위원
1989년부터 지금까지 평화연구·운동에 종사함
2011년부터 고양시 등에서 평화마을·평화도시 만들기 운동 전개
평화도시 연구소 소장
문명전환 연구소 소장
평화전문 인터넷신문 『평화 만들기』 발행인

주요 논저

저서

『겨레의 칠성판 核』(서울, 황토, 1989)
『한국에서의 핵문제·핵인식론』(서울, 일빛, 1991)
『오만한 나라 미국』(고양, 아이필드, 2002)
『한반도의 평화와 북한 핵문제』(파주, 한국학술정보, 2007)
『잘사는 평화를 위한 평화 경제론』(파주, 한국학술정보, 2008)
『한반도의 평화 로드맵』(파주, 한국학술정보, 2008)
『마르크스의 「전쟁·평화」론』(파주, 한국학술정보, 2008)
『이라크 전쟁과 반전평화 운동』(파주, 한국학술정보, 2008)
『한-미-일 동맹과 지속가능한 평화』(파주, 한국학술정보, 2009)
『평화연구의 지평』(파주, 한국학술정보, 2009)
『칼을 쳐서 보습을』(서울, YMCA 생명평화센터, 2009)
『한반도 중립화 통일의 길』(파주,한국학술정보,2010)

『아시아의 종교분쟁과 평화』(서울, 오름, 2005)(학술진흥재단 연구에 의한 공동저작)
『전환기 한미관계의 새판짜기 (2)』(서울, 한울, 2007) (공저)

번역서

『서양 철학사』 玉井茂 지음, 일월서각, 1986
『맑스・엥겔스의 종교론』(마르크스・엥겔스 지음/ 라인홀트 니버 엮음, 아침, 1988)

논문

「마르크스가 본 전쟁과 평화」(박사학위)
「한반도의 평화 로드맵」『동향과 전망』63(2005년 봄호)
「코스타리카의 영세중립 문화가 남북통일에 주는 시사점」『남북문화예술연구』제17호(2010년 하반기)
※ 고양시 연구용역;
① 「고양 평화통일특별시의 위상정립 추진 방안」(2014년)의 책임연구원
② 「김대중 사저 활용방안 연구」(2015년)의 책임 연구원

촛불 혁명, 그 후-

마을 민주 공화국

초판인쇄 2018년 4월 2일
초판발행 2018년 4월 2일

지은이 김승국
펴낸이 채종준
펴낸곳 한국학술정보㈜
주소 경기도 파주시 회동길 230(문발동)
전화 031) 908-3181(대표)
팩스 031) 908-3189
홈페이지 http://ebook.kstudy.com
전자우편 출판사업부 publish@kstudy.com
등록 제일산-115호(2000. 6. 19)

ISBN 978-89-268-8344-0 03300